应用型高校创新创业人才培养研究

——以"互联网+"大赛为载体

王　爽　王谢勇　夏洪春　编著

中国财经出版传媒集团

经济科学出版社

Economic Science Press

图书在版编目（CIP）数据

应用型高校创新创业人才培养研究：以"互联网＋"大赛为载体/王爽，王谢勇，夏洪春编著. －－北京：经济科学出版社，2022.1

ISBN 978 － 7 － 5218 － 3397 － 3

Ⅰ.①应… Ⅱ.①王…②王…③夏… Ⅲ.①互联网络－应用－高等学校－人才培养－研究－中国 Ⅳ.①G649.2－39

中国版本图书馆 CIP 数据核字（2022）第 014275 号

责任编辑：李一心
责任校对：隗立娜 郑淑艳
责任印制：范 艳

应用型高校创新创业人才培养研究

——以"互联网＋"大赛为载体

王 爽 王谢勇 夏洪春 编著

经济科学出版社出版、发行 新华书店经销

社址：北京市海淀区阜成路甲 28 号 邮编：100142

总编部电话：010 － 88191217 发行部电话：010 － 88191522

网址：www. esp. com. cn

电子邮箱：esp@ esp. com. cn

天猫网店：经济科学出版社旗舰店

网址：http：//jjkxcbs. tmall. com

北京季蜂印刷有限公司印装

710×1000 16 开 22 印张 320000 字

2022 年 4 月第 1 版 2022 年 4 月第 1 次印刷

ISBN 978 － 7 － 5218 － 3397 － 3 定价：88.00 元

前　　言

随着中国经济社会进入高质量发展阶段，国家将进一步从战略层面突出科技创新的重要作用，对创新创业带动经济社会发展的重视程度将越来越高，同时对高校创新创业人才培养将提出新任务与新要求。2021年10月，国务院办公厅印发的《关于进一步支持大学生创新创业的指导意见》指出，要深化高校创新创业教育改革，将创新创业教育贯穿人才培养全过程，建立以创新创业为导向的新型人才培养模式。完善中国国际"互联网＋"大学生创新创业大赛可持续发展机制，鼓励各学习阶段学生积极参赛。教育部深入贯彻全国教育大会精神，落实《国务院关于推动创新创业高质量发展打造"双创"升级版的意见》和《国务院办公厅关于深化高等学校创新创业教育改革的实施意见》要求，把创新创业教育贯穿人才培养全过程，深入推进创新创业教育与思想政治教育、专业教育、体育、美育、劳动教育紧密结合，打造"五育平台"，在更高层次、更深程度、更关键环节上深入推进创新创业教育改革，全力打造创新创业教育升级版，引领带动全国高校创新创业教育工作取得新成效。

创新创业教育是"以创新为手段的创业教育模式，以创业为目的的创新教育理念"。高校创新创业教育旨在培养学生创新思维、锻炼学生创业能力，最终培养具有创新创业素质的全方位人才，是一种集启发性、前瞻性、创新性为一体的教育。高校开展创新创业教育、培养创新创业型人才是建设创新型国家的必经之路。对地方应用型高校而言，应主动把握新发展阶段产业升级对人才素质能力结构的新需求，顺应新时代高等教育从"现实取向"到"未来去向"的逻辑转换，聚焦学生在未来社会所需的核心能力，创新人才培养模式，完善创新创业教育体系，促进赛教学创融合，着力培养"应用导向，技术创新"的综合素质人才。

本书作为《基于新文科的"赛教学创"创新创业教育体系构建与实践》（2021 年辽宁省教育厅建设立项），《"赛教学创"相融合的地方高校人才培养模式研究创新团队》（2020 年大连大学"领军型科研创新创业团队"），2021 年辽宁省普通高等教育本科教学改革项目：《构建"赛教学创产"模式　培养高素质双创人才》和《OBE 理念导向下〈市场调查与预测〉课程"赛教融合"模式改革与实践》的阶段性成果，对应用型高校构建创新创业多样化人才培养模式从理论和实践的层面上进行了比较系统的研究探索，力求适应新形势、新任务。全书共包括理论研究、中国"互联网＋"大学生创新创业大赛、大连大学创新创业人才培养实践、案例分析四篇。首先，从创新创业基本理论导入，通过实地问卷调查剖析大学生创业现存的主要问题并形成对策建议，同时探讨应用型高校创新创业教育的改革路径，构建基于新文科背景的"赛教学创"创新创业教育体系。其次，在明确"互联网＋"大学生创新创业大赛时代意义的基础上，按照大赛评审标准，重点对参赛创业项目与分析、参赛创业团队组建与管理、参赛创业计划书撰写以及参赛路演方面进行梳理。再次，总结大连大学创新创业教育体系与实践，以培育高素质应用型人才为目标，构建大连大学"赛教学创"融合模式，并归纳基于新文科的经管类课程"赛教融合"模式改革与实践。最后，主要以大连大学"互联网＋"大赛优秀项目为框架，形成"互联网＋"大学生创新创业大赛项目案例。

尽管我们已经付出了很大努力，但是难免存在纰漏与不足，还请各位同仁、专家和读者朋友不吝赐教，提出建设性的修改意见，使之日臻完善。

编者

2021 年 11 月

目 录

Contents

> > > > > · >

第三篇 大连大学创新创业人才培养实践篇／129

第一篇　理论研究篇

第一章

创新创业教育理论

一、我国创新创业教育现状

（一）创新创业的时代背景

2015 年 3 月 5 日，国务院总理李克强在《政府工作报告》中提出："制定'互联网＋'行动计划，推动移动互联网、云计算、大数据、物联网等与现代制造业结合，促进电子商务、工业互联网和互联网金融健康发展，引导互联网企业拓展国际市场。"同年，国务院出台《关于积极推进"互联网＋"行动的指导意见》，对推进"互联网＋"行动的总体思路、基本原则、发展目标、重点行动、保障支撑等提出了系统要求。在推进"互联网＋"的行动中，政府是主导力量。在政府的推进下，"互联网＋"的目标是：2018 年，互联网与经济社会各领域的融合发展进一步深化，新业态基于互联网成为互联网经济新增长引擎，支持创业、创新作用进一步增强，成为提供公共服务的重要途径，网络经济和实体经济合作发展的模式基本实现，进一步提高经济发展的质量和效率，进一步促进社会服务便捷普惠，提升基础支撑，进一步开放包容发展环境；2025 年，网络化、智能化、服务化、协同化的"互联网＋"产业生态系统基本完善，"互联网＋"新经济形态初步形成，并成为创新和经济社会发展的主要驱动力。此外，"互联网＋"现象也随处可见。淘宝网运行模式体现"互联网＋传统集市"，"美团外卖"运行模式体现"互联网＋传统餐饮"，"支付宝"运行模式体现"互联网＋传统银行"，"滴滴打车"运行模式体现"互联网＋传统交通"……"互联网＋"已成为时代发展的重要命题。

对于"互联网＋"的含义，可以从其概念、功能、领域等方面进行理解和把握。首先，从概念来看，它是深入整合互联网创新成果和经济社会各领域，促进企业变革、技术进步和效率提高，改善实体经济创新和生产力，并使经济社会发展形成以互联网为基础设施和创新要素的更广泛的新形态。其次，从功能上说，"互联网＋"是符合世界互联网发展大趋势的，因此能将中国互联网的规模优势和应用优势发挥好，从而促进互联网从消费领域拓展向生产领域，增强产业发展的水平，提升各行业的创新能力，构建经济社会发展的新优势与新动能。最后，从领域来看，"互联网＋"涉及创业创新、协同制造、现代农业、智慧能源、普惠金融、益民服务、高效物流、电子商务、便捷交通、绿色生态、人工智能等诸多方面。今后，作为中国经济社会发展的重要方面，"互联网＋"会不断深化互联网与经济社会各领域的融合发展，增强互联网发展对经济社会发展的贡献力。

（二）创新创业政策发展历程

随着我国经济改革的逐步深化，对创新创业的需求不断增加，中小型企业团队亦不断扩大，如何助力中小型企业更好地化解融资问题已变得更加紧迫，融资方式多种多样已渐渐成为未来发展的趋势。政府对中小型企业的财政支持不断增加，已在 100 多个城市为各类中小型企业设立了多个信用担保机构。在 2014 年 9 月的达沃斯论坛开幕式上，李克强总理首次提出"大众创业、万众创新"，自此以后，我国慢慢开启了创业热潮，形成"人人创业"的崭新局面。在第一届世界互联网大会、国务院的常务会议等重要会议上，李总理多次强调"大众创业、万众创新"，大力弘扬全民创业精神。党的十八大后，创新创业成为国家重大战略部署之一。根据 2015 年《政府工作报告》的部署，国务院发布了《关于推进大众创业万众创新的若干政策措施的意见》，并针对金融板块指出要优化资本市场、创新银行支持方式、丰富创业融资新模式的要求，按照国家战略布局，全面推动创新创业的发展。此后，国务院发布的《关于深化高等学校创新创业教育改革的实施意见》中提出针对大学生的创新创业战略，建议高校实施弹性学制，放宽学生学习年限，允许调整学术流程、保留学籍休学创新创业。在 2017 年的《政府工作报告》中进一步提出要继续简政放权，为创业提供便利，形成新的创业浪潮，要大力发展众创空间，使"草根"创新蔚然成风、遍地开花，并推出创业引领计划，制订和实施了大学生"互联网 +"行动计划，以激发更多大学生的创业热情，让他们积极投身创业。

（三） 创新与创业教育环境

1. 创新创业教育的良性环境

2014 年 5 月，习近平总书记在河南考察工作时首次提出"新常态"，是在准确把握我国基本国情的基础上，对我国经济发展的阶段性特征所做出的重大战略判断。当前，中国经济已经从过去的高速增长逐渐转为中高速增长，经济结构不断优化升级，经济发展的动力逐步从要素驱动和投资驱动转变为创新驱动，经济结构由传统产业向新型产业转变，这一系列变化对我国劳动力供给提出了新的要求，同时也为创业者提供了更多的机会。创业可以促进产业结构、经济结构以及社会结构的调整，有效促进社会经济发展。社会创业活动发展得越好，人们的物质、文化生活就越好，从而促进社会经济的繁荣发展。因此，创业可作为一个积极因素促进经济的增长。经济增长必然会导致产业结构、经济结构甚至社会结构的一系列变化，而这一系列的产业结构、经济结构以及社会结构的变化又可促进经济增长。当前中国经济结构调整的重点是发展高新技术产业和对传统产业进行升级改造，大量成功的创业企业必然会为社会经济注入新鲜活力，有利于促进整个社会生产力的发展。

创业成功有利于社会资源的合理配置，从而推进经济结构的战略性调整。李克强总理在 2017 年《政府工作报告》中特别强调大力推进"大众创业、万众创新"，并提出了全国创新创业的新任务和要求。因此，推动"大众创业、万众创新"，是培育和生成一个新的经济社会发展动力的必然选择，是扩大就业、实现富民之路的重要举措，是焕发全社会创新创业的潜力与生命力的有效路线。2021 年 10 月 12 日，国务院办公厅印发的《关于进一步支持大学生创新创业的指导意见》指出，要深化高校创新创业教育改革，将创新创业教育贯穿人才培养全过程，建立以创新创业为导向的新型人才培养模式。强化高校教师创新创业教育教学能力和素养培训，改革教学方法和考核方式。加强大学生创新创业培训，打造一批高校创新创业培训活动品牌。完善中国国际"互联网＋"大学生创新创业大赛可持续发展机制，鼓励各学习阶段学生积极参赛。坚持政府引导、公益支持，支持行业企业深化赛事合作。教育部深入贯彻全国教育大会精神，落实《国务院关于推动创新创业高质量发展打造"双创"升级版的意见》和《国务院办公厅关于深化高等学校创新创业教育改革的实施意见》要求，把创新创业教育贯穿人才培养全过程，深入推进创新创业教育与思想政治教育、专业教育、体育、美育、劳动教育紧密结合，打造"五育平台"，在更高层次、更深程度、更关键环节上深入推进创新创业教育改革，全力打造创新创业教育升级版，引领带动全国高校创新创业教育工作取得新成效。第一，培养创新创业生力军。旨在激发学生的创造力，激励广大青年扎根中国大地了解国情民情，锤炼意志品质，开阔国际视野，在创新创业中增长智慧才干，把激昂的青春梦融入伟大的中国梦，努力成长为德才兼备的有为人才。第二，探索素质教育新途径。把深化创新创业教育改革作为重要抓手，引导各类学校主动服务国家战略和区域发展，深化人才培养综合改革，全面推进素质教育，切实提高学生的创新精神、创业意识和创新创业能力。推动人才培训模式的深刻变革，形成新的人才质量观、教学质量观、质量文化观。第三，搭建成果转化新平台。推动高校成果转化和产学研用紧密结合，促进"互联网＋"新业态形成，服务经济高质量发展，努力形成高校毕业生更高质量创业就业的新局面。

2. 创新创业教育的不利环境

（1）尚未形成完整创新创业体系。我国创新创业重点是在宏观经济方面，主要是大型项目，如融资、地区政府孵化园等。根据我国新企业的增长特征和我国产业发展的要求，政府先后建立了科技型中小型企业技术创新基金、发展专项资金、国际市场开拓资金。"双创"的顶部是国家的宏观经济政策，底端是创业者，关键是如何把两端连通。政府应持长期、战略的眼光，明晰创新创业的长期发展目标、总体设计方案、重点任务和特殊规划，并加强协调与合作，健全和完善科技、产业、金融、教育、人才、知识产权等一系列的政策体系，营造创新创业的制度框架和生态环境。

（2）创新创业政策落实不足。在创业方面，国民创业意识较弱，创业者普遍存在资金困难，一些创业优惠政策难以有效落实。在当前的创业环境中，很多为创新创业提供的政策看起来很不错，但是没有明确的制度来保障创业帮扶政策的实施，导致很多创新创业者并不能享受到政策带来的优惠和帮助。一方面，政府部门支持创业的政策主要为创新创业者提供注册费、管理费、所得税税收等的减免，很少有关照到创业者后续的发展经营；另一方面，政策制定者、实施者的思维和创新创业者的思维存在一定差距，很容易导致政策制定初衷和创业者需求存在较大的偏差，使得优惠政策无法真正为创业者所用。

（3）创新创业教育还不够完善。一是高校教师队伍不能满足创新创业教育规模不断扩大的需求，部分教师缺少创新创业实践背景。现从事创新创业教育的教师大多数没有经历过实际创业，所以他们更多注重向学生传授创新创业有关理论知识和引导学生树立创新创业精神，但对学生进行创业实践指导常常显得力不从心。学校虽然聘请了一批企业家担任创业导师，但多以讲座形式进行，并没有形成体系，教学效果也不尽如人意。二是多数高校尚未将创新创业教育有机融入核心课程教学，科研平台对学生开放不够，校企合作联合培养创新创业人才的意识不强。主要表现在专业的人才培养方案中，缺乏将创新创业教育同专业课程体系有效地衔接和融合，只是在完整的专业课程体系中增加了几门创新创业课程，创新创业教育与专业教育相互独立；创新创业教育与教师科研存在脱节；尚未形成校企合作培养创新创业人才的有效机制。三是学生缺乏自主创业的意识和信心，自主创业动力不足，能力不强。一方面，大学生对创新创业本身的认识不足。创新创业型人才必须有多方面的知识，而部分大学生认为创新创业教育就是学习经营活动或者参加一些社会实践。另一方面，大学生创新创业缺乏社会经验。大学生创新创业常凭一时激情，不但理想主义比较严重，还欠缺坚持的韧性。四是学校对大学生创新创业能力的培训、指导、训练实习等缺乏整合和集聚区域创新要素的平台（郭志辉，2016）。目前，很多学校尚未建成"大学科技园"，没有形成以学校为依托的有政府、金融部门、中介组织和中小型科技企业集聚的经济社会空间。大学生的创新创业实践以培训和比赛为主，存在"闭门造车"的问题，取得的成果也与社会实际需求存在一定的差距。

二、创新与创业概述

（一）创 新

创新的概念是由经济学家熊彼特最先从经济学角度提出并由其他学者从不同角度不断拓展出来的。创新是指以现有的思维模式提出有别于常规或常人思路的见解为导向，利用现有的知识和物质，在特定的环境中，本着理想化需要或为满足社会需求，而改进或创造新的事物、方法、元素、路径、环境，并能获得一定有益效果的行为。创新是以新思维、新发明和新描述为特征的一种概念化过程。所谓新，就是想到别人没想到过的，说出别人没有说过的，做好别人没有做好过的。从这个角度看，创新并不稀奇，时时都存在于我们身边，无处不在，比如原创工艺和产品是创新，理论和学习方法也是创新，实际应用、产品和新的方法、手段更是创新，著名教育学家陶行知先生就提出过："人人是创新之人，天天是创造之时，处处是创造之地。"而反过来，没有创新的企业是缺乏竞争力的，没有创新能力直接会影响企业价值品牌的提升。

在当前的高等教育系统中培养创新人才，必须在高等教育培养目标中加入创新教育，在高等教育系统里进行创新教育的过程中，应明确创新精神、创新能力的基本内涵。而创新精神与创新能力两个要素，其实质是一个国家、企业和个人发展能力与整体竞争力的关键所在，因而要在当前的高校中全面进行创新教育。大学的创新教育，其本质也是为了培养出具有创造能力的高级专门人才，全方位地增强国人的创新精神与创新能力，从而满足中华民族伟大复兴的任务。这也是每一所高校所要面临的新任务，完成这一重要任务，可以使中国的大学实现自身科学发展，为将来走向高水平的大学指出正确的道路。

创新教育的内涵是为了培养创新观念和创新能力，而培养不同类型与层次的、可以全面发展有素质的创新型人才，则是大学创新教育的根本任务。大学生创新观念的培养，包括引导创新意识、强化创新欲望、鼓励创新热情、带动创新实践、评估创新成果等环节。其中，大学生创新精神的原动力就是创业精神，主要是为了解决"为什么要创新"这个问题。大学生的创新能力囊括创新思维能力和创新实践能力。创新思维主要分析并解决怎样形成创新的思想、理论以及设计的问题，所以其为创新能力的核心要素。大学生的创新观念和随之而来的实践能力，主要表现在其创新行为主体的创新技巧中的动作技能，是在创新观念的指引和约束下逐渐体现并形成的，重点在于解决如何创新、怎样把创新的理性思维转变为创造出"现实产品"这样的问题。所以，它终将是创新意识、创新思维的最后的归宿（王周伟，2012）。

（二） 创业

创业是由 18 世纪著名的经济学家、作家理查德·康替龙（Richard Cantillon）提出的概念，而他也被认为是术语"企业家"的创造者。创业，指的是在寻求机遇的过程中，扮演积极承担风险角色的人。创业是人类社会生活中一种最能体现人的主体性的社会实践活动。

广义的创业，是一种思考、推理以及行为的方法，其本质是把握机会，创造性地进行资源的整合和快速行动。创业行为存在于各种组织与各种经营活动当中，要以运用创业的正确观念指导展开工作为前提。从涵盖的范围来看，创业是指社会生活各个领域的人们，为了开创新的事业，需要从事的一种社会实践活动。突出强调的是一种特定的精神观念、能力和行为方式，这是主体在能动性的社会实践中所体现出来的。

狭义的创业，属于经济学的范畴，主要指人类主体以创造利润、价值与就业机会为目的，通过组建商业企业的组织形式，为社会提供产品的经济服务活动（孙伟、李长智，2017）。

简而言之，"创业"是开创基业、事业。创业是指一无所有的创业者，就某项具有市场前景的新技术、新设计或想法，向风险投资家求助并取得风险投资，把观念转化为商品的商业性行为（童晓玲，2012）。有学者对国内的创业看法归纳如下：一是指工作人员在事业或职业发展过程中的某一阶段；二是指社会人员开创一种前所未有的工作、事业领域，或者在其事业和职业生涯中做出前所未有的工作业绩；三是指"非工资就业"，就是依靠个人的劳动、创作、服务、经营获得职业收入（张桂春、张琳琳，2004）。同时，学者们也根据各自对创业概念的理解对创业教育提出了不同解释。曹扬（2014）提出创业教育是素质教育的具体表现形式，是素质教育的重要体现，其核心是为了培养适应社会需求、具有创业能力从而拓宽就业道路的学生。然而朱峰（2018）认为，创业教育并非就业培训，其核心是为培养对机会能够精确识别并且准确把控的具有企业家精神、创业精神的学生，此外他还强调创业教育不是独立于专业教育的，而是拥有与专业教育相同的目标——提高学生综合素质、促进人才培养的新教育理念。

（三） 创新与创业的关系

创新活动的本质与内涵会体现出同创业活动的关联性和一致性。创新与创业可以简单理解为"理论"与"实践"的关系（聂永江，2020），创新作为创业的基础，而创业又能推动创新。新的生产和生活方式的产生需要科学技术、思想观念的创新，进而才能给整个社会创造出更多新的需求，这是创业活动根本的动因；创业活动同样也需要依赖科学技术、生产流程以及经营理念的创新。

因此，创新与创业的联系是密切的。创新作为创业的一种手段，创新指的是理论、方法或者是技术等在某一方面的发现以及发明、改进或者重新组合。创业是创新的一种思考、推理以及行动的方式，在于对机会的把握，将资源进行创造性的整合，进而创办出新的企业，开辟出新的事业。因此，我们说创业是将创新的思想、思维或是成果应用于产业和事业当中，从而开创新的领域和新的局面。创业者要想使所开创的企业生存发展得更有生命力、更加持久，就需要通过创新，并不断地创新。针对高校毕业生展开的创业项目，应该是以具有创新意识、创新思维、创新技能以及创新品质等创新内容为基础的创业。假设没有创新的情况，那么整个创业链条也许就会崩塌。所以，创业者实现创业的核心就是创新，创业者要想实现创业，则需要通过创新的引导。此外创业精神也是创新的一种具体表现，因为创业精神作为创业者应当具备的重要的内在品质，也要创业者通过创新来实现。

创新是创业的基础，创业是创新的载体。创新更加关注的是获得的结果，创业不仅仅关注获得的结果，还更加关注这种结果得以实现的条件；创新是把握人的总体性发展，而创业却是对人的价值的一种具体体现。然而创新精神只是为创业的成功创造出一定的可能性以及必要的准备，因此仅仅具备创新精神是不够的，如果脱离了创业实践，缺乏创业能力，那么创新精神也就变成了无源之水、无本之木。因此，创新精神只有作用于创业实践活动的基础上才可以体现出它的意义（张玲、李文霞，2008），才能达到创业成功的实现。因此，创新和创业要相融、要相辅相成。

同时创业也离不开创新，所以说，创业是在创新的基础上，将创新的思想或者成果转化成为现实生产力的社会活动。由此可见，创业是开创新的事业，将具有创业精神的个体与有价值的商业机会结合到一起，其本质是把握机会进行资源创造性的整合，其行动具有创新和超前性。所以，创业的本质是创新、是变革。而创业与创新的共同点都在于"创"，也都立足于"创"，这是它们的前提。"创"的目的在于出新立业。创新在于所创的产业和产品、观念以及机制等，能不能标新立异或是弃旧扬新，是否能适应时势的变化要求，做到了解放思想、实事求是、与时俱进、常变常新，进而促进社会的历史前进。如果没有了创新，创业也无从谈起，创新与创业是密切而不可分割的实践活动。创业要想成功，其过程很多都需要用创新思维来做指导，如新产品的研发、新材料的使用、新市场的开展、新管理模式的推行等。因此，要想具备创业实践，进行新的事业，就要有创新思维以及创新决策，否则创新意识也就没有办法转化成为新的产品，创新可能也就失去了它的意义。所以，创新并不是蛮干，而是要巧干；也不是凭空的想象，而是源于对知识的掌握理解，可以准确地把握事物的客观规律。所以，创新与创业是无法割裂的。

总之，创新与创业，是相互联系不可分割的。坚持创业，面貌才会改变，经济才能壮大；坚持创新，才能永远与时俱进，紧跟时代的脚步。如果只讲创业却不讲创新，可能是鲁莽草率的，不符合科学的发展观；然而，只将创新的高调唱起，而不艰苦创业、付出努力，最终也只能空谈空想，失去根基。所以，如果想创好业，保证所创的企业持久稳定地发展下去，那就应当将创新作为创业的根本。所以说，没有创新的创业好景不会长，只能是昙花一现。

（四）"互联网＋"与大学生创新创业教育

1."互联网＋"概念的提出

我国"互联网＋"这一概念最早可追溯到 2012 年 11 月于扬在易观第五届移动互联网博览会上的发言。易观的国际集团董事长兼 CEO 于扬第一次提出了"互联网＋"的概念。他指出："在未来，'互联网＋'公式应该是我们所在的行业的产品和服务，在与我们未来看到的多屏全网跨平台用户场景结合之后产生的这样一种化学公式。我们可以按照这样一个思路找到若干这样的想法。而怎么找到你所在行业的'互联网＋'，则是企业需要思考的问题。"

2013 年 11 月 6 日，在复旦大学进行的"先知先见先行——互联网金融论坛暨众安保险启动仪式"的线下活动中，马化腾提到了"互联网＋传统行业"，在之后的 2013 年 11 月 10 日的 WE 大会上，马化腾发表了题为《通向互联网未来的七个路标》的演讲，提出了"互联网的未来是连接一切"的说法。

2014 年 11 月，李克强总理参加了第一届世界互联网大会，指出互联网是中国经济提质增效升级"新引擎"——"大众创业、万众创新"的新工具。

2015 年 3 月，在全国的两会上，马化腾作为全国人大代表上交了一篇《关于以"互联网＋"为驱动，推进我国经济社会创新发展的建议》的议案，并对经济社会创新提出了意见和建议。他倡议我们继续推动"互联网＋"，促进产业的创新，鼓励跨界的融合，造福社会民生，促进我国创新和经济社会发展。他认为，"互联网＋"是指运用互联网平台、信息通信的技术将互联网与包括传统行业在内的各行业连接起来，进而在全新的领域中创造出一种全新的生态。他希望这种生态战略能够被国家运用，并且能够上升为国家战略。

2015 年 7 月，国务院印发《关于积极推进"互联网＋"行动的指导意见》（以下简称《指导意见》），这是促进互联网从消费领域拓展至生产领域，提高产业发展的水平，提高各行业的创新能力，建设经济社会发展的新优势和新动能的关键措施。

2015年12月16日，第二届世界互联网大会在浙江乌镇开幕。在"互联网+"的论坛上，中国互联网发展基金会联合百度、阿里巴巴、腾讯共同发起倡议，成立了"中国互联网+联盟"。

2. "互联网+"的基本内涵

"互联网+"是信息化与工业化融合的晋级版，它是将信息化发展的焦点——互联网提取出后与工业、商业、金融业等服务业进行结合，这其中最重要的是创新，通过创新体现出"+"的真正价值与意义。因此，"互联网+"被视为创新2.0下的互联网发展新形态、新业态，是知识社会创新2.0驱动下的经济社会发展新形态。

从字面上看，"互联网+"是"互联网+传统产业"，但如果你认为它是"1+1=2"就大错特错了，它是运用信息通信的技术和互联网的平台，使互联网和传统产业深度融合，创造出新的发展生态。

"互联网+"有六个特质（谭书敏，2018）：

（1）跨界相融。

"+"意味着跨界、变革、开放与重塑融合。敢于跨出界线了，创新基础才会更加坚实；整合协调了，集群智能就能实现，从创新到规模化的道路就会更加垂直。融合也可指身份上的融合、客户的消费转变为投资、合作伙伴参与创新等，不胜枚举。

（2）创新推动。

我国粗放型资源驱动发展方式确实到了难以为继的状态，必得蜕变到以创新为驱动的发展路径上，这就是互联网的意义所在。如果用所谓的互联网思维去寻求改变，改造自己，我们就能充分发挥创新的能量。

（3）重构结构。

信息革命、全球化和互联网业打破了原有的社会、经济、地理和文化的结构。权力、程序规则和话语权都在不断变化。"互联网+"的社会治理与虚拟的社会治理将有很大不同。

（4）尊重人性。

人性的光辉是促进科技进步、经济发展、社会进步、文化繁荣的根本，互联网的强大力量来自对人性的最大尊重、对人类经验的敬重、对人类创造性发挥的珍视。如 UGC、卷入式营销、分享经济等。

（5）开放生态。

生态是"互联网＋"十分关键的特质。生态本身就是开放的。我们持续推动"互联网＋"的重要方向之一就是消除过去阻碍创新的障碍，把创新中的一个个孤岛连接起来，使市场驱动研发前进，确保那些创业、努力的人有机会实现自己的价值。

（6）连接万物。

连接是有层次的，可连接性是存在差异的，并且连接价值的差异是巨大的，但是连接万物是"互联网＋"的宗旨。

第二章

大学生创业问题研究

一、大学生创业总体状况

近年来，我国高校毕业生数量逐年增加，毕业生数量的急剧增长，外加失业、失地及经济增长速度缓慢等因素，无法满足新增就业人口的需求，国内的就业形势越来越严峻。大学生创业成了一种社会趋势，并在全国迅速推广开来。

大学生创业不仅能够帮助大学生实现自己的梦想，而且可以推动整个社会的就业水平。大学生通过把自己的兴趣和梦想结合在一起，进行自主创业。大学生自主创业拥有很大的灵活性和选择性，大学生根据兴趣性格以及所学专业的不同，可以选择自己感兴趣的领域进行创业。大学生创业能够锻炼自己的胆魄、毅力、勇气等。大学生在自主创业的过程中可以培养竞争精神和创新意识，并且能够将所学到的知识真正运用到生活实践中。虽然在创业过程中会遇到困难、挫折和失败，但是在这个过程中可以培养自己坚持不懈的精神和顽强的毅力，这些品质也是大学生创业所必备的。

从大学生创业的原因上来看，大部分的大学生是由于自身发展和实现人生价值的需要，他们希望通过创业来实现自己的人生价值，这是一种积极的人生态度。但同时也有相当大的一部分学生是想逃避当前严峻的就业压力或者是为了生存被迫选择创业。从大学生创业的领域来看，我国大学生大多数选择传统行业进行创业，其中包括家教、销售、餐饮服务业等，相反，新兴产业涉足较少。究其原因，是因为这些传统行业具有较低的技术和资金门槛，因此对大学生有着较强的吸引力。除此之外，这些行业已经具备了比较成熟的盈利模式，降低了创业风险，但是这样成熟的行业中竞争压力相对较大，很难在领域内占有一席之地。再从大学生创业的参与情况来看，参与创业的大学生的人数较少。很大一部分学生毕业后会选择考研或公务员、教师等这一类相对稳定的工作，也有一部分大学生不选择创业是受传统观念"创业难"的影响，创业不仅对创业者的个人素质有着很高的要求，还需要有经济的保障和支持，因此，大学生创业参与者相对较少。

大学生创业失败的概率比较高，主要原因在于三方面：创业者素质、创业细节和创业环境。创业者素质的高低是大学生创业成功与否的关键；创业细节包括启动资金以及在创业过程中遇到的一系列问题，都应及时提出解决方案；创业环境是大学生创业成功的重要保障。一方面，大学生创业往往会遭到亲人、师友的置疑和反对。这是因为我国的创业文化氛围还不浓厚，大多数人还没有自主创业的意识，他们认为创业需要一定的经济基础和人脉关系，经济基础不足和缺乏社会经验都会导致创业的失败。除此之外，大学生的心理承受能力较差，一旦创业失败会对他们造成巨大的打击，使得他们不敢轻易去尝试。任何经济形势上的风吹草动都会令他们放弃。另一方面，大学生创业的企业由于普遍需要的资金和技术要求不高使得竞争变得更加激烈，考验的大多是大学生缺乏的市场管理和营销能力，而非是技术与知识（张微、王爽，2016）。

二、大学生创业的 SWOT 分析

创业不仅可以实现大学生自己的梦想，还可以创造更多的就业机会，虽增加了各行业的竞争者，但促进了已有市场的饱和与新兴行业的出现，在竞争中促进整个行业水平的提高。然而创业也存在着诸多问题和挑战，有很多创业失败的大学生，他们再就业存在着很多困难。本章基于 SWOT 理论分析大学生的创业问题，关注大学生创业的优势、劣势、机会与威胁，并结合目前的时代特征与我国国情，从大学生自身角度与政府政策引导层面，为解决大学生创业问题提供理论方法和建议。

（一）SWOT 理论

SWOT 分析法又称为态势分析法，是一种能够较客观地分析和研究一个单位现实情况利弊的方法。SWOT 是 strength（优势）、weakness（劣势）、opportunity（机会）、threat（威胁）的缩写。S 指内部的优势，W 指内部的劣势，O 指外部环境的机会，T 指外部环境的威胁，分析要求将 S、W、O、T 四个要素进行辩证地认识和理解，并综合分析，分析研究对象的内部优势、劣势，以及外部环境的机会和挑战，通过客观全面地分析帮助研究对象客观认识自身资源条件并充分了解外部环境，提高决策准确率。通过结合四种要素的分析，SWOT 方法提供了四种战略：S—O 战略（发挥优势，利用机会）、W—O 战略（利用机会，弥补劣势）、S—T 战略（利用优势，弱化威胁）和 W—T 战略（克服劣势，回避威胁）。如表 2 - 1、表 2 - 2 所示。

表 2 - 1　　　　　　　　　　SWOT 方法要素

项目	内部要素	外部要素
有利要素	优势 S	机会 O
不利要素	劣势 W	威胁 T

表 2 - 2   SWOT 战略

项目	机会 O	威胁 T
优势 S	S—O 战略	S—T 战略
劣势 W	W—O 战略	W—T 战略

（二）大学生创业条件和环境 SWOT 分析

1. 优势分析（S）

（1）大学生接受了高等教育，并熟练掌握了基础知识和专业知识，为专业领域创业打下基础。（2）大学生有着较强的学习能力，善于接受新鲜事物和知识，在创业前或创业过程中通过不断地自主学习可提高创业成功的概率，通过利用高效的学习能力，大学生更易学习专业以外的知识，可进行跨专业创业。（3）大学生还具有较强的思考能力，有着新鲜的想法、独特的见解，敢于创新，在创业中可以创造出有别于竞争对手的独特竞争优势，甚至创造新行业。（4）大学生有激情、有梦想，更渴望得到成功和认可，他们也有充足的时间和信心，并且负担少，这是其创业的内在力量源泉。（5）当代大学生对网络和计算机技术更为了解，在网络盛行并将继续发展的未来他们有着很大的竞争优势。

2. 劣势分析（W）

（1）大学生虽具有基础和专业知识，但对行业现状、市场新知识了解过少，创业易发生误差。（2）大学生涉世未深，缺乏实践经验和人脉，更易面临资金问题，并且未建立起信用形象，创业易遇到更多难题。（3）大学生虽有想法和见解，但实践能力弱，难以避免"纸上谈兵"问题，想法和观点难以转变为现实。（4）大学生年轻气盛，激情伴随着盲目乐观，过于自信而易变为自负，有梦想却缺乏实际行动力，好高骛远，难以正视风险、规避风险，进而产生对行业和市场的判断偏差，进而盲目决策，导致创业失败。（5）大学生心理承受能力较弱，难以面对创业带来的挫折和失败，多数大学生成长条件较好，怕吃苦、易退缩，在创业失败时容易自暴自弃，在遇到挫折时易中途放弃，导致创业失败。（6）大学生易受社会、家庭影响，在家庭、朋友的压力下，虽有想法，但迫于他人的意见和压力可能放弃创业。

3. 机会分析（O）

（1）国家为鼓励大学生创业，出台了一系列优惠政策。包括：税负部门对高等学校毕业生相关营业税的一定时期内的部分减免；工商部门对大中专学生在毕业不同年限内从事个体经营的各项行政事业性收费的不同程度减免；劳动部门对高等学校毕业生创业相关费用的减免。国家还设立了帮助大学生创业的基金、咨询机构，以及相关培训和指导。（2）市场经济的飞速发展为大学生提供了创业机会。随着市场的逐步发展和对外开放程度增强，新兴行业不断出现，需要具有新知识、新思想的大学生进行创业。这些创业主要集中于服务业，包括传统服务业和现代服务业，如电子商务、旅游、娱乐等方面。随着经济发展，服务业在国民经济中所占比例逐渐上升，需要青年大学生为市场经济注入新鲜血液；而随着电子商务、网络的盛行，对于这些行业更为热爱、熟悉的大学生，创业是很好的选择。（3）其他有利条件支持大学生创业：国家法律的逐步健全为大学生创业提供了创业保证；社会大众在渐渐消除对大学生创业的偏见；经济市场的转型需要大学生的参与。

4. 威胁分析（T）

（1）激烈的社会竞争给大学生带来巨大的创业压力。大学生面对的不仅是同学、同龄人的创业竞争，还面临着各行业已存在的优势对手带来的压力和挑战，大学生在外部激烈的竞争和压力下可能会放弃或失败。（2）经济危机和经济衰退对大学生造成潜在的创业威胁。大学生在创业过程中难免遭遇经济的衰退或经济危机，这易使未起步或未进入正轨的大学生创业企业直接失败或中途夭折，为创业的大学生带来巨大的经济损失。（3）学校为大学生提供的创业知识教育和训练较少，相关部门为大学生提供的创业服务机制不完善，这成为大学生未来创业的潜在隐患。（4）来自家庭和朋友的压力迫使大学生放弃创业，转而选择稳定、安逸的工作。这与中华民族寻求安定的传统文化有关。（5）法律、政策中一些严格的条款不利于大学生创业的进行，例如，《劳动合同法》的实施使企业用人成本增加，对于正在创业、资金情况并不乐观的大学生会增加压力。

（三）大学生对战略的选择策略

1. 发挥优势，利用机会（S—O 战略）

大学生具有很优秀的自身优势，并且拥有较好的外部资源时，适合使用 S—O 战略，即进攻型战略。由于这类大学生有很强的自身优势和优质的外部资源，他们有更大的选择空间，可以选择与专业相关的行业，也可以选其他行业，甚至创造新行业，他们更易促进新行业和新技术的出现。

这类大学生应充分发挥扎实的学识与独特的想法，利用自己优秀的学习能力，并结合自己具有的优质人际关系、经济资源，不断探索、创新，坚持不懈，创造自己的事业。但要注意：要合理利用自身优势与外部资源，正确利用政策并遵守法律，不要自负自傲。

2. 利用机会，弥补劣势（W—O 战略）

大学生具有很好的外部资源，自身优势少而劣势较为突出时，适合使用 W—O 战略，这是一种谨慎型战略。这类大学生要在对自己有利的行业进行创业，他们更易促进某行业的发展和扩张。

这类大学生应充分利用优质的外部资源创造竞争力，并结合政府的扶持政策保证自己的竞争力，在创业之前和创业过程中，他们应积极学习并利用外部资源来弥补自己的劣势。例如，向身边的成功人士学习来弥补自身不足，以减小自己的劣势对竞争力的影响。这个战略不只要求大学生充分利用外部机会，还要求大学生能够利用外部机会来弥补劣势，创造更多竞争机会。

3. 利用优势，弱化威胁（S—T 战略）

大学生具有很优越的自身优势，而外部环境较差时，适合使用 S—T

战略，这也是谨慎型战略。这类大学生要选择对自己有利的行业进行创业，他们更易促进某行业的创新和发展。

这类大学生应充分利用优质的自身优势来分析外部环境，在正视并分析外在环境后，采取行动弱化外部环境对自己竞争力的威胁。由于外部环境较恶劣，不利于大学生开辟新行业，故这类大学生应选择对自己最有利的行业进行创业，在该行业利用自己的才智进行创新和发展。这个战略不仅要求大学生利用自身优势，还要求他们强化和提升自身优势，来更好地应对和减小外部环境的威胁。

4. 克服劣势，回避威胁（W—T 战略）

大学生的自身优势较差、劣势突出，且面对的外部环境也很差时，适合使用 W—T 战略，即保守型战略。这类大学生并不看好自身条件和外界环境，他们应选择对自己最有利的行业进行创业，来保证规避自身劣势和外界威胁，但他们也可促进某行业的发展。

这类大学生应通过努力克服自身劣势，即意识到自身劣势后尽力弥补劣势，减小劣势对自身竞争力的影响；他们还应灵活、合理地运用政府的扶持政策和有限的外部资源来回避外部环境威胁。他们可以通过知识、经验、资金的积累来弥补自身劣势，增强竞争力，如继续深造或先就业，等到有较好机会或外部威胁减小时再创业（封华、王爽，2016）。

三、应用型高校大学生创业态度及环境调查

在严峻的就业压力下，创业成为一种新的就业方式。作为应用型高校的大学生，有的同学在校期间已经加入了这个新的浪潮，开始了创业；有的对创业产生了浓厚的兴趣；有的则无动于衷，那么原因何在呢？大学生对创业怀有怎样的情怀？如何能促进大学生创业健康发展？

（一）调查方法与样本结构

大连大学作为典型的应用型地方高校，具有应用型高校普遍之特点，因此本团队以大连大学在校学生为主要调查对象，包括本科生与研究生，调查方法主要通过在校园采用拦截式问卷调查法（问卷详见附录1），一共发出问卷 500 份，回收有效问卷 458 份，辅助运用深层访谈法进一步了解在校大学生对创业的想法和认知，调查内容包括已经创业的大学生和未创业的大学生对创业的态度。

文章的样本结构由性别、年级、专业变量构成。在回收的 458 份问卷中男生占 51.3%，女生占 48.7%。按大一、大二、大三、大四、研究生分布，比率分别是 25.8%、33.6%、35.4%、4.4%、0.8%。调查中为了能够相对全面地了解不同专业的学生对创业的情况及想法，因此调查了多个不同学科。

（二）调查结果分析

1. 对已经创业的学生调查

对于已经创业的学生，主要关于在大学期间创业的时间、合作伙伴、前期准备、启动资金方面进行调查。在调查中发现，已经在大学期间创业的同学有 67 人，所占比例只有 14.6%，开始创业时间大多数集中在大一、大二期间。有 26.9% 是没有合作伙伴，自己单独创业的，大多数同学都会选择一些志同道合的朋友和自己一起创业。在创业前准备工作中，有 32.8% 的同学有过相关领域的实习经验，29.9% 的同学有朋友的资源积累，也有 14.95% 的同学在创业前期没有做准备，直接选择了自己喜欢的领域进行创业。关于初始资金问题，有 37.3% 的初始资金来源是从家人那里得来的，这也说明了现在家长支持大学生创业的不在少数。

2. 对创业态度的调查

（1）创业目的。

在对大学生创业目的调查中，29.6%的人认为是赚钱，18.2%的人认为是解决就业，20.1%的人认为是积累经验，27.1%的人认为是挑战自我，实现自我价值，还有5%的人认为是其他。由分析可知，大学生创业的主要目的除了赚钱以外，大部分人认为是积累经验和实现自我价值（见图2-1）。

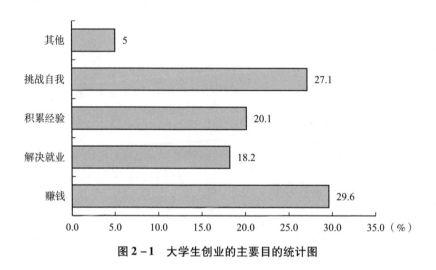

图2-1 大学生创业的主要目的统计图

（2）制约因素与应具备的素质。

在创业的制约因素调查中，有69.2%的同学认为缺乏经验是创业最大的制约因素，有21.1%的同学认为是缺乏资金和社会资源。在大学生创业所需的素质调查当中，有27%认为要有强烈的挑战精神，有17%的认为要有发现与把握创业机会的能力，在面对一个项目的时候，创业者如果有敏锐的洞察力和把握机会的能力就会让这个项目完成得更好。有25%的人认为要有较好的专业知识，在专业知识的支持下对创业有一定的优势，在这过程中将理论知识和实践相互结合。有15%认为要有出色的沟通、交际、管理及领导能力，有16%认为要有较强的创新能力，由此看来，创业者仅仅具备某一个素质是往往不够的。

大学生应当积极掌握课程涉及的有关创业的内容，并珍惜非创业类课程机会，通过实践锻炼创业需要的能力。还应通过多种途径自学有关创业的知识，通过不断自主学习、自寻渠道来弥补学校服务机构和政策的不足，尽力保障创业的有效进行。

（3）选择创业领域。

在选择创业领域的调查中，有40%的人觉得创业应该选择自己感兴趣的领域，在感兴趣的行业中，创业者会对自己的选择做出努力，也更有精力去做每一件事。有23%的人愿意选择与自身专业相结合的领域，选择与自身专业有关的行业不仅需要理论方面的积淀，还需要将理论与实践相结合，这样才会让创业更容易成功。有20%的人觉得应该选择自己熟悉、了解的领域，则有17%的人觉得应该选择启动资金少、容易且风险相对较低的行业（见图2-2）。学校对于大学生课程的相关安排可以适当进行调整，或对有创业需要的大学生进行协商、调整，帮助大学生获得更多的创业时间来保证其创业精力，提高创业的成功性。对于创业类课程，学校应注重实用性，例如课程内容的改变和实践内容的增加，内容多安排经济、管理、法律、心理辅导类实用性较强的相关课程内容，并增加实践内容让大学生获得锻炼的机会，充分保证创业类课程的质量。

3. 对创业环境的调查

（1）对政策的了解程度。

调查发现，有78.2%的学生对政策的了解程度偏低，即使已经创业的学生，对政策也知之甚少，完全依赖学校创业就业指导相关部门，一是因为很多创业组织规模都很小，还无法实现利润，因此对一些减免政策也不太关心；二是很多大学生只是空有创业的理想，还无法把其当成一份事业认真来做，玩票性质居多；三是也有可能各级部门创业政策的宣传力度不足，造成这种情况的出现。

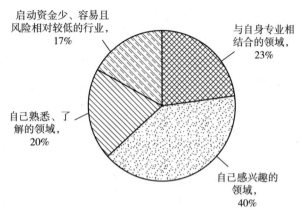

图 2 - 2　创业会选择领域统计图

（2）学校对创业的关注度。

学校对于创业的关注度调查中，发现有 81.4% 的同学认为学校还是关注创业的，在学校举办的众多的比赛中，关于创业的比赛占有很大的比例，参加比赛的同学很多，在比赛的过程中学校会有一些关于创业的培训，这就让同学们感受到了学校对于创业的关注度，同学们在参加比赛的时候也了解到了一些关于创业的知识。如果有人感兴趣就会和相关比赛的主办方联系，获得更多的相关方面的知识，加深对创业的了解程度。

（3）学校的创业氛围。

在学校的创业氛围调查中，发现有 66.4% 的大学生认为学校的创业氛围一般，不是特别浓厚，虽然地方高校目前都把支持大学生创业作为一项重要工作，普遍大力宣传与鼓励，但是学生们的创业意愿还是不够强烈，整体创业氛围较差，面临毕业时，学生们首先选择的依旧是就业、考研等常规方向，还很难对创业坚持不懈，北方地区比南方地区更严重。学校应该邀请已经毕业并且创业成功的大学生回到校园进行创业分享，进一步宣传创业，激发在校大学生对创业的热情，提高创业动力，为大学生创业做正确的引导工作。但是在对大学生进行正面的创业引导的同时也要告诉同学们有创业失败的案例，并不是所有创业都是成功的，要让大学生全面地了解创业、认识创业。学校可以多举办一些关于创业的比赛，让更多的同学可以参与其中，了解创业，如果有条件的话可以让创业项目成为一个真实的项目，真正地感受创业的氛围（罗丽君、王爽，2016）。

（三）大学生创业存在的主要问题

1. 大学生普遍缺乏市场意识

很多大学生在创业前没有对市场进行深入考察与分析，他们往往以自我为中心，不了解市场需求，更不了解目前消费者的需求。他们的核心支持往往体现在技术上，却从不考虑市场营销方面的问题，从而导致很多产品研究出来没有市场或者不能打开市场，没有市场、没有盈利就意味着创业的失败。

2. 大学生创业经验不足

对于刚刚迈出大学校门、初入社会的大学生来讲，他们往往有着丰富的理论基础，缺乏实战经验。大学课程倾向于应试教育，在这种教育体制下，学生被动接受已有的理论知识，对于理论结合实际运用得少之又少。他们可能会写出一份成功的创业计划书，但是他们不知道从一份抽象的创业计划书到具体的市场运转，需要多久的理论与实际的相互磨合才能实现整体操作，而这些经验教训不是学习他人的成功经验就能取得的。另外，大学生大部分时间在学校里，与外界社会接触较少，导致他们不懂得成立了公司之后如何建立财务制度、人事制度、行政制度等。对自身能力的不合理定位也会导致他们的盲目自信。他们不了解什么是市场开拓、市场分析、市场定位、市场效益、市场风险等这些专业的知识，盲目自信和自大导致他们在创业过程中遇到挫折便束手无策，这些因素也成为大学生创业失败的主要原因之一。

3. 大学生创业资金来源困难

创业要想成功，首先要有足够的创业资金。因此，创业资金的缺乏是创业的首要阻碍，也是制约大学生创业工作难以启动的重要原因。大学生创业资金主要有以下几个来源：自筹资金、政府资助、天使筹资、银行贷款等。家里赞助资金很显然不是所有创业大学生都能具备的条件，只有极少数的创业学生拥有自有资金。银行贷款和风险投资又存在一定的风险性，政府资助有限，残酷的现实表明，大学生创业资金筹措困难是其一大问题。

4. 心态不成熟、心理压力过大

大学生创业需要具备一定的心理承受能力。很多大学生生活在应试教育下，由于长期接受学校教育，很少参加实践活动，他们的社交能力不是很强，初入社会，面对社会激烈的竞争压力，当遇到挫折时他们可能会因为不成熟的心态导致整个项目的失败。校园与社会存在着很大的差别，刚刚步入社会的大学生，还需要一定的过程去适应。大学生心态不成熟表现为对现实的盲目和茫然。大学生的盲目表现为自身的盲目自大、盲目跟风创业、盲目乐观，从而导致对社会、市场的认知程度相对较浅。茫然表现在对社会的不确定性和快速变化不能及时适应，不知道创业是一个艰辛的过程，需要一次又一次地磨炼才能获得成功。因此，大学生需要改变心态，增强抗压能力，拥有更强的心理素质，才能在创业路上走得更远。

5. 学校创业教育不充足

目前，很多学校普遍反映创业氛围不足、学生的创业激情不高，即使有创业项目也不能及时得到专业老师和学校的支持。创业教育的目的在于培养学生的创业意识、创业精神和创业理念，目前很多高校老师虽然掌握丰富的理论知识，但在创业实践中经验较少，不能为学生创业项目进行系统指导，使大学生创业得不到保障，创业知识、创业能力满足不了创业的需要。同时在宣传、指导上力度也相对欠缺，不了解相关的创业扶持政策，学校领导和老师在获取创业知识途径方面也相对迟缓。因此，要想提高大学生创业的成功率，必须加强和完善创业教育、提高创业者的创业能力，为创业者提供及时、准确、有效的创业指导（张微、王爽，2016）。

四、大学生创业的对策与建议

（一）加强创业教育

创业教育是增强大学生创业意向的关键因素。首先，高校要不断优化创业教育体系，督促大学生系统学习创业基础知识，逐步掌握创新创业方法和工作技能。其次，继续扩大创业比赛规模与领域，尤其是重视"互联网＋"创新创业大赛的载体作用，通过竞赛增加大学生创业实训机会，训练创业技能，通过理论实际相结合，可以尝试将创业大赛项目实际运作，学校要支持、鼓励大学生在校期间适度尝试低风险创业。最后，根据学校专业特色建立创业孵化基地，使优势资源得到充分发挥。通过加强创业教育，可以提高学生的创业意识和创业品质，锻炼他们的创业能力，为以后的创业打下坚实的基础。建立创业孵化基地，加大宣传力度，改变大学生对创业的不认同和消极态度，培养大学生的创新能力、冒险精神和社会适应力。同时创业孵化基地可以为成型的项目提供各方面的支持，有专业的老师进行详细指导，确保项目的持续发展。

（二）加强职业生涯规划教育，加大对校企合作创业课程的投入

在大学生初进校园时就要对他们未来的职业生涯规划慢慢渗透，使其在大学期间能够为自己将来所从事的职业有合理的规划。职业生涯规划教育可以让他们充分认识自己的性格特点、兴趣爱好、知识能力，从而规划出适合自己的职业。他们可以根据自己的兴趣爱好决定自己的发展方向。加大对校企合作创业课程的投入，高校和相关企业建立长期、深入的创业课程合作模式，相关企业可以为高校大学生提供更多的实践

机会，加强创业实践，培养大学生的创新精神，使大学生尽早地接触社会，增加创业经验。同时拓宽人才培养模式，增加创业课程可以以优秀的创业案例和先进的创业思想为指导，创新教学方式，更新教学思维，更好地融入"大众创业、万众创新"的新形势中。

（三）加强校园实践团队建设，加强优秀创业教师队伍建设

学校可以根据学生的共同兴趣爱好组建学生老师创业实践团队，发挥高校教师的指导作用。创业教师队伍不仅包括经验丰富的高校指导老师，还需要有外聘的创业成功人士，针对大学生创业团队提供咨询服务和其他帮助。高校辅导员作为大学生思想政治教育的中坚力量，可以引导学生形成正确的创业观，培养良好的创业素质。同时加强对创业团队教师的重视，可以在评职、晋升等环节加以量化，激励更多优秀的教师加入进来，另外，高校可以在其中选拔出较为优秀的教师到国外、国内学习创新创业教育方法、实践经验和科学的培训方法，不但能提升创业高质量的突破，更能促进专业实践教学的大发展；不但是国家高等教育的必然趋势，更是解决我校创新创业教育现实困境的有效手段，填补相关领域研究探索的缺失。

（四）政府积极完善金融服务制度，为大学生搭建创业扶持平台

政府在大学生创业发挥着重要的作用。一方面，政府可以进一步放宽贷款政策，解决的大学生创业资金困难的问题。积极创建专业的创业扶持机构、加强与高校的交流，为高校实施创业项目提供绿色通道，加强互动交流，营造良好的创业环境。另一方面，出台更多的创业优惠政策，加大监管力度，积极推进"大众创业、万众创新"，为更多的创业者提供创业机会。同时，政府需完善相关法律法规及外部融资环境，首先，政府要完善关于大学生创业借款的相关法律法规。在当今创业市场

上，存在着一部分为了逃避就业而选择创业的学生，他们对创业热情不高，并没有建立合理的资金使用分配计划，也没有财务管理，因此对于借贷资金不能合理使用。在激烈的市场竞争中，极易失败，落得血本无归的结局。因此，政府必须完善相关法律法规，对于合法经营且效益良好的大学生创业项目给予资金支持，而对于经营不善、随意拖欠欠款的项目，予以严厉处罚。其次，政府还要不断完善大学生创业的外部融资环境。比如，拓宽企业融资渠道，为大学生创业寻求资金，提供多元化渠道（张橙，2020）。

五、大学生返乡创业问题研究

习近平总书记在 2017 年党的十九大报告中首次提出乡村振兴战略，强调全面建成小康社会，全面建设社会主义现代化强国，最艰巨的任务在农村，最扎实的基础在农村，最大的潜力也在农村。乡村振兴战略给农村农业发展带来巨大机遇，当代许多大学生也加入返乡创业大军，成为社会创业一员，借着改革红利，大展宏图，开拓进取。

（一）乡村振兴战略背景下大学生返乡创业的新机遇

1. 政策提供有力支持

国家从党的十七大就开始明确实施创业带动就业的发展战略，各级领导高度关注创业形势。国家层面提供了关于行政、税收、融资等方面的政策支撑；地方政府紧跟着运用了一系列扶持办法，用言论和价值引导支持大学生创业。而近年，为响应国家号召，各地扶持大学生创业优惠政策纷纷出台，主要包括营业执照的办理、免费保管自主创业学生档案、企业所得税在两年之内免征等，同时贷款额度也有所上升。这些政策，为大学生创业指明了方向、提供了极大便利。

2. 创业实施项目增多

乡村振兴道路提出的"三农"问题是关系国计民生的根本性问题，必须始终把解决好"三农"问题作为全党工作的重中之重。严峻的就业形势与"乡村振兴战略"结合，无疑为大学生返乡创业带来了更多项目机会，如农家乐、养殖土鸡、花土专卖、有机蔬菜、农家肥、农村旅游、小型加工厂等。除此之外，当代人越来越注重绿色与健康，"绿色农产品"的市场需求也不容小觑。农村具有丰富的农产品资源和充足的劳动力，许多大学生擅长于此，必然更了解自己家乡的天然优势与后天不足，将城市先进技术与管理理念复制到乡村，抓住机遇返乡创业，成功率也是相对较高的。

3. "互联网 + 农业"时代到来

互联网和移动互联网的发展也给大学生返乡创业带来了新时机。2015 年，李克强总理率先提出"互联网 +"，并称其为"大众创业、万众创新的新工具"。它代表一种新的经济形态——依靠互联网信息技术实现互联网与传统产业的联合。目的就是将互联网优势充分发挥，与传统产业深度融合，用产业升级带动经济生产力提升，增加社会财富。当代大学生可以抓住此机遇，运用电子商务技术与方法返乡创业，实现人生价值，减缓社会压力。我国主要产业之一就是农业，而互联网的信息处理优势十分明显，创业者可以借助其预测并传递信息，了解市场大致的需求方向及数量。这样可以减少产量过剩的问题，准确满足客户的需要，提高供给有效率，深度开发"互联网 + 农业"，将是未来又一互联网产业蓝海。

此外，利用电商平台销售农产品是一种十分便利的方法，可以拓宽销售渠道，还可利用社交媒体等网络平台塑造产品形象，树立具有鲜明特色的产品品牌，提高认可度。大学生创业初期可与值得信任的物流企业合作，降低运输成本。

（二）大学生返乡创业现存主要问题

1. 创业基础薄弱

（1）基础设施不齐全。

改革开放以来，全国各地的农村发生了翻天覆地的变化。虽然城乡之间的差距日益缩小，但在短时间内很难改变城乡二元化的结构，部分地区的农村道路交通、卫生、水利水电及生活服务等基础设施还不够完备，社会治安、民俗风情等软实力还有待提升。

某校 2005 级毕业生回到家乡创业，在当地建立农产品超市，为优质农产品进入超市搭建平台，实现生鲜农产品直供直销，但基础设施不足成为农超成立之初的主要困难。没有个像样的门店，只能在破旧厂房的基础上改造；道路失修，农产品运输困难，只能先修路；加上当地村民思想比较传统，不能理解也不敢尝试这种"农超对接"的新形式，对创业也有一定影响。

（2）创业资金不充足。

没有足够的资金是刚走出校门的毕业生面临的最大的难题，没有资金，企业就无法运转。而筹集资金的方式无非就是以下四种：国家扶持、向银行贷款、向家人筹措资金、风险投资。首先，虽然国家为大学生创业提供了服务导向和良好的政策，但实际上各个地区的政策实施力度参差不齐，有些政策只存在于形式，未落到实处，而且政府补贴一般是在项目落实之后发放。其次，大学生信用不足，贷款申请期限相对较长，过程复杂。大学毕业生不具备偿还能力，几乎很难申请到所需数额的贷款。最后，返乡创业的大学生多为农村籍，家庭经济条件一般，自筹资金不会很多。而我国风险投资市场还不是很成熟，大学生选择风投需要非常谨慎。所以，资金问题仍然是大学生返乡创业中没有得到实质性解决的难题。

2. 传统观念束缚

农村人传统朴实，接受新事物较慢，思想难以扭转。考虑到社会资源及经济等问题，他们会认为稳定求职、踏实工作对家庭更有帮助。由于这种传统观念的束缚，大部分中国父母都希望子女在毕业后找一份体面、安稳、收入较高的工作。从乡村走出的大学生，父母更是对其寄予厚望，希望子女栖身于大城市，不必回到以前生活的小地方。而大学生选择返乡创业，就意味着放弃城市带来的机会，意味着承担风险。父母无法理解子女为何放弃城市，对孩子的创业想法有所阻拦。这无疑影响了创业者的热情。再加上创业本身遇到的困难、团队之间的摩擦等，更加打击创业者的积极性。

3. 创新能力有限

大学生虽然对家乡实际情况有一些了解，但是毕竟缺少社会实践经验，资源技术等要素有限，创业困难重重。某校 2012 级学生苏某毕业后返回福建老家，与堂兄一起扎根华安县仙都镇，守住家族的茶叶产业，发扬当地的茶文化。但是公司的茶叶按照传统模式生产加工，没有特点，在国内激烈的茶产品市场中毫无竞争力；而且互联网进程加快，只靠门店经营已经无法迎合市场潮流。眼看茶厂日益衰落，苏某便向母校生命科学与技术学院、经济管理学院教授请教专业的技术与营销知识，并运用到实际中，终于使茶产业起死回生。这仅仅是无数创业大军中存活的个例，有许多返乡大学生，因为不懂创新，兵败围城。

（三）促进大学生返乡创业的相关建议

1. 政府方面

（1）完善农村基础设施。

农村的创业环境较差，大多数农村的基础设施还不完备，比如道路交通、网络设施、水利水电等，尤其是中部、东北、西部等欠发达地区，自然条件也更为艰苦。这种局面加大了大学生返乡创业的难度，所以地方政府需要深入乡村，把最基础的设施建造好，加快普及网络基础设施建设，紧跟"互联网＋"时代。

（2）拓展创业资金和渠道。

国家应加大对大学生返乡创业的资金扶持力度，建立监督机构和保障机制。返乡创业大学生的亲朋好友大多扎根在农村，经济状况不甚乐观，而国家的资金支持对于创业所需的资金数额来说，确实是杯水车薪。国家可与民间金融机构合作，向创业者发放更多贷款，可以降低大学生返乡创业的风险。我国幅员辽阔，地大物博，各地政策执行力度不一。部分地区的地方政府各部门甚至出现推卸责任的情况，令大学生无法真正享受到便捷和实惠，这是对创业者积极性的重创。所以在加大资金投入力度的同时，更应结合当地情况，设立监督机构，用以保障扶持政策真正落到实处。

国家还可设立风险补偿机制，对于创业失败的大学生，给予适量的资金补偿。同时在心理层面帮助创业者分析失败原因，从中反思自己的不足之处，吸取经验和教训，并朝着下一个目标继续努力。资金和保障机制将会成为创业者极大的心理安慰。

（3）引导村民改变传统观念。

地方政府可定期派公务员下乡，为村民开展系列讲座，讲述"返乡创业""精准扶贫"等政策带来的便利，宣传创业的好处，让村民切实享受到政府提供的优惠。或者深入个别农村大学生家庭，关怀的同时，要深度探讨他们对孩子的期望，做好思想工作。令农村大学生父母意识到：因为与国家政策相结合，所以农村的致富项目越来越多。不是只有大城市才能给子女带来光明的前途，返乡创业也是实现人生价值的一种途径。鼓励他们支持孩子的创业想法，为大学生注入新的热情。

2. 大学生自身方面

（1）注重创新，培养多元化思维。

返乡创业，不仅是农产品的种植，还有更加多元化的东西，例如农超对接、小型旅游项目、互联网农业等。大学生应该运用自己在校园学到的知识，结合农村实际情况，运用到实践中去。要相信自己，不要盲目跟风，同时要把目光放长远，考虑创业项目长期以来的发展趋势，而且对资金和人员都要管理到位。

（2）抓住农村电商机遇。

大学生返乡创业初期，人脉稀缺，如何利用现有资源获得更多财富是个大问题，而农村电商就是一个很好的解决办法。一些农民虽然也运用互联网，但是大多局限于购物与娱乐，利用网络营销产品的意识比较淡薄。首先，创业者可以引导农民转变这种保守的态度，接受新事物。现阶段，人民生活水平越来越高，也更关注自己吃的是否健康。大学生可以利用网络媒体为绿色产品做宣传，扩大品牌知名度。其次，创业者可以建立属于自己的电子商务平台，将产品信息公开化，让消费者看到食物来源。除此之外，创业者还可入驻其他的电商平台，例如淘宝、京东、阿里巴巴等，将农产品直接销售至顾客，而不像传统交易方式那样：农民把农产品卖给中间商，只能获取微薄的利润。线上销售规避了传统交易方式利润低、信息不透明等缺点，是一种高效率，高回报，较安全的营销方式。同时，创业者要寻找可信赖的物流公司，将农产品安全交付给消费者，达成长期合作协议后，运输成本也会相应降低。所以创业者一定要抓住农村电商机遇，紧跟时代潮流（樊宁馨、王爽，2019）。

第三章

应用型高校创新创业教育研究与思考

在创新创业教育助推地方应用型高校服务地方建设的同时，出现了创新创业教育与专业教育脱节的现象。这一问题不但限制了地方应用型高校的发展，而且制约了我国对创新型人才的需求。因此在充分分析创新创业教育现状及问题的基础上，从政府、社会、高校三个主体提出有效路径，包括课程体系与课程内容改革、师资队伍建设、优化创新创业环境等几个方面提出了切实可行的改进措施，为同类高校促进创新创业教育发展提供参考。

一、应用型高校创新创业教育效果调查

（一）调查方法与样本结构

调查问卷设置"创新创业教育培养调查""竞赛培养调查""个人基本信息"三个部分，共计 20 个具体问题。问卷以电子邮件的方式，向大连市 4 所本科院校毕业一年以上的毕业生发放。

调查收回 231 份有效问卷，样本信息统计结果见以下图表。从性别上看，男女生比例接近 1 : 1；从毕业年限来看，毕业 2 年及以下学生

最多，占比 39.23%；从学生家庭来源看，城镇最多，占比 64.30%；从专业来看，经管专业比非经管专业大学生数量多，但整体比较均衡。

（二）调查结果分析

1. 创新创业教育培养调查

（1）创新创业能力自我评价情况（见表 3 - 1、表 3 - 2）。

表 3 - 1　　　　创新创业能力重要度评价表　　　　单位：%

评价指标	重要	不重要
新产品构思能力的重要性	70.08	29.92
积极学习能力的重要度	91.70	8.30
批判性思维能力的重要度	65.06	44.94
科学分析能力的重要度	74.23	25.77

表 3 - 2　　　　创新创业能力满足度评价表　　　　单位：%

评价指标	满足	不满足
您对自身创作能力的满足度	29.70	70.30
新产品构思能力的满足度	20.31	79.69
积极学习能力的满足度	51.97	48.03
批判性思维能力的满足度	42.82	57.18
科学分析能力的满足度	56.68	43.32

大学生创新创业能力需要大学生的创作能力、新产品构思能力、积极学习能力、批判性思维能力、科学分析能力，通过能力的重要性数据得出，大多数学生认为拥有能力重要；通过能力的满足度数据得出，大学生自身也缺乏能力，我国大学生自身的发展和大学生的就业形势要求我们必须培养大学生的创新创业能力，所以应用型高校大学生创新创业

教育培训十分重要。

（2）母校提供创新创业教育接受情况（见图 3 - 1）。

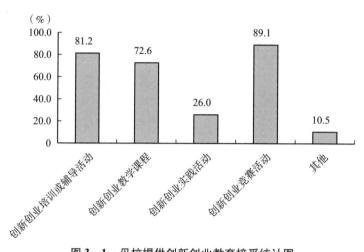

图 3 - 1　母校提供创新创业教育接受统计图

随着社会对创新型人才的需求增加，高校对创新创业教育十分重视，为学生提供了许多创新创业相关教育。调查显示，参与过创新创业竞赛活动占比最大为 89.1%，81.2% 接受过创新创业培训或辅导，72.6% 接受过创新创业教学课程。此外，26% 参加过创新创业实践活动。

（3）创新创业教育需要改进的地方（见图 3 - 2）。

在此次调查中，有 30.1% 左右的学生认为创新创业教育实践类活动不足，而认为缺乏教育课程的学生有 8.3% 左右，认为教学方法不适用于创新创业教育的学生有 28.2% 左右，还有 24.1% 的学生认为课程教师缺乏实践经验，8.1% 的学生认为创新创业课程不算学分，此外，还有少部分学生认为没有需要改进的地方。调查结果显示，创新创业教育仍有很多需要改进的地方，其中增加实践类活动尤为主要，同时，在教学方法的改进以及教师自身实践经历的充实上也需要不断完善。

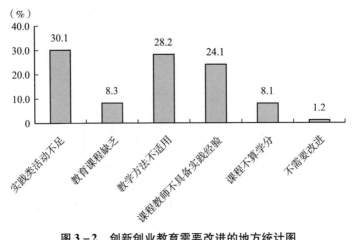

图 3 – 2　创新创业教育需要改进的地方统计图

2. 学生竞赛培养调查

在此次调查中，80.3% 的学生选择参加比赛，只有 19.7% 的学生没有参加过比赛（见图 3 – 3）。调查显示，经过大学生创新创业教育后，大部分学生能够加入到参赛队伍中，应用自己的创新创业知识，锻炼自己的创新创业能力。参赛学生中有 67.2% 的学生获奖（见图 3 – 4），可见，经过应用型高校大学生创新创业的教育后，大部分学生参赛后，可以发挥自身创新创业的能力，获得奖项。

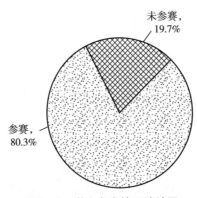

图 3 – 3　学生参赛情况统计图

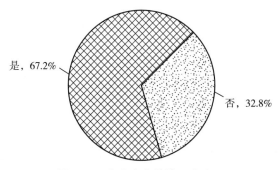

图 3 – 4 参赛者获奖情况统计图

应用型高校大学生创新创业教育离不开各种竞赛，学生通过各种竞赛平台锻炼自身创新创业能力。此次调查中，有 37.2% 的参赛者参加过"互联网 + 竞赛"，18.2% 的参赛者参加过其他创业竞赛，29.1% 的参赛者参加过本专业领域学科竞赛，11.2% 的参赛者参加过非本专业的文体类竞赛，4.3% 的参赛者参与过其他竞赛（见图 3 – 5）。因此发现，参加"互联网 + 竞赛"的学生最多，其次是本专业领域学科竞赛，学生对这两种类型的竞赛有着非常高的热情。

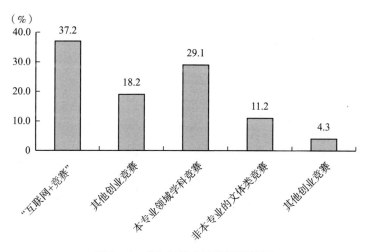

图 3 – 5 参加过的竞赛类型统计图

在本次调查中，有 79.3% 的同学认为参加竞赛有收获，仅有 20.7% 的同学认为参加竞赛没有收获（见图 3－6）。由此看出绝大多数的同学们认为参加竞赛有收获，对创新创业能力提升有正向引导作用。另外，同学们认为参加竞赛可以提高团队合作能力、实践能力、发现与解决问题能力、自主学习能力和心理承受与抗压能力，分别为 20.71%、21.18%、19.29%、20.00%、16.47%，比较均衡，只有 2.35% 的同学认为参加竞赛能提高其他能力（见图 3－7）。由此可以看出，在参加竞赛时同学们的一些能力均能得到提高，且实践能力较突出。

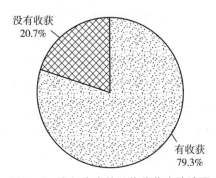

图 3－6　参加竞赛的总体收获度统计图

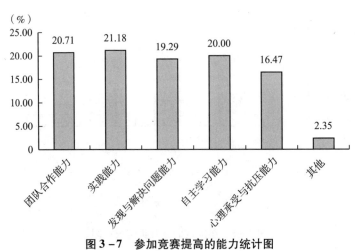

图 3－7　参加竞赛提高的能力统计图

二、应用型高校创新创业教育的现实困境

（一）大学生创新创业教育未纳入教学计划

通过调查发现，很多高校并没有开设创新创业相关的教育课程，即便开设也只有少数几门课程，并且基本没有符合学生需求的专门的教材，也没有形成体系，大部分学校没有将创业教育纳入学校整体教学计划，融合到教育教学体系中。从教育方法上来看，多数学校把举办创业类型的讲座、创业竞赛等作为实现创业教育的主要方法；从受创业教育的学生来看，有些学校的创业教育还仅仅局限于个别专业、个别参加竞赛的学生，只强化了部分同学的创业知识和创业意识。这就导致关注创业教育的只有很少一部分的人，与实施全面素质教育和现代教育理念不相适应，不能满足对创新创业型人才的基本素质的需求。

（二）创新创业教育内容不能满足社会需求

目前高校对大学生创新创业教育最主要的是政策的灌输、成功名人经验分享以及专业知识的指导，而这些对于想进行创新创业的学生来说并不是他们最迫切需要的，高校对学生的支持与学生最需要的东西之间出现偏差，同时创新创业教育内容与社会需求出现偏差，导致大部分学生并未形成积极的创新意识、创新思维，并未开拓创业视野，获得创业成功的基本条件。因此，完善创新创业教育内容，依据学生的实际需要、社会实际需求落实教育内容，构建"大众化＋精英化"相结合的创新创业教育体系仍然是当前高校需要解决的一个难题。

（三） 创新创业指导教师队伍有待强化

虽然创新创业的主体是学生，但高水平的指导教师队伍是将创新创业与实践教学、专业教学相结合的重要保证。近年来，应用型高校教师参与指导学生创新创业活动越来越多，但是普遍都不太精通，以至于在高水平大赛中成绩不理想，通过从学科竞赛与课程实践教学相结合的视角加强学科竞赛指导教师队伍建设，不但能提升我校竞赛高质量的突破，更能促进专业实践教学的大发展；不但是国家高等教育的必然趋势，更是解决创新创业教育现实困境的有效手段，填补相关领域研究探索的缺失。因此，师资力量不足，缺乏创新创业高素质、综合型指导教师也是主要困境之一。建立一支专创融合的高水平创新型实践教学团队，将创新创业做强、做大、做出高质量，同时又能够促进学风教风、师德师风的全面发展。

（四） 创新创业环境有待于进一步优化

在对大学生的创新创业能力提升方面，社会、政府、学校团结协作的创新创业教育环境还没有建构起来。首先，学校内部对大学生创新创业素质的培养倾向于理论培养，大学生的创新创业热情在这样一种环境中不能积极地发酵起来。其次，在我国传统文化中有着求稳怕风险的一面，从小受传统文化教育的大学生深深地接受了这一点，使得这种心理习惯严重影响了大学生的价值取向。最后，各级政府部门虽然已出台了一些鼓励大学生创新创业的政策，但由于种种原因，这些政策宣传力度不够，政策执行力不够强，不能切实地实施，因此也不能真正解决大学生在创新创业过程中遇到的问题。政府在相关优惠政策的出台和执行方面还有待于进一步优化，在社会上也没有设立一些专门为大学生创业者提供咨询和服务的机构。

（五）大学生自身创新创业意识不强

在对应用型高校大学生创新创业相关问题的调查中发现，部分高校大学生创新创业意识不强，理解不足，相当一部分大学生并没有形成创新创业的思维模式，他们更希望选择一种稳定的没有风险的生活方式，希望在社会中选择一种稳定的职业，比如教师、公务员等，这些同学的创新创业意识薄弱，对创业活动认识不足，对相关的知识也并不感兴趣。还有一些同学由于心理准备不足，在创新创业过程中遇到各种各样无法解决的难题时，他们会想要试图放弃，而不是努力寻求各种方法去解决这些问题，从而导致他们的创新创业活动半途而废，这是典型的创新创业心理准备不足的表现。

三、应用型高校创新创业教育的有效路径

（一）将大学生创新创业教育纳入教学体系，完善相关教育课程

高校应该本着规范大学生创新创业教育的目的，将大学生创新创业教育课程列入专业教学计划中，有针对性地进行创新创业教育，通过相关系统知识的学习提高大学生创新创业相关的素质，真正起到大学生创新创业教育的作用，体现大学生创新创业教育的特色。另外，大学生创新创业教育的课程在结构上要坚持理论与实践相结合原则，在形式上要坚持必修课程与选修课程相统一原则。同时，大学生创新创业教育课程的开展，要与高校的创新创业文化构建结合起来，高校应该积极开展创新创业类实践活动，用不同的活动形式使学生体验创新创业的过程，在这样的过程中去积累创新创业的经验，通过一些创新创业类比赛来挑选

部分学生进入校园"创业孵化基地",培养校园的创业氛围。通过举办一些创新创业类讲座交流创业经验弘扬创新创业的事迹精神等,增强大学生的创新创业意识,积极营造一种浓厚的校园创新创业文化氛围。

(二)了解社会需求,强化师资力量

高校应该定期在学生中开展创新创业相关问题的调查,定期开办讲座及时发现学生的问题,了解学生创新创业真正需要的相关帮助,和学生保持良好的沟通和交流,真正走进学生的创新创业活动,积极落实创新创业相关的优惠政策,解决大学生在创新创业过程中遇到的问题,帮助他们顺利开展创新创业活动。同时要加强与企业建立合作,掌握社会最新的人才需求信息,努力培养出符合社会需求的创新创业人才。而高校应该加大对创新创业相关教师的培养力度,定期组织举办创新创业教育相关的培训、学习会、研讨会,保证教师数量的同时还要保证相关指导教师的水平。高校还可以与社会机构或企业合作,聘请企业家和一些有创新创业经验的人定期到学校开办讲座。有效实施创新创业教育必须走学校和企业合作的道路,必须塑造一支高素质的双师型教师队伍。

(三)优化大学生创新创业环境

大学生的创新创业教育是一项系统工程,需要社会与学校的密切配合,社会要允许大学生有自己的创业意识,选择他们喜欢的,符合他们发展的职业,鼓励他们在创造个人财富的同时,也为社会创造更多就业岗位,推动社会经济的发展,形成一种新的、积极的社会风尚。政府应该依法行政,进一步扩大大学生创新创业的市场准入范围,简化新创企业的审批和办事程序,政府各项工作制度要公开化、透明化,为大学生创新创业提供有利条件。

（四）提高大学生创新创业积极性

大连高校应该加强对大学生创业相关知识的普及和教育，系统完整地开展创业相关课程，使大学生真正了解创业方向的选择、创业活动的相关流程、创业过程中应该注意的问题，创业活动中可能遇到的困难和挑战，帮助大学生选择好创业方向，做好创业准备，有效地开展创业活动，并且帮助大学生做好创业的心理准备，积极关注大学生的创业心理情况，在遇到问题和困难时，积极引导大学生寻求方法进行解决。在这个过程中，高校还可以大力宣传大学生创业成功的相关事例，宣传创业活动的相关政策以及种种好处，制定创业活动相关的鼓励、奖励机制，引导大连高校大学生培养自己的创业意识，提高创业积极性，积极开展各种创业活动（岳婷婷、王爽，2016）。

四、基于专创融合的应用型高校实践教学体系探索

自2010年教育部出台《关于大力推进高等学校创新创业教育和大学生自主创业工作的意见》以来，国家出台了一系列促进高校创新创业教育的政策，要求"面向全体""融入人才培养体系""普及创新创业教育"，以实践知识积累为核心的创新创业教育成为高等教育一种全新的教育理念，其中专创融合教育理念逐渐成为高等教育人才培养的价值取向。

在实践中，许多高校面临着创新创业教育和专业教育融合问题。目前国内各高校采取的融合方式有：（1）在原有专业人才培养方案中增加几门创新创业类课程。这种方式，仍以传授知识为主，缺乏实践知识习得过程。（2）将创新创业活动记入专业教育考核学分，鼓励学生参加各类创新创业活动。这种方式以"创新创业活动"替代"创新创业教育"。（3）学校创办创客空间，供有创业意向的学生参与。这种方式

认为创新创业教育就是鼓励学生创办企业、去赚钱，误解了学校创新创业教育的基本内涵。（4）以 OBE 理念，通过实践教学体系培养学生创新创业能力。虽然高校已经积极采取了一些创新教育，来培养学生的实践能力，但是成效甚微，没有改变社会对大学生技术含量低的偏见，即大学期间所学理论知识不够，实践技能欠缺。

（一）应用型高校大学生实践能力培养的必要性

所谓实践能力，是个体在生活和工作中解决实际问题所显现的综合性能力，是个体生活、工作所必不可少的；是相对于认知能力而言的，是运用知识、技能解决实际问题的能力。提升大学生实践能力是素质教育和推进大众创业、万众创新的根本要求，是加快实施创新驱动发展战略的基本动力，是深化高校创新创业教育改革的终极目标，是新时期对高等教育提出的时代命题。大学许多专业除了掌握基本的理论与知识以外，对大学生实践技能的要求较高，具体表现为：灵活的应变能力、良好的沟通能力、敏锐的洞察能力、全面的分析能力、踊跃的创新能力等多种实践能力，因此，对大学生的培养过程就应该是从根本上开发实践能力的过程，从培养目标、教学计划、课程设置、实习实践、教学内容、教学方式等方面系统地提高学生的实践能力，发现问题并且解决问题的能力。

根据教育部公布数据来看，截至 2020 年 6 月 30 日，我国共有 1270 所本科高校，其中应用型本科院校 716 所，占普通本科高校的 56.38%。可见，应用型院校是我国高等教育体系的重要组成部分和中坚力量，是培养应用型人才的重要基地，然而很多应用型院校自身定位不清晰，特色不鲜明，服务地方的属性不具体，总是一味效仿"985"或"211"学术研究型院校的培养模式，但是在知名度上又无法形成竞争力，真可谓东施效颦，加剧了应用型院校在就业市场上的压力。应用型院校人才培养应更注重服务区域性、职业性、专业性、适应性和实践性，有别于学术研究型院校应用型人才培养模式。

（二）应用型高校专业实践能力培养存在的问题

1. 课程重理论轻实践

应用型院校的专业课程设置基本以理论课程为主，教学模式主要为传统课堂教学，对学生的实践能力培养不够，效果欠佳，通常专业课程实践学时占总学时比例很少，有的甚至为零，而且这些专业课程各自为营，与培养方案的总体目标之间的关系非常松散，全部通过课堂讲授实现知识传递，为了提高课堂学习效果，提高学生的实际操作能力，很多老师在案例教学法的基础上积极探索多种教学模式，包括体验式教学模式、情景模拟式教学模式、项目教学模式等，但是效果一般。因为无论采取何种教学模式，都只是借助简单的案例或者小故事来展开教学过程。这样的教学内容既不系统，也没有进行合理的设计，学生对这样的教学内容不会进行主动而系统的深入思考，难以调动学生对实践问题探索的积极性，对提升学生实践能力效果不佳。

2. 实践教学环节流于形式

一方面，大多数应用型院校由于教学条件有限，培养方案中缺乏完整、有效的实践教学环节。即使设置了实践教学环节，往往只是在部分课程上进行的一些简单的模拟实践训练，与现实仍有很大差距，真正对学生实践技能培养意义不大，如经管类《市场调查与预测》课程上的实践训练，让学生自拟题目、设计问卷、实地调查，但是由于学生人数众多，教师做不到全程监管，无法保证学生回收问卷的真实性，有可能胡乱填答，敷衍了事。另一方面，在做调查时，会发生费用，包括问卷打印费、交通费等，这些费用全部由学生自行承担，为了减轻学生的负担、增强调查的可行性，教师往往建议学生选择以大学生为调查对象的课题进行研究，同时也能避免离开校园做调查发生的安全风险，但是整个调查的实践效果大大打折。再比如各专业的毕业论文、实习等实践环节，因为不够重视再加上很多规定操作性不强，导致执行情况不好，虽然毕业论文工作一直饱受争议，不断改革也不见成效，对学生实践技能提升毫无意义，各种实习环节更是形同虚设，走过场，耗费人力、物力、财力与时间。

3. 社会实践层次低

学校鼓励大学生在课外积极投入社会实践，"校内 + 校外"模式，校内实践主要是参与大学生社团、工作室的各项活动，社团与工作室是通过学生自发组织、自负盈亏、教师指导的形式运作，是大学生素质教育的产物，是创新教育的桥梁，确实为大学生实践能力提升贡献力量，但是也有一定的局限，通常作为干事参与社团或工作室活动仅仅是见见世面，开阔了视野，真正能力的提升还需要做到负责人位置，也就是说对个别人能力起到锻炼作用，但是大多数人还只是走马观花地做着低层次的简单工作。校外实践就是各种兼职，兼职在一定程度上可以提高学生的沟通能力，也是进入社会锻炼自己的一种方式，但是应用型院校大学生从事的兼职工作层次都较低，比如家教、发传单、理货员、点餐员，甚至外卖员等，这些工作技术含量较低，运用不到专业知识，学生根本接触不到企业运作的实质性工作，除非兴趣爱好使然，否则实践价值不大，对毕业工作帮助不大。

4. 教师实践能力不足

目前高校的教师大多是博士学历，学术功底深厚，但是实践能力不足，通常都是"校门对校门"的直接对接，缺少实践工作经验，比如经管类专业来看，老师没有企业实战经验，难以指导学生实践环节，这是制约高校创新创业教育发展的最大困境，实践人才缺失。尽管有的应用型院校意识到问题所在，积极为教师提供出去锻炼的平台，鼓励教师到企事业单位挂职锻炼，教学科研工作量适当减免，但是未与评职体系建立联系，教师的参与热情不高。另外，承担实践教学的教师要花费更多的时间和精力，但学校并没有相应的补偿措施，使得很多教师不愿意承担实践教学任务，即使硬性分配下去，大多也只是勉强完成。

5. 评价体系不完善

尽管不少应用型院校制定了相关的实践教学规章制度，对实践教学过程或结果也进行了常规的教学检查，但是很多教学检查都是对相关书面材料的规范性进行检查，然后由学生评教来完成。众所周知，地方院校的学生评教体系本身就诟病连连，学生重视程度不够，评价带有较强主观性，对评教结果不了了之，没有形成有效的奖惩制度。因此实践教学效果好坏，目前还很难评估，没有一套完整的实践教学效果评价体系，缺乏对实践教学的科学规划和科学考核，从而使很多常规的实践教学检查作用受限。

应用型院校专业实践能力培养中存在的问题是多方面的，既有体制因素，也有高校管理制度缺失，也有教师实践能力不足，也有大学生本身观念的重视程度不够，因此，提升大学生的实践能力是一个系统性的工程，需要多方面共同推进，院校更要有勇于创新、打破体制的精神，在重重竞争中推陈出新，脱颖而出，逆流而上，才能培养出应用创新型人才（王爽，2016）。

（三）应用型高校专业实践能力培养的路径

1. 转变重理论轻实践的教学观念

一直以来，高等教育都是理论教学，随着大众创业、万众创新战略提出，实践教学的重要性越来越被认可，各地均加大实践教学力度，但是大多仅为口号行为，勉强增添实践教学内容，但是效果欠佳，未从根本上转变重理论轻实践的观念，为了彻底转变观念，首先需要从政策上引导地方院校、任课教师以及学生对实践能力培养的重视；然后再修订培养方案，丰富课程，加大实践课程所占比例；最后将实践教学落到每门课程上，责任落到任课教师身上，鼓励教师在教学模式上探索能提高学生实践能力的灵活创新方法，比如构建"赛教融合"课程，引入建构主义学习理论，构建"做中学，学中做"的教学场景，学生根据已有的知识和经验对任务进行规划设计和实施运行，经总结和反思灵活应用专业知识，促进学生重构知识，建构个体特有的实践知识。

2. 发挥课堂实践环节的作用

为了能改变课上实践环节流于形式，首先需要院校放开课程管理，营造教师自己做主的宽松氛围，课程采用何种形式上，理论学时与实践学时比例如何分配，考核形式如何制定均由任课教师团队自行安排，极大地调动了教师实践探索的积极性，也能促进开创更多创新性教学方法。然后院校应加大实践环节授课比重以及在课程总成绩中所占比重，提高学生对实践环节的重视，鼓励学生积极、认真参与实践。最后实践环节形式可以灵活多样，一门课程设置多种实践环节，多门课程设置一类实践环节，鼓励以实践能力提升为目标的课程实践多维度模式，系统地整合所有课程实践环节，实现"1 + 1 > 2"，提升学生专业综合技能，达到课上实践环节的目标与价值。

3. 提高社会实践的层次

行之有效的社会实践活动，必须坚持以社会需求为导向，通过坚实的校企合作，才能培养符合社会和企业需要的人才。由政府出台鼓励政策，促进院校与当地企业建立联系，加强合作，发展稳定的实践教学基地，定期组织对实践教学基地进行考核，最后根据考核等级，由政府给企业发放补贴，改变目前实践教学基地形同虚设的局面，发挥其真正作用。此外，学校争取开展与不同行业的合作，建成涵盖广泛的实践网络，让学生在各种行业体验中，明确自己的未来职业规划。同时，当前理论知识的发展不断细化，让学生尽可能多地体会各行各业的手段，提高专业水平，增加就业资本。

4. 提高教师实践能力

教师的视野决定学生认知的宽度，教师的素养决定学生认知的深度，只有教师先与社会接轨，学生才能拥抱社会，教师实践能力不足势必影响学生实践能力的提升，因此全方位提升教师实践能力才是当务之急。秉承"引进来、走出去"思想，全力提高教师实践能力，一方面要大力从行业和企业引进一定数量具有实践背景的师资作为学生社会实践与创业的兼职或全职导师，另一方面要加强现有师资的培养，可以通过到企业挂职、校企联合培养、短期进修、外出考察等各种形式进行培养。

5. 完善实践教学效果评价体系

实践教学效果的评价不同于传统理论课程的评价，简单的学生评教不能综合反映实践教学的全貌，必须设计一套系统、科学、合理的评价体系，评价内容包括实践教学目的、教学进度、教学内容、教学方法和学生考核办法等过程环节，也包括学生实践能力提升程度的实践结果评价；评价主体由学校、同行老师、企业、学生组成；评价方法应定量与定性评价综合运用；评价考核方法应遵照公平原则，奖惩分明，一方面，以高于理论课程的课时费鼓励教师积极参与实践教学，然后对于在实践教学过程中考核优秀者或者有突出贡献者，可以颁发证书和奖金，并且作为教师职称评定、年终考核等方面的重要依据；另一方面，对于实践教学效果差、影响不好的也要按照相关规定进行严格的处罚，力求客观全面。

总之，在全民创新创业的新时代，专创融合势在必行，应用型院校的发展既面临机会又面临挑战，只有加强实践能力培养才能抓住机会，围绕着专业核心能力，努力提高学生的实践能力，为社会培养应用型人才。基于"实践教学体系"的专创融合教育不仅可以实现理论联系实践，而且还可以通过创新创业教育来验证创新专业理论知识，实现从认识世界到改造世界的转变，实现对人的全面教育（王爽，2016）。

第四章

基于新文科的"赛教学创"
创新创业教育体系构建

一、引　　言

在推动经济高质量发展的新时代，创新创业教育扮演了重要的角色，源源不断地为社会发展提供动力。近几年，国家高度重视创新创业教育，政府持续颁布推动高校创新创业发展的文件，鼓励并支持高校开展创新创业教育。但由于我国高校开展创新创业教育的时间较晚，对创新创业教育的理论研究尚存在诸多不足，导致当前高校创新创业教育体系建设不够健全，尚未形成完整的教育链条。因此，科学合理的创新创业教育体系构建问题逐渐成为国内学者的重点研究内容。

目前已有学者对在高校创新创业教育体系建设过程中存在的问题进行了研究，夏雪花（2021）认为高校创新创业教育定位认知不明确、高校创新创业资源缺失和课程体系缺乏合理性等问题制约着健康的创新创业教育生态环境建设的步伐；陈艳丽（2021）基于供给侧改革形势下人才与产业发展之间的诸多矛盾，提出当前高校创新创业教育体系中存在课程设置偏差较大、高校内部院系之间协作欠缺等问题；王侦等（2021）认为我国创新创业教育体系的建设过程中仍存在诸多问题，如高校对创新创业教育的发展重视程度不够、对创新创业教育理念认知不清、教师和学生评价考核激励机制不合理等；邱珉（2021）则认为高校创新创业教育存在尚未形成积极的创新创业氛围、创新创业教育文化淡薄、高校宣传动员工作不到位等问题；而屈峰等（2021）从知识共创理论出发，分析得出当前传统文科创新创业教育中存在定位虚化、课程体系分散、针对性不足、与实践体系间知识共创缺失等问题制约着新文科建设的进程。

　　而在高校创新创业教育体系的建设路径选择方面，部分学者也给出了自己的建议和策略。朱团等（2021）建议利用第二课堂、实践教学、专业教育改革及与思想政治教育紧密结合来推动创新创业教育体系的提升；尹杨等（2021）则从分析高校创新创业教育影响因素的角度出发，强调应该继续保持并完善创新创业精神培养和意识培育、优秀榜样力量影响，从而有效深化学生创新创业意愿；金溢等（2021）通过对创新创业教育的核心争论进行理性反思，认为需要充分落实创新创业教育的三大理念、三类资源和三支队伍，以构建渐进式的四阶段创新创业教育体系；黄孙庆（2021）从创新创业人才培养角度出发，建议构建"三全三赋六融合"创新创业教育体系，实现行业发展、专业教育和创新创业教育的有机融合；张丽惠等（2021）以典型院校为案例，从教学体系、实训体系和服务体系三个方面及全过程、全方位和全覆盖三个维度构建了协同推进的创新创业教育体系；邓人杰等（2021）认为应用型本科高校应该通过及时修订培养方案，不断优化师资队伍和保障配套机制等方式，来完善创新创业教育体系；周熹等（2021）以国际视域研究国外创新创业教育特色和优势，建议立足国情构建具有中国特色的、中国文化内涵的创新创业教育体系。

　　由上可知，虽然已经有众多学者从不同角度上对当前国内创新创业教育体系构建相关问题做出了研究，但是以当前创新创业教育中传统文科专业参与度不高、新文科建设需融入创新创业教育体系等问题为出发点的研究少之又少。

　　当前我国传统文科（人文和社会科学的统称）由于专业细分等原

因形成学科与专业壁垒，在人才培养上强调专业知识和专业技能的学习，导致文科学生知识与产业发展不匹配、文科与自然科学脱节等问题，在新技术和新产业革命的浪潮中，不能很好适应新时代社会问题日益综合化、复杂化发展。而创新创业教育则为实现新文科专业改造升级提供了一种科学、合理、可行的路径选择，成为新文科新时代属性实现的重要途径。

本书为适应新一轮科技革命和产业变革所带来的新经济业态，面向地方综合性高校的全体文科学生，基于新时代的需求导向，落实新文科建设立德树人的根本任务，以中国国际"互联网+"大学生创新创业大赛为牵引，探索"赛教学创"的跨学科与专业、理论与实践、教学与科研、教师与学生相结合的新文科创新创业教育实践体系，推进创新创业教育、专业教育与产业发展的深度融合。通过开发新文科特色创新创业教育课程、产教学创融合式创新创业实践基地建设，分阶段分类型逐级推进，兼顾规模化和个性化学生培养，提升学生跨专业与学科的知识融通能力，打造一支过硬的专兼职创新创业师资队伍，推动"敢闯会创"的新文科人才培养范式改革，促进学生创新创业能力和综合素养提升，培养适应新时代要求的应用型新文科人才。

二、新文科创新创业教育体系现状分析

虽然新文科相对于传统文科的外延和范围扩大了，包含文学、历史、哲学、经济、管理、法律、教育、艺术八大学科门类，但是由于专业细分的培养模式势必会加深知识和视域的壁垒，在创新创业教育中由于知识结构受限、教师辅助不够、实践平台缺乏，文科专业学生普遍存在"不想创、不敢创、不能创、不会创"的问题，针对问题厘清原因并制定对策是主要思路。

（一）课程体系分散，学生知识结构受限

2015 年以来，高校创新创业教育改革取得显著进展。但是，当前创新创业教育课程体系，包括课程关系、课程内容、课程考核等较为分散，创新创业课程和学生专业课之间关系不明确，课程内容之间缺乏有效衔接沟通。而传统文科创新创业教育表面化、单一化的角色设定，使学生无法充分融入宏观知识共创和建构过程，无法有效参与社会问题创造性解决的实践过程（刘伟，2011），这直接造成新文科专业的大学生创新创业意识不强等问题。创新创业教育的目标是培养具有前瞻思维能力、管理能力、技术适应能力的人才，要求学生尽可能了解感兴趣创新创业方向的不同知识（范晓男、鲍晓娜，2020）。当前创新创业教育共创机制缺乏，无法有效整合校友、留学生、专业硕博士和本科生力量，难以解决不同专业、不同层次创新人才的沟通交流问题。应解决横向不同专业、纵向不同层次创新创业人才的沟通交流，形成复合人才集合，满足创新创业教育的需求（黄兆信、王志强，2013）。

（二）师资力量薄弱，缺少专业教师

高校的师资力量对于创新创业教育发展有着关键性作用。但目前大部分高校的创新创业教育师资力量存在着很多问题。首先，目前我国大部分高校并没有关于创新创业教育师资管理制度，很少从职称评定、年度考核方面进行激励，导致很多教师本身对于从事创新创业教育的积极性较低。其次，在创新创业教育师资队伍中，大部分教师本身并没有创业经验，这样就导致很多教师进行的创新创业教育只是"纸上空谈"。最后，虽然各高校近年来不断加大"双师型"教师的培养和管理力度，也委派部分教师利用假期参加企业培训，但在创新创业教育师资不足的情况下，很难抽出"双师型"教师对新文科专业学生进行专职的创新创业教育，且缺少外校企业行业专家进行指导。

（三） 政策机制不健全，实践基地匮乏

一方面，虽然各高校都在不断制定完善新文科专业大学生创新创业教育政策机制，但大部分内容都是针对学生，主要包括学分互换、经费和场地支持，缺少实施过程的监督机制。另一方面，为鼓励大学生创新创业，各高校搭建产业园、创业孵化基地等配套设施，但因场地、资金、设备等因素影响，部分高校的实践基地并没有达到进行创新创业教育的基本标准，难以发挥其真正的作用，反而导致学生创业成本增加，创业项目失败的风险系数增强。

三、新文科"赛教学创"创新创业教育体系构建路径探析

第一，找准完善新文科创新创业教育的切入点和抓手。依据国家新文科建设要求，突出文理交叉，开展"政、产、学、研、用、创"合作，以中国国际"互联网＋"大学生创新创业大赛为新文科创新创业教育的切入点和抓手，分类型分阶段推进，通过大赛项目的牵引，推动跨学科和专业的交叉融合，让学生"想创"；以专业教师和兼职导师做两翼对学生进行引导和辅助，帮学生"敢创"；以教师科研成果为依托通过大赛促进成果转化，带学生"能创"；以产教融合基地和平台建设为学生提供创新创业的场所和情境，使学生"会创"。

第二，构建"赛教学创"新文科创新创业教育模式。突破传统文科的学科导向、专业分割思维贯式，融入新时代、新技术和新业态对新文科建设的要求，以赛促教，探索文理交叉、多学科融合的教育新途径；以赛促学，培养文科学生综合素质和团队合作精神的新模式；以赛促创，搭建成果转化新平台，充分发挥"互联网＋"大赛对新文科专业核心知识的融合应用，深化创新创业教育改革实践，发挥以赛育人的重要作用。

第三,探索"三段式"新文科课程教学与选育路径。虽然各高校新文科专业在人才培养方案中开设了创新创业教育课程,但是对于新文科专业来说,由于其实践性、可操作性不强,学生创新创业能力的提升不是某一门课程短期内能完成的,这就需要教师在授课过程中将与专业相关的实践能力融入所有的专业授课过程中,并指导学生参与各项赛事,在不断完善项目的具体实践过程中去提升自身的创新创业能力。即经过大赛项目形成、培育、孵化三个阶段,促进课赛融合、专创融合、校企合作的课程改革和项目选育方法,提高新文科学生的通用核心能力、知识整合能力及创新实践能力,使之成为高素质创新创业人才培养的有效途径。

第四,研究新文科"四结合"的有效机制。即学科与专业文理交叉、教学与科研融合、教师与学生合作、学校与企业互助,形成新文科专业教学"个性化"特点的创新创业教育发展新模式。探索新文科建设需要构建的理论体系、学科体系、教学体系、评价体系。

第五,在强化价值引领的基础上完善新文科创新创业教育与实践体系。强化价值引领知识,在注重学科专业知识交叉融合的同时,结合不同专业的"个性化"特点,在继承的基础上创新,构建包含特色课程、产教融合实践基地、专兼职师资队伍相结合的"赛教学创"新文科创新创业教育与实践体系,提升文科学生的创新创业能力和综合素质。

四、对 策 建 议

新文科建设的着力点需从探讨人文社科所涉对象的规律性,转向对社会价值观的重塑。因此,在"赛教学创"新文科创新创业教育与实践中,以中国"互联网+"大学生创新创业大赛为牵引,在拥抱新科技、新业态的同时,采用分类型分阶段逐步推进的方式,在特色课程开发、师资队伍建设、大赛项目培育、产教融合实践基地建设的全方位和全过程中,关注价值和知识的统一,践行社会主义核心价值观,以树德立人为根本任务，探索完善"赛教学创"新文科创新创业教育与实践体系。

（一） 构建新文科创新创业课程体系

深入文科实践应用前沿，调研政府机关、社区、企业，了解当前社会急需解决的社会管理和企业发展问题，锁定集聚专业相关的问题，以问题解决为导向，引入万学教育科技集团等企业优质课程资源，面向校内全体文科学生，开设融入现代信息技术、赋能新文科创新创业教育的特色课程，推动文科专业之间深度融通、文科与理工农医等学科要素交叉融合，编写具有提供解决问题方案功能的"链式迭代"线上、线下创新创业课程体系，以适应快速变化的实践应用和技术升级需求，培养新文科学生解决问题的综合能力。同时，合理安排专业群和课程群结构，依据社会及产业需求、人才培养目标定位确定课程内容，设置"大平台＋小模块"课程体系，专业群内各专业面向职业岗位和技术领域的相关性，课程群面向产业链和企业需求，在夯实理论与实践内涵的基础上，重视课程思想政治嵌入，强化核心价值观的引领。

（二） 组建专兼职高素质创新创业师资队伍

要强化"双师型""引进来""走出去"的师资培养理念。虽然各高校在新文科专业创新创业方面都加强了"双师型"教师的培养，但还多限于资格证书的增加，没有要求教师必须到一线参与企业实践工作。这就导致部分新文科专业教师的创新创业能力并不是很强。因此，高校要培养真正具有"双创"能力的新文科专业"双师型"教师，就要加强与企业的联系，既可以引进有行业工作背景的教师作为"双创"教育专职教师，也可以有针对性地委派没有行业工作背景的年轻教师利用假期到企业挂职学习。此外，还可以选聘具有丰富专业和实践经验的专业教师，从企业引进有管理经验的人员兼职课程教师，聘请校外行业企业专家给教师进行创新创业能力培训，通过多种手段，真正实现"双师型"教师能力的培养和提升，进而培养大赛指导骨干教师，进而组建一支"以专业教师为主体、兼职教师和企业导师为两翼"的素质高、结构优的创新创业师资队伍。

（三）完善新文科创新创业评价体系

新文科创新创业教育的实施，需要根据教育与实践体系要求，建立相应的学生评价、教师评价、学校评价、社会评价、企业评价、过程评价以及结果评价体系，制定创新创业教育工作有效开展的评价标准，开展卓有成效的新文科创新创业教育。以社会和企业重要问题解决为导向，完善创新创业评价体系，将创新创业过程以及其他相关者的评价结果纳入最终评价，激励学生不怕失败、敢闯敢试的创新精神。充分考虑相关教师的工作绩效，将教学结果纳入职称评价体系，激励教师把创新创业教学作为专职工作，不断提升教师学科融合能力。

（四）培育高质量新文科创新创业竞赛项目和案例

虽然现在各高校纷纷鼓励学生进行创新创业，但由于急切地追求数量上的突破和形式上的如火如荼，而导致高校间的产品和项目出现批量化、同质化等不良现象。因此，需要培育一批高质量新文科创新创业竞赛项目和案例，以引领新文科创新创业教育能推陈出新，促进校园内形成良好的创新创业文化氛围，点燃学生的创业激情。同时，科学有效地分类分阶段进行大赛项目的培育，在培育过程中贯彻落实"赛教学创"新文科创新创业教育与实践，即通过以赛促教、以赛促学、以赛促创的方式，将赛事项目融入新文科创新创业教育各环节，并根据大赛项目类型在各年级段，采用"三段式"课程教学与项目选育路径、"四结合"的有效机制，提升学生的创新创业精神、实践能力和综合素养，培养"敢闯会创"的新文科人才。

（五）建设产教融合新文科创新创业实践基地

在现有国家级众创空间和省级创新创业教育示范基地的基础上，以"校企协同育人"为引领，与企业进行互惠互利深度合作，以现有待解决的重大社会问题为实践体系起点，通过推动双创赛事平台、科研与社会服务育人平台、课程实践基地平台、产学研融合平台、社会支持保障平台等平台互联互通，建设一个产教融合新文科创新创业实践基地，为学生就业创业提供良好场景，同时促进高校科研成果转化，从而促使文科专业主动利用新技术、新方法、新手段，包括大数据、人工智能以及其他信息化技术，解决社会实际问题，实现新文科的跨学科、跨领域、跨层级深度融合。

第二篇　中国"互联网＋"大学生创新创业大赛篇

第五章

历届"互联网 +"大学生创新创业大赛概况

一、第一届中国"互联网 +"大学生创新创业大赛

2015 年 5 月 21 日,教育部发布关于举办首届中国"互联网 +"大学生创新创业大赛的通知,拉开了中国"互联网 +"大学生创新创业大赛的帷幕。首届中国"互联网 +"大学生创新创业大赛,以"'互联网 +'成就梦想,创新创业开辟未来"为主题,由教育部会同国家发展和改革委员会、工业和信息化部、人力资源和社会保障部、共青团中央和吉林省人民政府共同主办。大赛旨在深化高等教育综合改革,激发大学生的创造力,培养造就"大众创业、万众创新"的生力军;推动赛事成果转化,促进"互联网 +"新业态形成,服务经济提质增效升级;以创新引领创业、创业带动就业,推动高校毕业生更高质量地创业就业。

首届参赛项目分为四大类:

(1)"互联网 +"传统产业,包括新一代信息技术在传统产业领域应用的创新创业项目。

(2)"互联网 +"新业态,包括基于互联网的新产品、新模式、新业态创新创业项目,优先鼓励人工智能产业、智能汽车、智能家居、可

穿戴设备、互联网金融、线上线下互动的新兴消费、大规模个性定制等融合型新产品、新模式。

（3）"互联网＋"公共服务，包括互联网与教育、医疗、社区等结合的创新创业项目。

（4）"互联网＋"技术支撑平台，包括互联网、云计算、大数据、物联网等新一代信息技术创新创业项目。

根据参赛项目所处的创业阶段情况，大赛分为创意组和实践组。

中共中央政治局常委、国务院总理李克强针对本届赛事作出重要批示。批示指出，大学生是实施创新驱动发展战略和推进大众创业、万众创新的生力军，既要认真扎实学习、掌握更多知识，也要投身创新创业、提高实践能力。中国"互联网＋"大学生创新创业大赛，紧扣国家发展战略，是促进学生全面发展的重要平台，也是推动产学研用结合的关键纽带。教育部门和广大教育工作者要认真贯彻国家决策部署，积极开展教学改革探索，把创新创业教育融入人才培养，切实增强学生的创业意识、创新精神和创造能力，厚植大众创业、万众创新的土壤，为建设创新型国家提供源源不断的人才智力支撑。

二、第二届中国"互联网＋"大学生创新创业大赛

为贯彻落实《国务院办公厅关于深化高等学校创新创业教育改革的实施意见》，进一步激发高校学生创新创业热情，展示高校创新创业教育成果，搭建大学生创新创业项目与社会投资对接平台，教育部于2016年3～10月举办了第二届中国"互联网＋"大学生创新创业大赛。大赛以"拥抱'互联网＋'时代、共筑创新创业梦想"为主题，以深化高等教育综合改革，激发大学生的创造力，培养造就"大众创业、万众创新"的生力军为目的，切实提高高校学生的创新精神、创业意识和创新创业能力，以创新引领创业、创业带动就业，推动高校毕业生更高质量创业就业。

本次大赛由教育部、中央网络安全和信息化领导小组办公室、国家发展和改革委员会、工业和信息化部、人力资源和社会保障部、国家知识产权局、中国科学院、中国工程院、共青团中央和湖北省人民政府共同主办，华中科技大学承办。由中国高校创新创业教育联盟、中国高校创新创业投资联盟、中国教育电视台、光明校园传媒参与协办。

参赛项目分为六大类：

（1）"互联网+"现代农业，包括农林牧渔等。

（2）"互联网+"制造业，包括智能硬件、先进制造、工业自动化、生物医药、节能环保、新材料、军工等。

（3）"互联网+"信息技术服务，包括工具软件、社交网络、媒体门户、数字娱乐、企业服务等。

（4）"互联网+"商务服务，包括电子商务、消费生活、金融、旅游户外、房产家居、高效物流等。

（5）"互联网+"公共服务，包括教育文化、医疗健康、交通、人力资源服务等。

（6）"互联网+"公益创业，以社会价值为导向的非营利性创业。

根据参赛项目所处的创业阶段及已获投资情况，大赛分为创意组、初创组和成长组。

教育部领导在第二届中国"互联网+"大学生创新创业大赛颁奖典礼暨闭幕式上的讲话指出，中国"互联网+"大学生创新创业大赛是"双创"活动周的一项重要活动，已成为深化高校创新创业教育改革的重要载体、促进大学生全面发展的重要平台、推动产学研用结合的关键纽带，要继续办下去，办好办强、形成品牌。要把推动高校创新创业教育改革作为服务经济结构转型、发展动能转换的根本需要，作为培养应用型、创新型人才的必然要求，作为高等教育综合改革的突破口和重中之重，抓好培养方案、课程体系、教学方法、制度创新和实践环节，多点突破、纵深推进（雷恺，2017）。希望青年学生坚定理想信念，掌握真才实学，积极投身实践，在创新创业实践中展示才华、服务社会，创造自己的精彩人生。

三、第三届中国"互联网+"大学生创新创业大赛

2017年，第三届中国"互联网+"大学生创新创业大赛在西安电子科技大学举办。中国建设银行、中国高校创新创业教育联盟、全国高校创新创业投资服务联盟、中国教育创新校企联盟、中国高校创新创业孵化器联盟、中关村百人会天使投资联盟和全国高校双创教育协作媒体联盟等参与协办了本次大赛。大赛以"搏击'互联网+'新时代，壮大创新创业生力军"为主题，参赛项目主要包括以下类型：

（1）"互联网+"现代农业，包括农林牧渔等。

（2）"互联网+"制造业，包括智能硬件、先进制造、工业自动化、生物医药、节能环保、新材料、军工等。

（3）"互联网+"信息技术服务，包括工具软件、社交网络、媒体门户、企业服务等。

（4）"互联网+"文化创意服务，包括广播影视、设计服务、文化艺术、旅游休闲、艺术品交易、广告会展、动漫娱乐、体育竞技等。

（5）"互联网+"商务服务，包括电子商务、消费生活、金融、财经法务、房产家居、高效物流等。

（6）"互联网+"公共服务，包括教育培训、医疗健康、交通、人力资源服务等。

（7）"互联网+"公益创业，以社会价值为导向的非营利性创业。

根据参赛项目所处的创业阶段、已获投资情况和项目特点，大赛分为创意组、初创组、成长组和就业型创业组。

教育部党组书记、部长陈宝生，陕西省委副书记、省长胡和平出席颁奖典礼暨闭幕式并讲话指出，习近平总书记给本届大赛"青年红色筑梦之旅"大学生的回信，深切勉励青年学生扎根中国大地了解国情民情，用青春书写无愧于时代、无愧于历史的华彩篇章，为青年学子成长成才指明了方向。在党中央、国务院的关怀指导下，本届大赛有热度、

有高度、有广度，取得了丰硕成果，产生了良好的社会反响，是一次非同凡响、继往开来的大赛。高等教育战线要认真学习、深刻领会、贯彻落实习近平总书记回信重要精神，做到"四个结合"，将青春梦、创新创业梦与中国梦紧密结合（柴葳，2017）；将思想政治教育与创新创业教育紧密结合；将创新创业教育改革与高等教育综合改革紧密结合；将中国探索与走向国际紧密结合，全面落实立德树人根本任务，深入推进创新创业教育改革。希望青年学生牢记习近平总书记的嘱托，释放青春正能量，争做时代追梦人，让勤奋学习成为青春飞扬的动力，让增长本领成为青春搏击的能量，努力成为创新创业、服务人民、建设美好富强国家的奋进者、开拓者、奉献者。

四、第四届中国"互联网＋"大学生创新创业大赛

2018年3月9日，教育部启动第四届中国"互联网＋"大学生创新创业大赛。大赛的目的是深化高等教育综合改革，激发大学生的创造力，培养造就"大众创业、万众创新"生力军；鼓励广大青年扎根中国大地了解国情民情，在创新创业中增长智慧才干，在艰苦奋斗中锤炼意志品质，把激昂的青春梦融入伟大的中国梦。大赛提出的任务是把大赛作为深化创新创业教育改革的重要抓手，引导各地各高校主动服务国家战略和区域发展，积极开展教育教学改革探索，切实提高高校学生的创新精神、创业意识和创新创业能力。推动创新创业教育与思想政治教育紧密结合、与专业教育深度融合，促进学生全面发展，努力成为德才兼备的有为人才。推动赛事成果转化和产学研用紧密结合，促进"互联网＋"新业态形成，服务经济高质量发展。以创新引领创业、以创业带动就业，努力形成高校毕业生更高质量创业就业的新局面。

本次大赛由教育部、中央网络安全和信息化领导小组办公室、国家发展和改革委员会、工业和信息化部、人力资源和社会保障部、生态环境部、农业农村部、国家知识产权局、国务院侨务办公室、中国科学

院、中国工程院、国务院扶贫开发领导小组办公室、共青团中央和福建省人民政府共同主办，厦门大学承办。大赛设立组织委员会、专家委员会和纪律与监督委员会。大赛主题是"勇立时代潮头敢闯会创，扎根中国大地书写人生华章"。

第四届大赛举办了"1+5"系列活动。"1"是主体赛事，在校赛、省赛基础上，举办全国总决赛（含金奖争夺赛、四强争夺赛和冠军争夺赛）。"5"是5项同期活动，具体包括：

（1）"青年红色筑梦之旅"活动。在更大范围、更高层次、更深程度上开展"青年红色筑梦之旅"活动，推动创新创业教育与思想政治教育相融合，创新创业实践与乡村振兴战略、精准扶贫脱贫相结合，打造一堂全国最大的思政课。

（2）"21世纪海上丝绸之路"系列活动。主动服务"一带一路"建设，推动教育先行，实现创新创业教育交流合作从"丝绸之路经济带"到"21世纪海上丝绸之路"的全面布局，为民心相通、合作共赢铺路搭桥。

（3）"大学生创客秀"（大学生创新创业成果展）。在大赛总决赛期间举办"大学生创客秀"，在承办校厦门大学设置项目展示区、项目路演区、投融资对接区、合作签约区、交流分享区、创意产品体验区等，开展投资洽谈、创新创业成果展、团队展示等活动，为各方人员提供开放参与的机会。

（4）改革开放40年优秀企业家对话大学生创业者（"互联网+"产学合作协同育人报告会）。邀请改革开放40年来涌现出的有影响的企业家、投资人、行业领军人物、技术专家与大学生创业者对话，在总决赛期间开设报告会或主旨演讲，围绕产业发展趋势、行业人才需求和产学合作协同育人等主题进行交流，传播成功经验，共享创新创业理念，助力大学生成长发展。

（5）大赛优秀项目对接巡展。在2018年"数字中国"建设峰会、第二十二届中国国际投资贸易洽谈会和大赛总决赛期间设立专区，开展优秀项目展示交流和投融资洽谈对接活动，进一步推动大赛成果转化应用。

参赛项目主要包括以下类型:

(1)"互联网+"现代农业,包括农林牧渔等。

(2)"互联网+"制造业,包括智能硬件、先进制造、工业自动化、生物医药、节能环保、新材料、军工等。

(3)"互联网+"信息技术服务,包括人工智能技术、物联网技术、网络空间安全技术、大数据、云计算、工具软件、社交网络、媒体门户、企业服务等。

(4)"互联网+"文化创意服务,包括广播影视、设计服务、文化艺术、旅游休闲、艺术品交易、广告会展、动漫娱乐、体育竞技等。

(5)"互联网+"社会服务,包括电子商务、消费生活、金融、财经法务、房产家居、高效物流、教育培训、医疗健康、交通、人力资源服务等。

(6)"互联网+"公益创业,以社会价值为导向的非营利性创业。

参赛项目不只限于"互联网+"项目,鼓励各类创新创业项目参赛,根据行业背景选择相应类型。以上各类项目可自主选择参加"青年红色筑梦之旅"活动。

(7)"青年红色筑梦之旅"赛道。增设"青年红色筑梦之旅"赛道,参加此赛道的项目须为参加"青年红色筑梦之旅"活动的项目。各省(区、市)教育厅(教委)、各高校要组织大学生创新创业团队到各自对接的县、乡、村和农户,从质量兴农、绿色兴农、科技兴农、电商兴农、教育兴农等多个方面开展帮扶工作,推动当地社会经济建设,助力精准扶贫和乡村振兴。

参加"青年红色筑梦之旅"活动的项目可自主选择参加主赛道或"青年红色筑梦之旅"赛道比赛,但只能选择参加一个赛道。

(8)国际赛道。打造大赛国际平台,提升大赛全球影响力。由国际赛道专家组会同全球大学生创新创业联盟(筹)择优遴选推荐项目。鼓励各高校推荐国外友好合作高校的项目参赛,鼓励各高校推荐海外校友会作为国际赛道合作渠道。

中共中央政治局委员、国务院副总理孙春兰 2018 年 10 月 15 日在厦门大学出席第四届中国"互联网＋"大学生创新创业大赛闭幕式，转达习近平总书记对参加大赛和"青年红色筑梦之旅"活动全体同学的亲切问候。孙春兰强调，各地各部门和高校要深入贯彻全国教育大会精神，认真落实党中央、国务院的决策部署，顺应国家未来发展和产业转型方向，把创新创业教育融入素质教育各环节、人才培养全过程，完善科教结合、产教融合、校企合作协同育人机制，着力培养学生的创新精神和实践能力，以创新引领创业、以创业带动就业，不断提升教育服务经济社会发展的能力和成效。她希望广大青年学生认真学习习近平总书记在全国教育大会上的重要讲话精神，坚定理想信念，扎根中国大地，在创新创业中增长智慧才干，在艰苦奋斗中锤炼意志品质，用创新创业的生动实践汇聚起民族复兴的强大力量。

五、第五届中国"互联网＋"大学生创新创业大赛

2019 年 6 月 13 日，第五届中国"互联网＋"大学生创新创业大赛在浙江正式启动，本届大赛的目的和任务是以赛促教，探索素质教育新途径：旨在激发学生的创造力，培养造就"大众创业、万众创新"生力军；鼓励广大青年扎根中国大地了解国情民情，在创新创业中增长智慧才干，在艰苦奋斗中锤炼意志品质，把激昂的青春梦融入伟大的中国梦，努力成为德才兼备的有位人才；以赛促创，搭建成果转化新平台：把大赛作为深化创新创业教育改革的重要抓手，引导各地高校主动服务国家战略和区域发展，开展课程体系、教学方法、教师能力、管理制度等方面的综合改革。以大赛为牵引，带动职业教育、基础教育深化教学改革，全面推进素质教育，切实提高学生的创新精神、创业意识和创新创业能力；以赛促创，搭建成果转化新平台：推动赛事成果转化和产学研用紧密结合，促进"互联网＋"新业态形成，服务经济高质量发展。以创新引领创业、以创业带动就业，努力形成高校毕业生更高质量创业

就业的新局面。

本届大赛由教育部、中央统战部、中央网络安全和信息化委员会办公室、国家发展和改革委员会、工业和信息化部、人力资源和社会保障部、农业农村部、中国科学院、中国工程院、国家知识产权局、国务院扶贫开发领导小组办公室、共青团中央和浙江省人民政府共同主办,浙江大学和杭州市人民政府承办。大赛设立组织委员会,由教育部部长陈宝生和浙江省省长袁家军担任主任,有关部门负责人作为成员,负责大赛的组织实施。大赛主题是"敢为人先放飞青春梦,勇立潮头建功新时代"。教育部高等教育司司长吴岩表示,本届大赛以"敢为人先放飞青春梦,勇立潮头建功新时代"为主题,鼓励大学生敢闯、会创,不仅学会知识,还要学会本领,促进国内高等教育人才培养的质量提升。

第五届大赛的亮点是"五个更",具体包括:

(1)更全面。做强高教板块、做优职教板块、做大国际板块、探索萌芽板块,探索形成各学段有机衔接的创新创业教育链条,实现区域、学校、学生类型全覆盖。

(2)更国际。拓展国际赛道,深化国际交流合作,深度融入全球创新创业浪潮。

(3)更中国。以大赛为载体,推出创新创业教育的中国经验、中国模式,提升我国高等教育的影响力、感召力、塑造力。

(4)更教育。促进创新创业教育与思想政治教育、专业教育、体育、美育、劳动教育紧密结合,构建德智体美劳"五育平台",上好一堂最大的创新创业课;深入开展"青年红色筑梦之旅"活动,上好一堂最大的国情思政课。

(5)更创新。广泛开展大学生和中学生创新活动,助推科研成果转化应用,服务国家创新发展。

第五届大赛围绕"1+6"来举办,"1"是主体赛事,包括高教主赛道、"青年红色筑梦之旅"赛道、职教赛道、国际赛道和萌芽板块。"6"是6项同期活动,包括举办"青年红色筑梦之旅"活动、大学生创客秀、大赛优秀项目对接巡展、对话2049未来科技系列活动、浙商文化体验活动、联合国教科文组织创业教育国际会议。

参赛项目具体包括以下类型：

（1）"互联网＋"现代农业，包括农林牧渔等。

（2）"互联网＋"制造业，包括智能硬件、先进制造、工业自动化、生物医药、节能环保、新材料、军工等。

（3）"互联网＋"信息技术服务，包括人工智能技术、物联网技术、网络空间安全技术、大数据、云计算、工具软件、社交网络、媒体门户、企业服务、下一代通信技术等。

（4）"互联网＋"文化创意服务，包括广播影视、设计服务、文化艺术、旅游休闲、艺术品交易、广告会展、动漫娱乐、体育竞技等。

（5）"互联网＋"社会服务，包括电子商务、消费生活、金融、财经法务、房产家居、高效物流、教育培训、医疗健康、交通、人力资源服务等。

参赛项目不只限于"互联网＋"项目，鼓励各类创新创业项目参赛，根据行业背景选择相应类型。

教育部副部长钟登华出席大赛颁奖仪式并讲话，钟登华表示，这届大赛"百国千校"万人同台，盛况空前，要再接再厉，把大赛持续办好，上好"三堂大课"：上好一堂创业大课，要向全社会、全世界发出强烈信号——中国教育质量革命的时代到来了，要努力培养大批创新创业创造人才；上好一堂红色大课，要更加坚定地扎根祖国大地，更加深入地推动创新创业教育与思想政治教育紧密结合，引导青年学生传承红色基因、坚定理想信念，走好新时代青年的长征路；上好一堂筑梦大课，面对实现"两个一百年"奋斗目标的任务，青年一代必须勇敢担负起艰巨而光荣的历史使命，把个人理想与党和国家的前途命运紧密结合起来，让自己的成长发展与时代发展同频共振、与人民群众血脉相连，以"青春梦"托起伟大的"中国梦"。

六、第六届中国国际"互联网＋"大学生创新创业大赛

2020 年 6 月 3 日，教育部启动第六届中国国际"互联网＋"大学生创新创业大赛。大赛的目的是以赛促学，培养创新创业生力军。大赛旨在激发学生的创造力，激励广大青年扎根中国大地了解国情民情，锤炼意志品质，开拓国际视野，在创新创业中增长智慧才干，把激昂的青春梦融入伟大的中国梦，努力成长为德才兼备的有为人才；以赛促教，探索素质教育新途径。把大赛作为深化创新创业教育改革的重要抓手，引导各类学校主动服务国家战略和区域发展，深化人才培养综合改革，全面推进素质教育，切实提高学生的创新精神、创业意识和创新创业能力。推动人才培养范式深刻变革，形成新的人才质量观、教学质量观、质量文化观；以赛促创，搭建成果转化新平台。推动赛事成果转化和产学研用紧密结合，促进"互联网＋"新业态形成，服务经济高质量发展，努力形成高校毕业生更高质量创业就业的新局面。

本届大赛由教育部、中央统战部、中央网络安全和信息化委员会办公室、国家发展和改革委员会、工业和信息化部、人力资源和社会保障部、农业农村部、中国科学院、中国工程院、国家知识产权局、国务院扶贫开发领导小组办公室、共青团中央和广东省人民政府共同主办，华南理工大学、广州市人民政府和深圳市人民政府承办。大赛设立组织委员会，由教育部部长陈宝生和广东省省长马兴瑞担任主任，教育部副部长钟登华和广东省副省长覃伟中担任副主任，教育部高教司司长吴岩担任秘书长，有关部门（单位）负责人作为成员，负责大赛的组织实施。本届大赛以"我敢闯、我会创"为主题，采用线上线下相结合的方式，打造一场真正意义上的"互联网＋"大赛，推动形成新的人才培养观和新的质量标准。

此次大赛举办了"1＋6"系列活动。"1"是主体赛事，"6"是 6 项同期活动，包括"智闯未来"青年红色筑梦之旅活动、"智创未来"

全球创新创业成果展、"智绘未来"世界湾区高等教育峰会、"智联未来"全球独角兽企业尖峰论坛、"智享未来"全球青年学术大咖面对面、"智投未来"投融资竞标会。

参赛项目具体包括以下类型：

（1）"互联网＋"现代农业，包括农林牧渔等。

（2）"互联网＋"制造业，包括智能硬件、先进制造、工业自动化、生物医药、节能环保、新材料、军工等。

（3）"互联网＋"信息技术服务，包括人工智能技术、物联网技术、网络空间安全技术、大数据、云计算、工具软件、社交网络、媒体门户、企业服务、下一代通信技术、区块链等。

（4）"互联网＋"文化创意服务，包括广播影视、设计服务、文化艺术、旅游休闲、艺术品交易、广告会展、动漫娱乐、体育竞技等。

（5）"互联网＋"社会服务，包括电子商务、消费生活、金融、财经法务、房产家居、高效物流、教育培训、医疗健康、交通、人力资源服务等。

教育部副部长钟登华，广东省副省长王曦，江西省副省长胡强，教育部高教司司长吴岩等领导出席了第六届中国国际"互联网＋"大学生创新创业大赛闭幕式。钟登华表示，本届大赛百国千校，万人同台，盛况空前，令人难忘。他代表教育部向国内外所有参赛的同学们、向悉心指导的老师们表示诚挚的问候，向承办本次大赛的华南理工大学和广州市人民政府、深圳市人民政府以及鼎力支持大赛的各单位和各界朋友表示衷心的感谢。他指出，党中央、国务院高度重视创新创业人才培养，要再接再厉把大赛持续办好：一是要把创新创业教育融入人才培养全过程，打造青春力量；二是要把创新创业实践融入高质量发展，打造强国力量；三是要把创新创业中国方案融入世界格局，打造发展力量。他希望青年们勇敢担负起艰巨而光荣的历史使命，让个人理想与国家建设紧密相连，让个人成长与时代发展同频共振，以青春之我、奋斗之我，书写人生华章，创造美好未来。

七、第七届中国国际"互联网+"大学生创新创业大赛

2021年4月16日，教育部启动第七届中国国际"互联网+"大学生创新创业大赛，大赛的目标是更中国、更国际、更教育、更全面、更创新，传承跨越时空的伟大的井冈山精神，聚焦"五育"并举的创新创业教育实践，推进赛事组织线上线下相融合，打造共建共享、融通中外的创新创业盛会。具体内容如下：

（1）更中国。在更深层次、更广范围体现红色基因传承，为全球创新创业教育提供中国经验、中国模式，提升高等教育感召力。

（2）更国际。汇聚全球知名高校、企业和创客，融入经济双循环创新浪潮，搭建全球性创新创业竞赛平台，提升高等教育影响力。

（3）更教育。建设德智体美劳"五育并举"实践平台，提升青年学生的爱国情怀、社会责任感和创新创造精神，展现高等教育塑造力。

（4）更全面。形成创新创业教育在高等教育、留学生教育、职业教育、基础教育各学段的全覆盖，打通创新创业人才培养各环节，提升高等教育引领力。

（5）更创新。优化竞赛形式与内容，激发全社会创新创业创造动能，助推科技创新成果转化应用，服务国家创新发展，提升高等教育创造力。

大赛的主要任务有：

（1）以赛促教，探索人才培养新途径。全面推进高校课程思政建设，深化创新创业教育改革，引领各类学校人才培养范式深刻变革，建构素质教育发展新格局，形成新的人才培养质量观和质量标准，切实提高学生的创新精神、创业意识和创新创业能力。

（2）以赛促学，培养创新创业生力军。服务构建新发展格局和高水平自立自强，激发学生的创造力，激励广大青年扎根中国大地了解国情民情，在创新创业中增长智慧才干，坚定执着追理想，实事求是闯新

路，把激昂的青春梦融入伟大的中国梦，努力成长为德才兼备的有为人才。

（3）以赛促创，搭建产教融合新平台。把教育融入经济社会产业发展，推动互联网、大数据、人工智能等领域成果转化和产学研用融合，促进教育链、人才链与产业链、创新链有机衔接，以创新引领创业、以创业带动就业，努力形成高校毕业生更高质量创业就业的新局面。

大赛由教育部、中央统战部、中央网络安全和信息化委员会办公室、国家发改委、工业和信息化部、人力资源和社会保障部、农业农村部、中国科学院、中国工程院、国家知识产权局、国家乡村振兴局、共青团中央和江西省人民政府共同主办，南昌大学、南昌市人民政府和井冈山市人民政府承办。大赛设立组织委员会，由教育部和江西省人民政府主要负责同志担任主任，教育部和江西省分管领导担任副主任，教育部高等教育司主要负责同志担任秘书长，有关部门（单位）负责人作为成员，负责大赛的组织实施。

参赛项目具体包括以下类型：

（1）"互联网＋"现代农业，包括农林牧渔等。

（2）"互联网＋"制造业，包括先进制造、智能硬件、工业自动化、生物医药、节能环保、新材料、军工等。

（3）"互联网＋"信息技术服务，包括人工智能技术、物联网技术、网络空间安全技术、大数据、云计算、工具软件、社交网络、媒体门户、企业服务、下一代通信技术、区块链等。

（4）"互联网＋"文化创意服务，包括广播影视、设计服务、文化艺术、旅游休闲、艺术品交易、广告会展、动漫娱乐、体育竞技等。

（5）"互联网＋"社会服务，包括电子商务、消费生活、金融、财经法务、房产家居、高效物流、教育培训、医疗健康、交通、人力资源服务等。

参赛项目应结合以上分类及自身项目实际，合理选择项目类型。参赛项目不只限于"互联网＋"项目，鼓励各类创新创业项目参赛，根据行业背景选择相应类型。历届中国"互联网+"大学生创新创业大赛情况及奖项情况见表5-1、表5-2。

表5-1　历届中国"互联网+"大学生创新创业大赛情况

届次	参赛高校（所）	参赛学生（人）	参赛项目（个）	参与国家（个）
第一届（2015年）	1878	250000+	36508	1
第二届（2016年）	2110	540000+	118804	1
第三届（2017年）	2241	1500000+	370000+	20+
第四届（2018年）	2278	2650000+	640000+	50+
第五届（2019年）	4093	4570000+	1090000+	124
第六届（2020年）	4186	6310000+	1470000+	113
第七届（2021年）	4347	9560000+	2280000+	121

表5-2　历届中国"互联网+"大学生创新创业大赛奖项情况

届次	金奖数量（个）	银奖数量（个）	铜奖数量（个）
第一届	30	82	184
第二届	32	115	448
第三届	43	123	481
第四届	50	100	450
第五届	50	100	450
第六届	50	100	450
第七届	150	350	1000

　　中共中央政治局委员、国务院副总理孙春兰在2021年10月15~16日在江西调研并出席第七届中国国际"互联网+"大学生创新创业大赛有关活动。她强调，要深入贯彻习近平总书记在中央人才工作会议上的重要讲话精神，落实党中央、国务院关于教育改革的一系列部署，加强人才自主培养，优化人才培养模式，把创新创业教育融入人才培养全

过程，提升大学生创新创业能力，为推动高质量发展提供人才支撑。孙春兰副总理指出，我国拥有世界上规模最大的高等教育体系，有各项事业发展的广阔舞台。高校要切实担负起人才培养的重任，潜心治学、因材施教，把课堂教学、加强实践、指导帮扶结合起来，通过多学科融合培养更多的拔尖创新人才和团队。要建好创新创业服务平台，开展双创实训、指导服务、孵化转化、资源对接一体化服务，推进产学研深度融合。各地各部门要认真落实《关于进一步支持大学生创新创业的指导意见》，加强财税扶持和金融政策支持，有针对性地解决创新创业中遇到的困难和问题，帮助优秀项目落地发展。

实习实训是培养技术技能人才的关键环节，要通过虚实结合、理实一体等方式，帮助学生加深对专业理论的学习理解，再通过实际工作环境的训练掌握相关技术技能。要坚持类型定位，深化"三教"改革，产教融合、校企合作要始终围绕人才培养来开展，牢牢守住职业教育质量的生命线。要畅通职业发展通道，完善评价体系，落实职业院校与普通高校毕业生享受同等待遇的政策规定，增强职业教育认可度和吸引力。

第 六 章

参赛创业项目与分析

一、创业项目的识别

（一）创业项目与创业机会

1. 对创业项目与创业机会的解释

在创业的过程中，最重要的一件事情就是寻找并确定合适的创业项目。而合适的创业项目，是与创业机会分不开的。创业机会的识别是创业的开端，更是创业的前提。那么什么是创业机会呢？创业机会是一种通过创造思维结合资源、满足市场需求，创造了价值，并且有利于创业者和社会的机会（黄华，2019）。

2. 创业机会的来源

机会是在变化中产生的。创业机会主要来源于各种因素的变化与创新，其中最主要的就是政策的变化、技术的发展与创新，还有市场的变化（谭书敏等，2018）。

（1）政策改动。

政治因素、规章制度的变动带来了相关资源使用上的变动，因此成为创业机会的重要来源之一。国家或区域政策环境的变化能够促进商机的产生，从而将原有的资源重新整合并使用，提高了资源使用效率。

（2）技术创新。

技术的变化与创新是创业机会的重要来源之一。随着科技的发展，技术上的变化组合与创新，可为创业者带来创业机会。

（3）市场变化。

由于市场变化而产生的具有一定规模与开发价值的消费需求，被认为是创业机会。

市场机会是潜在的、隐性的、非直接的消费需求带来的。市场新需求的产生、市场供求关系的转变、市场竞争态势的变化，都能带来创业机会。

（二）创业项目的识别

创业项目识别是创业者在创业活动中需要关注的一个重要问题。由于创业过程就是围绕着机会进行识别、开发、利用的过程，因此，创业者应当具备识别正确的创业机会的重要技能。

1. 创业的愿望

创业的愿望是创业机会识别的前提。创业者拥有创业愿望，并将其作为创业的原动力，督促创业者去发现和识别市场机会。创业者如果没有创业意愿，他遇见再好的创业机会也会视而不见并失之交臂。因此，拥有创业的愿望是创业机会识别的前提。

2. 创业能力

创业者的创业能力是创业机会识别的基础。创业者在识别创业机会的过程中会需要用到创业者的个人能力。与创业机会识别相关的能力主要有：远见与洞察能力、信息获取能力、技术发展趋势预测能力、模仿与创新能力、建立各种关系的能力等。

3. 创业环境

创业环境的支持是创业者进行创业机会识别的关键。创业环境包括政府政策、社会经济条件、创业和管理技能、创业资金和非资金支持等方面，是创业过程中多种因素的组合。一般来说，以下条件会鼓励人更多创业：社会对创业失败比较宽容，有浓厚的创业氛围；国家对个人财富创造比较推崇，有各种渠道的金融支持和完善的创业服务体系；产业有公平、公正的竞争环境。

（三） 创业项目的评估

基于蒂蒙斯（Timmons）在《创业学》中提出的创业机会评价体系，创业者在进行创业项目评估的过程中需要注意八大类的评估。这八大类包括：行业和市场、经济性、收获、竞争优势、管理团队、致命缺陷问题、个人标准、战略差异。对每个指标的吸引力分为最高潜力和最低潜力，并对最高潜力和最低潜力进行描述。

1. 市场评估准则

（1）市场定位。

一个好的创业机会，必然具有特定市场定位，专注于满足顾客需求，同时能为顾客带来增值的效果（许宁宁，2009）。因此评估创业机会的时候，可由市场定位是否明确、顾客需求分析是否清晰、顾客接触通道是否流畅、产品是否持续衍生等，来判断创业机会可能创造的市场价值。创业带给顾客的价值越高，创业成功的机会也会越大。

（2）市场结构。

针对创业机会的市场结构进行四项分析，包括进入障碍，供货商、顾客、经销商的谈判力量，替代性竞争产品的威胁，以及市场内部竞争的激烈程度。由市场结构分析可以得知新企业未来在市场中的地位，以及可能遭遇竞争对手反击的程度。

（3）市场规模。

市场规模大小与成长速度，也是影响新企业成败的重要因素。一般而言，市场规模大者，进入障碍相对较低，市场竞争激烈程度也会略有下降。如果要进入的是一个十分成熟的市场，那么纵然市场规模很大，由于已经不再成长，利润空间必然很小，因此这个行业恐怕就不值得再投入。反之，一个正在成长中的市场，通常也会是一个充满商机的市场，所谓水涨船高，只要进入时机正确，必然会有获利的空间（邱佳园，2006）。

（4）市场渗透力。

对于一个具有巨大市场潜力的创业机会，市场渗透力（市场机会实现的过程）评估将会是一项非常重要的影响因素。聪明的创业者知道选择在最佳时机进入市场，也就是市场需求正要大幅成长之际，你已经做好准备，等着接单。

（5）市场占有率。

从创业机会预期可取得的市场占有率目标，可以显示这家新创公司未来的市场竞争力。一般而言，成为市场的领导者，最少需要拥有20%以上的市场占有率。如果低于5%的市场占有率，则这个新企业的市场竞争力不高，自然也会影响未来企业上市的价值。尤其处在具有赢家通吃特点的高科技产业，新企业必须拥有成为市场前几名的能力，才比较具有投资价值。

（6）产品的成本结构。

产品的成本结构，也可以反映新企业的前景是否光明。例如，从物料与人工成本所占比重的高低、变动成本与固定成本的比重，以及经济规模产量大小，可以判断企业创造附加价值的幅度以及未来可能的获利空间。

2. 效益评估准则

（1）合理的税后净利。

一般而言，具有吸引力的创业机会，至少需要能够创造15%以上税后净利。如果创业预期的税后净利是在5%以下，那么这就不是一个好的投资机会。

（2）达到损益平衡所需的时间。

合理的损益平衡时间应该能在两年以内达到，但如果3年还达不到，恐怕就不是一个值得投入的创业机会。不过有的创业机会确实需要经过比较长的耕耘时间，通过这些前期投入，创造进入障碍，保证后期的持续获利。在这种情况下，可以将前期投入视为一种投资，才能容忍较长的损益平衡时间。

（3）投资回报率。

考虑到创业可能面临的各项风险，合理的投资回报率应该在25%以上。一般而言，15%以下的投资回报率，是不值得考虑的创业机会。

（4）资本需求。

资金需求量较低的创业机会，投资者一般会比较欢迎。事实上，许多个案显示，资本额过高其实并不利于创业成功，有时还会带来稀释投资回报率的负面效果。通常，知识越密集的创业机会，对资金的需求量越低，投资回报反而会越高。因此在创业开始的时候，不要募集太多资金，最好通过盈余积累的方式来创造资金。而比较低的资本额，将有利于提高每股盈余，并且还可以进一步提高未来上市的价格。

（5）毛利率。

毛利率高的创业机会，相对风险较低，也比较容易取得损益平衡。反之，毛利率低的创业机会，风险则较高，遇到决策失误或市场产生较大变化的时候，企业很容易就遭受损失。一般而言，理想的毛利率是40%。当毛利率低于20%的时候，这个创业机会就不值得再予以考虑。软件业的毛利率通常都很高，所以只要能找到足够的业务量，从事软件创业在财务上遭受严重损失的风险相对会比较低。

（6）策略性价值。

能否创造新企业在市场上的策略性价值，也是一项重要的评价指标。一般而言，策略性价值与产业网络规模、利益机制、竞争程度密切相关，而创业机会对于产业价值链所能创造的增值效果，也与它所采取的经营策略与经营模式密切相关。

（7）资本市场活力。

当新企业处于一个具有高度活力的资本市场时，它的获利回收机会相对也比较高。不过资本市场的变化幅度极大，在市场高点时投入，资金成本较低，筹资相对容易。但在资本市场低点时，投资新企业开发的诱因则较低，好的创业机会也相对较少。不过，对投资者而言，市场低点的成本较低，有的时候反而投资回报会更高。一般而言，新创企业活跃的资本市场比较容易产生增值效果，因此，资本市场活力也是一项可以被用来评价创业机会的外部环境指标。

（8）退出机制与策略。

由于投资的目的都在于利益的回收，因此，退出机制与策略就成为一项评估创业机会的重要指标。企业的价值一般也要由具有客观借鉴能力的交易市场来决定，而这种交易机制的完善程度也会影响新企业退出机制的弹性。由于退出的难度普遍要高于进入，所以一个具有吸引力的创业机会，应该要为所有投资者考虑退出机制，以及退出的策略规划。

二、创业项目的风险分析

（一）创业项目的风险规避

创业者可能遇到国家法律以及政府政策改变的风险，这主要是因为我国处在社会主义初级阶段，市场经济体制还没有建立完全。因此，具体法律或政策的制定可能超出创业者的预期，带来创业风险（张云华、吴娅雄，2019）。

创业者如果不在创业前认真了解与创业有关的法律法规，认真了解所在行业的基本政策，就有可能在实践的过程中忽视法律，踩到雷区。更有甚者，在风险和利益同时存在的情况下，存在投机心理而钻法律的空子，造成创业失败甚至更为严重的后果。因此，创业者在创业之前就应该把法律法规作为创业必备知识，懂法守法，并根据法律保护自己的合法权益。同时，时刻关注相关政策的调整，并随政策的变化对自己的创业计划做出调整，才能在创业过程中获得先机。

1. 提前进行市场调研，选择创业的正确方向

当创业者确定了创业项目之后，要进行的一个重要环节就是市场调研。通过详尽的市场调研之后，可以对创业项目的市场潜力以及成长性有一个大概的了解，进而结合其他因素，对创业项目有一个客观的评估。

创业者在做好市场调研的前提下，了解了市场需求后，可以对市场未来发展方向有一个预估，进而选择正确的创业方向。这还需要创业者对相关行业的发展现状、未来前景、经济变化形势、行业发展趋势以及市场竞争情况有一个相对详细的了解。

2. 竞争对手分析

市场上同类竞争者的存在，可能会为创业团队带来了创业失败的风险。由此，创业团队可通过竞争对手分析，了解竞争对手的信息，获知竞争对手的发展策略，先行一步，做出最适当的应对。

一旦确定了竞争对手，那么从战略制定讲，需要对竞争对手做以下四个方面的分析：第一，竞争对手的各期目标和战略分析。第二，竞争对手的经营状况和财务状况分析。第三，竞争对手的技术经济实力分析。第四，竞争对手的领导者和管理者背景分析。

3. 非系统风险的规避

创业者对技术风险的防范，主要是指对技术风险进行识别、预测，并采取行之有效的措施进行规避、降低风险的行为。对技术研发过程中风险的防范，是减少风险损失、获得创业成功的重要途径。

创业者可对技术风险从以下几点途径进行规避：一是避开高风险的开发项目或是技术开发中的高风险因素；二是创业者尽可能利用自有技术或过期的专利技术，并对所用技术进行科学的评估；三是创业者在技术开发过程中，对于无法避免的风险性因素，要尽可能减少风险带来的损失。

4. 财务风险规避

创业者可采取"多渠道融资"来规避由于创业资金不足导致的创业风险。若采用单一的融资渠道，更易于面临资金链断裂的风险，因此，创业者应采取自筹、债券融资、股权融资、争取政府机构支持等多种手段来获取资金。

创业者应在创业的过程中及时收回初始资金并获取利润，以避免企业出现支付危机。创业者在创业经营环节中应时刻保证流动资金多于到期应付的贷款，维持企业的良好信誉。在出现资金周转困难时应果断采取应对措施，例如，通过增加自筹资金、转化短期贷款为长期贷款、督促客户进行支付或对产品进行促销等方法来解决困境。同时，创业者应在企业内部建立一套行之有效的财务预警机制。运用财务安全指标来预测企业财务危机，借以分析可能导致企业失败的管理失误，有效解决资金的可获得性，通过预警后不断调整自身来摆脱财务困境。

5. 管理风险规避

创业者应在团队形成之初就确立一个团队的"领导"人物，并努力形成团队凝聚力，鼓励团队成员拥有一致的目标、愿景、利益、思路等。在团队遇到困难时，团队的核心人物应及时鼓励团队成员，防止团队成员因畏难而出走或去寻找其他更具有诱惑力的商机。在团队确立之初就确定好科学、健全的内部管理制度，能降低创业风险，提高创业成功率。具体而言，就是建立创新激励机制、建立人才储备机制、构建法人治理结构。

（二）基于机会风险的创业收益预测

创业收益是创业者进行创业的主要动因，是指创业者将自己拥有的技术资源、资本资源等资源投入创业项目后，通过运营，实际产出额减去投入后剩下的部分，是创业项目回报给创业者的财务和社会收益。创业收益不是无风险收益。创业者承担风险后可能会获得相关报酬，且收益与风险一般呈现正相关联系。

在创业者对各项风险因素可能发生概率以及造成的损失进行预估后，可以测算特定创业机会的风险收益，以风险收益为判据来评判创业项目是否值得开展。在通常情况下，创业机会的风险收益越大，越值得创业者对这个创业项目进行投入。下面是特定机会的风险收益的测算公式：

$$FR = \frac{(M_t + M_b) \cdot B \cdot P_s \cdot P_m}{C_d + J} \cdot S$$

式中，FR 表示特定机会的风险收益指数，M_t 表示特定机会的技术及市场优势指数，M_b 表示创业者的策略优势指数，B 表示特定机会持续期间内的预期收益，P_s 表示技术成功概率，P_m 表示市场成功概率，S 表示创业团队优势指数，C_d 表示利用特定机会创业的有形资产投资总额，J 表示利用特定机会创业的无形资产投资总额。

三、创业项目的资源需求分析

（一） 创业项目资源概述与分类

1. 创业项目资源概述

创业者在进行创业项目之前，要筹集并获得必要的资源。资源是企业在向社会提供产品的过程中，所拥有的或能支配的用以达到创业目标的各种要素以及要素组合。创业过程实际上就是创业者筹集、整合和拓展资源的过程，是创业者对创业资源重新整合，以获得竞争优势的过程。

2. 创业项目资源分类

根据资源基础论，我们可将创业项目资源分为核心资源与非核心资源。在创业过程中，要学会识别核心资源，在立足于核心资源的基础上发挥非核心资源的辐射作用，这样才能实现创业资源的最优组合，才能够最充分地利用创业资源。而另一种分类方法是将创业资源分为内部资源与外部资源。

（1）核心资源。

核心资源是创业资源中最重要、有别于其他创业项目的具有优势的资源，是创业机会识别、机会筛选和机会运用几大阶段的主线。核心资源主要包括技术、管理和人力资源。

①技术资源。

技术资源是一种积极的机会资源，它在创业初期起着最关键的作用。第一，创业技术是决定创业产品的市场竞争力以及获利能力的重要因素。第二，创业技术的核心程度影响着所需创业资本的大小。第三，是否具有独特的核心技术影响着新创企业能否在市场中取得成功。对于创业团队来说，主动寻找并引进具有商业价值的科技成果，是创业团队的核心竞争力所在。创业企业的首要任务就是寻找一个成功的创业技术。

②管理资源。

管理资源亦即是创业者资源，它代表着创业团队的领导人本身对机遇的识别、把握能力和对其他资源的整合能力。这些能力都直接影响着创业的成败。管理资源对创业企业的成长有着十分重要的作用。

③人力资源。

人力资源是一个企业创新的源泉，是企业的财富。一个创业团队在成长为企业的过程中，需要不断地去发现去引进高素质人才，为团队注入新的活力。人力资源不仅仅包括创业者及其创业团队的特点、知识和激情，还包括创业者及其团队的能力、意识、社会关系、市场信息等。

（2）非核心资源。

非核心资源主要指的是创业团队所需的资金、场地与环境资源，在创业过程中存在着同样重要的作用。

①资金资源。

资金资源是帮助创业者在创业过程中完成资源整合的重要媒介。对于创业者来说，创业过程中筹集并投入一定的资金资源，不仅是创业活动得以开展的基础，更是筹集社会资源的前提。资金资源包括创业需要的启动资金、创业转型以及发展所需要的再次融资。

②场地资源。

企业在选择场地时，要考虑到多方面的因素。良好的场地资源能够大幅度降低企业的运营成本，为企业提供便利的生产环境与经营环境，更能帮助企业在短期内积累更多的顾客或质量好、价格低廉的供应商。

③环境资源。

环境资源作为一种外围资源影响着创业企业的发展，包括信息资源、文化资源、政策资源、市场资源等。例如，信息资源可以为创业者提供优厚的场地资金、管理团队等关键资源；文化资源是指企业的核心文化，有助于企业凝聚力的形成，促进管理资源的持续发展。

（3）内部资源。

从控制资源的主体角度，可以将创业资源分类为内部资源和外部资源。

内部资源来自创业团队内部的积累，是创业者自身所拥有的可用于创业的资源。具体包括创业者个人或创业团队具有的知识技能与核心技术、创业团队所拥有的自主支配权的生产资料、创业者自身拥有的可用于创业的自由资金、创业者所拥有的创业机会信息、创业者的管理才能等。

①团队拥有的资金。

创业团队所拥有的资金，不仅属于创业的核心资源，更属于内部资源。资金是一种速动性资产，可以快速地转换为新创企业所需的各种其他资产，也可在其他资产难以快速兑现的情况下发挥应急作用。

②知识性资产及技术专长。

创业者或创业团队所拥有的有价值的知识性成果被称为知识性资产，包括已经获得的各类知识产权，如专利、软件著作权等。在知识经济形态下，知识性资产和技术专长是创业团队的创业基础，代表着创业团队的核心竞争力。

③关系网络。

关系网络是创业者或创业团队所拥有的各种社会关系的总和，包括创业者的个体关系网络以及创业企业的组织关系网络（黄福广、李广，2012），如已有的客户资源、稳定的合作伙伴等。这些关系网络有助于创业团队进行市场拓展，为新创企业的初期创建及其后续发展奠定良好的基础，为新创企业的发展提供更为坚实的支持和保障等。

④营销网络。

新创企业的成功与强大的营销网络是分不开的，营销网络是重要的创业资源之一。创业团队无论是销售自己生产的产品，还是销售别人的产品，都需要强大的营销网络作为营销平台。

（4）外部资源。

外部资源则更多地来自外部的机会发现，在创业初期起着重要的作用。创业团队在创业初期，面临资源不足的重要问题。一方面，新创企业的创新与成长必须消耗着大量资源；另一方面，新创企业由于自身还很弱小，没有途径去实现资源的自我积累与增值。因此，创业团队需要识别机会，从外部获取充足的创业资源，实现企业的快速成长。

①市场。

市场是创业项目得以产生、生存并发展的基础，是创业者正确决策的重要信息依据，是适时调整创业思路的基础。在千变万化的市场经济中，创业团队需要及时地搜集尽量完备的市场信息，否则就会因信息滞后而处于竞争的劣势。

另外，在市场上首先获得客户认同、较早占据市场的新创企业具有更大的优势。消费者容易形成品牌忠诚度，为市场先行者带来更稳定的客户支持。因此，创业团队需要及时收集市场信息，努力开拓市场资源，积极争取获得更多的客户认同。

②政策信息。

政府政策对创业活动的支持主要体现在按照创业企业所在行业生存及发展的需求，提供必要的优惠和支持，包括税收、注册等方面的支持。创业者及创业团队需要在创业的过程中时刻关注政策信息，把握政策变动中对自己有利的一面，及时避开或减轻对自己创业活动方面的不利影响。对于创业团队来说，信息的收集也十分重要，在竞争十分激烈的情况下需要更加丰富、及时的信息。

（二）创业项目资源的获取方式

1. 资金资源

（1）外源融资。

创业团队可以通过市场交易途径获取创业资源，其中比较常见的一种方式是通过外源融资的方式获取创业资源。外源融资是指企业通过一定方式向企业之外的其他经济主体筹集资金，包括直接融资、间接融资两种融资方式。外源融资也可以指吸收其他经济主体的储蓄，以转化为自己投资的过程。外源融资渠道包括银行贷款、发行股票、企业债券等，此外，企业之间的商业信用、融资租赁在一定意义上说也属于外源融资的范围。

（2）内源融资。

内源融资是指公司经营活动结果产生的资金，即公司内部融通的资金，它主要由留存收益和折旧构成，是指企业不断将自己的资金储蓄转化为投资的过程。内源融资主要包括权益性融资和债务性融资两种方式。权益性融资构成企业的自有资金，投资者有权参与企业的经营决策，有权获得企业的红利，但无权撤退资金。债务性融资构成负债，企业要按期偿还约定的本息，债权人一般不参与企业的经营决策，对资金的运用也没有决策权（胡立华，2006）。

2. 人才与技术资源

创业团队在创业阶段需要引进人才资源与技术资源，创业者可以通过以下几种方式来吸引人才和引进技术：第一，吸引技术持有者加入创业团队；第二，购买他人的成熟技术，并进行技术市场寿命分析；第三，购买他人的前景型技术，再通过创业团队的后续开发，将其包装成为一件商品。

3. 技术、市场与政策信息资源

创业者需要在创业阶段引入技术、市场与政策信息资源。创业者可以通过自己的实际情况，通过政府机构、同行创业者、专业信息机构、互联网等渠道来获取技术、市场与政策信息资源。

第七章

参赛创业团队组建与管理

一、创业团队概述

（一）创业团队的概念

目前，国内对创业团队的研究正处于起始阶段，有关创业团队的概念和界定学术界还没有一个被较为广泛认可的结论，各学者从自身研究的角度出发给出了不同的概念界定。卡姆等（Kamm et al. , 1990）最早对创业团队做了初步的界定：创业团队是指两个或两个以上的个体组成的团队，在创业的过程中共同参与企业的建设，投入相同比例的资金并拥有一定的股权利益。加特内等（Gartner et al. , 1994）提出创业团队应该包括对战略选择产生直接影响的个体，这些个体就是指占有一定股权的创投业者。平田光子（Mitsuko Hirata, 2009）认为创业团队应该是全身心地投入创业过程，团队成员能够共同协作，共同解决创业过程中所遇到的"瓶颈"，并能够共享创业过程中所产生的乐趣的全体成员。但是对于诸如会计、律师等人员只是参与了部分创业过程，就不能被看成是创业团队的成员。哈珀（Harper, 2008）在研究创业概念的基础上提出创业团队应该是一群拥有共同目标的创业者，这个目标需要创业者共同协调与合作才能实现。可见，关于创业团队的定义，主要集中在对创业过程中所有权、团队人员构成、团队成员参与时间和贡献程度的界定上。

综合多种观点，我们可以看出，创业团队是由一部分具有能力互补的创业者共同组成的团队，团队成员具有相同的创业理念，在创业过程中共担风险、共享利益，为了实现共同的创业目标而组成的共同体。

（二）创业团队的类型

根据不同的创业结构类型和创业结构层次，我们可以将创业团队划分为不同的类型。目前学界普遍认同的观点是依据创业团队的组成者将创业团队划分为星状创业团队（star team）、网状创业团队（net team）和虚拟星状创业团队（virtual star team）。

1. 星状创业团队

星状创业团队也被称作是核心主导型创业团队。在这种星状创业团队中一般都有一个核心人物（core leader），是团队中的领导者或者是领队。在创业团队组建之初，创业团队中的核心人物就已经具备了较为成熟的创业想法，并且能够根据自身的创业意愿和倾向来尝试组织创业团队，进而有效地进行创业活动。也就是说，在创业团队形成之前，核心人物就对创业团队的人员构成有了初步的构思，核心人物根据创业的需要来邀请相关的人员加入团队共同进行创业活动。星状创业团队具有以下显著特点：

（1）团队的向心力较强，核心人物对其他团队成员的影响力较大，影响力和号召力显著。

（2）团队组织结构紧密，团队稳定性相比较而言较好，决策程序相对简单。自然组织效率相对较高。但在这种情况下也容易形成一言堂的不利局面，由此也加大了创业决策失误的风险。

（3）团队发生冲突时，核心人物的特权地位容易造成其他团队成员处于被动状态，容易造成团队成员的流失，对团队的发展不利。

2. 网状创业团队

网状创业团队也被称作群体型创业团队。网状创业团队的团队成员一般在组成创业团队之前就相互认识，比如同学、朋友、亲属等，一般而言他们具有相似的兴趣爱好、学习背景或者社会经历。这些团队成员在相互交往的过程中产生了共同创业的一致观点，进而倾向于组建创业团队开展创业活动，达成创业目标。这种类型的创业团队一般没有较为突出或者身份明确的团队核心领导人物，团队成员根据自身的特长来决定在团队中的角色定位，团队成员各有分工。网状创业团队具有以下显著特点：

（1）团队各成员关系较为亲密，在团队中的地位相似，团队中没有较为突出的核心领导人物。

（2）团队决策往往采用集体决策方式，由于具有共同的创业想法，在决策中较为容易达成共识，沟通交流较为方便。

（3）团队组织结构较为松散，在团队发展过程中容易形成多个领导人的局面。

（4）团队组织成员发生冲突时一般采用协商方式解决，积极寻找解决办法来消解冲突。但是，当冲突升级、达到无法解决的程度，有团队成员中途撤出团队，就容易导致团队结构和分工涣散。

3. 虚拟星状创业团队

虚拟星状创业团队是从星状创业团队演化而来的一种创业团队类型，可以说是介于前两种创业类型中间的一种新型形态。和星状创业团队类似，虚拟星状创业团队中也有一个核心的成员。但是相较于星状创业团队的核心成员，虚拟星状创业团队的核心成员的身份是创业团队成员共同协商决定的，而非是自动形成的。这个核心成员作为团队的领头羊，并不属于主导型的人物，在团队运行过程中需要充分考虑其他成员的意见建议，这一核心成员的权威性相比较星状创业团队的核心人物而言没有较强的权威性。

二、创业团队的组建

创业团队的组建是一个复杂的过程，不同的创业活动会形成不同的创业团队，组建创业团队的过程也会有所差异。不过，创业者在组建一个具有向心力的创业团队时还是可以遵循一些通用的步骤。

（一）创业团队组建的基础

1. 团队成员具备共同的创业理念

共同的创业理念是创业团队得以成功组建的首要原则，共同的创业理念和价值取向同时也决定了创业团队的性质、创业目标和创业的日常行为准则、标准，这也将会指导团队成员如何有效地完成工作、如何达成预定目标。在共同的创业理念和价值取向的支持下，团队成员的目标同企业的创业目标相一致，无疑有助于创业活动的深入持久开展，特别是在创业活动遇到困难或者团队组建出现冲突时，团队成员也不会轻易离开。在共同的创业理念的推动下，每位成员都能够致力于创业价值的创造，致力于通过不同的途径为创业团队谋利益。同时，共同的创业理念也是团队成员凝聚力的基础，有助于凝结每位成员的力量为了相同的目标共同努力，团队成员能够为了团队的整体利益而不计较个人短期利益的回报程度。

2. 团队成员之间的互补性

互补性主要是指团队成员之间在能力、性格、学习背景和工作经验等方面的互补。在创业者组建创业团队的过程中，需要充分考虑到每位成员的优势和劣势，有效地弥补创业团队成员之间存在的缺口。事实上，每个团队成员都不可能达到所有方面都精通的程度，必然存在某方面的不足和欠缺，这就需要其他团队成员来弥补这一不足。例如，某一团队成员较为擅长技术性的工作，但是对于财务和营销并不擅长，这就需要有团队其他成员来弥补这一欠缺，起到补充和平衡的作用。当然，团队成员之间可以存在一定的交叉性，但是这种交叉性的重叠不宜过多。

3. 团队成员之间的相互信任

团队成员之间的相互信任在创业团队的组建中处于基础性的地位，只有相互信任，团队才能够成功组建，团队成员才能相互合作，达成共同进步的目标。团队成员之间的相互信任主要包含了团队成员之间要相信他人的品格、个性、工作能力和工作态度，也只有建立在信任基础之上的合作才能持久，团队成员才能充分发挥自身优势，实现团队发展的最优化。失败创业团队的经验已经证明，团队成员间信任的缺乏将会直接影响到团队的管理和运行，信任一旦遭到破坏也是很难恢复的。

4. 团队具有责权利统一的管理制度

团队在组建中要正确地处理好团队中的权力关系和利益关系，要做到责权利的统一。正确处理好团队成员的权力和利益的关系就需要在创业团队成立之初就建立起相对完善的管理制度。这种管理制度要具有可操作性、前瞻性和公正性，建立起共同的行为准则和约束制度，进而保证团队的稳定性。在创业之初，团队要明确团队成员的分工，保证团队成员能清晰地明确所要承担的任务和责任。在明确职责的基础之上就是要妥善处理好成员的利益关系。在创业之初，团队的财力有限，团队要制定出相对合理的报酬体系，既要保证团队成员能够按照贡献程度获得相应的报酬，也能够兼顾多数人的利益。

（二）创业团队组建的一般程序

尽管创业活动不尽相同，创业团队的组建也会有所差异，但是在差异中也存在着共性，概括起来创业团队的组建可以分为以下几个程序。

1. 明确创业目标

创业目标是开展创业活动的基础。在成立创业团队前，首先要明确创业的目标，这是整合创业团队的起点。创业者需要明确创业目标才能够决定创业团队的人员构成，才能够有进一步的创业计划。创业者在识别和综合评价多种创业机会的过程中，制定出相应的创业总目标，进而寻找具体的人才来共同推进创业活动的进行。

2. 制订创业计划

在明确创业目标的基础上就需要根据目标来制订相应的计划，这种计划可以分为总计划和多个子计划。创业者在制订创业计划的过程中要充分考虑到已具备的创业资源、自身的优劣势和下一步需要的资源。同时一份较为完备的创业计划也有利于加深合作伙伴对创业活动预期的了解，吸引有意向的合作伙伴加入到团队中来。在制订计划的过程中需要充分考虑到创业各个阶段的阶段性目标和影响因素，制订出相应的阶段性计划和阶段性任务。

3. 寻找符合条件的团队成员

在初步明确创业目标和制订创业计划的基础上，创业者就可以根据创业的需要寻找符合条件的团队成员组成创业团队。创业者可通过自己的社会网络来寻找能够形成优势互补的较为可靠的合作伙伴。在对寻找到的合作伙伴进行筛选的过程中，还需要关注对方的思想素质，创业者不仅要从教育背景、工作经历、生活阅历等方面来考察合作伙伴的综合素质，更要考察合作伙伴的个人品德，关注合作伙伴的忠诚度和坦诚度。可以说，在一个创业团队中，团队成员间相互的知识结构越合理，创业成功的可能性也就越大。

4. 职权划分

在创业团队中进行职权的划分主要是依据预先的创业计划，根据创业的需要，对不同的团队成员进行相应的职责分工，确定每位团队成员所要承担的职责及其所能获得的或者享有的相应的权限。明确的职责分工能够保障团队内部的良性运行，保障各项工作有条不紊地进行，团队成员依据职权划分来各司其职，执行预先制订的创业计划。同时，在划分职权的过程中需要充分考虑到团队成员的结构构成，职权的划分必须明确且具有一定的排他性，避免出现职权过重或职权空缺。此外，由于创业活动的复杂性和动态性，对于职权的划分同样也不能是一成不变的，需要适时根据外部环境的变化和团队成员的流动来及时调整。

5. 建立团队制度体系

完整系统的团队制度体系为创业活动的顺利进行提供了必要支撑，严格的制度体系有利于规范团队成员的个人行为，激励团队成员恪尽职守、各司其职。严格的团队制度体系也为克服团队发展过程中可能出现的利益分歧提供了必要保障。需要明确的是创业团队的组建并不一定严格遵守以上的各个程序，很多的创业团队在组建的过程中并没有严格意义上的步骤划分，创业者在组建创业团队的过程中也仅以此为参考来进行相应的创业团队的组建。

（三） 创业团队组建需要注意的基本问题

1. 团队成员的个人特点

团队成员的性格特征、心理品质、能力特征等都会对团队的发展产生较大的影响。是否具有良好的职业素质和团队精神是团队成员选择时所要关注的重点，素质良好的团队成员有助于保障团队沿着共同的目标前进。学者研究证明，那些拥有创业心理特征的人员要比不具备创业心理特征的人员更具有实施创业目标的倾向。具有应对挑战和承受压力的身体和心理素质能够保障成员积极地投身到创业过程中来，而不会轻言放弃、退出创业团队。创业团队成员之间的角色互补有助于充分地发挥相互协作的作用，达到"1+1>2"的协同效应。

2. 合理的报酬体系

利益分配是创业过程中必然要面对的一个难题，建立在合理的利益分配基础之上的创业团队才能够有长远的发展和相对更好的稳定性。但是，需要明确的是，合理的利益分配并不意味着要在团队中搞平均主义。实践已经证明，绝对民主和完全平均的创业团队是不可能长久存在的。在团队的利益分配中需要关注的重点是团队成员的报酬分配，这种报酬分配不仅包含了团队成员工资、奖金、分红等金钱上的报酬，还应当包括团队创业自我发展、自我实现等个人层面更高的需要，以提高团队的吸引力，减少团队成员的非正常流动。这种报酬体系在设计中要充分考虑到团队运行中各种影响因素对成员收益的影响，及时地减少或者预防因成员入不敷出造成的团队成员的离开。同时，合理的报酬体系也有助于防止团队成员出现社会堕化现象，提高团队成员的工作努力程度。

3. 创业团队成员的规模大小

创业团队组建的过程中需要关注到团队规模大小，实际上许多创业团队在组建之初的规模都相对较小。由于创业团队中的成员背景不尽相同，这种差异性会导致团队成员个体在看待同一问题上存在差异，进而导致团队在做出相应决策的过程中存在意见分歧，难以达成一致的意见。这些都会直接影响创业团队的沟通与合作，影响创业团队的效率，甚至出现决策失误。所以，创业团队的成员规模是在团队组建中需要关注的问题，创业者要将创业团队成员的人数控制在相对合理的范围之内。但是，目前对于究竟怎样的规模才是最优选择还没有统一的定论，可以肯定的是创业者在创业之初不应当将创业团队的规模设置得过于庞大，团队成员人数要控制在相对合理的范围之内，创业者在可搜寻到的创业伙伴中要合理寻找最佳合作伙伴，将团队的人数尽量控制在较小的规模。

第 八 章

参赛创业计划书撰写

一、创 业 计 划

(一) 创业计划的概念与特点

创业计划是创业者计划创立业务的书面摘要。它用以描述与拟创办企业相关的内外部环境条件和要素特点，为业务的发展提供指示图和衡量业务进展情况的标准。通常创业计划是市场营销、财务、生产、人力资源等职能计划的综合。创业计划具有以下特点：

1. 时效性

由于企业外部的经济社会环境并非一成不变的，创业企业也是在不断发展进步中的，因而创业条件会随着内外部条件的变化而改变。因此在制订创业计划时，应根据不同的发展阶段的实际情况进行调整，使创业计划总能够保持领先于发展现状的时效性。

2. 可行性

创业计划的内容有两个方面：一是企业追求的目标；二是为了实现这个目标的行动规划。行动和目标越一致，创业计划的可行性越高，创业成功的概率越大，得到投资者认可的概率也就越高。

3. 概括性

从创业项目的选择、确立到创业企业的真正成立并持续发展是一个漫长的过程，是无法在纸上呈现并向投资者展示的。此时，就需要一份具有可操作性的行动指南般的创业计划，这对创业者整个经营设想的总结和概括具有举足轻重的作用。

（二）创业计划的作用

1. 指导行动，明确方向

数据显示，切实可行、目标明晰的创业计划有助于创业者冷静地识别和分析创业机会，明确自己的创业理想，进而为创业行动指明方向。

2. 凝聚人心，有效管理

创业计划通过描绘创业企业的发展前景和成长潜力，使团队成员对未来充满信心；创业计划中明确要从事什么项目或活动，从而使大家了解自己将要充当什么角色、达到什么目标，这对于凝聚人心、协同发展具有重要意义。

3. 决策参考，投资依据

从融资角度来看，创业计划通常被誉为"敲门砖"。撰写创业计划为创业者提供了自我推销的重要工具，为新企业提供了一种向潜在投资者、供应商、商业伙伴和关键职位应聘者展示自身的机制。

二、商业计划书的内容

（一）商业计划书的概述

商业计划书是创业者为了达到发展经营目标及面向社会筹措资源的

目的而撰写的、旨在展现项目和企业现状及发展前景的书面文件。与上一节中讲述的创业计划不同，商业计划书更多是适应外部资源提供者，特别是投资者的需要，写作时很大程度上要遵循特定格式或规范；而创业计划则用于指导创业者的创业行为，是基于创业团队的构想所编写的，因而拥有较多的主观性。

1. 商业计划书的撰写目的

商业计划书是呈现创业构想的载体，也是展现创业者如何实现创业过程的一份资料。商业计划书是一份全方位的项目计划，编写商业计划书的主要目的是递交给投资者，让投资者对某一新项目或服务做出评判，从而使创业者获得融资。一份好的商业计划书应具备细致的产品介绍、充分的市场调研信息、有力的资料说明、表明行动的方针、对团队风采及良好发展前景的展示等内容。

2. 商业计划书的作用

一份好的商业计划书是创业者的行动指南，同时也是创业者成功获得贷款和投资的关键。商业计划书的作用主要体现在以下两个方面。

（1）指导创业者的行动。

编写商业计划书的过程是一个调研与思维碰撞的过程，整个创业团队会对新企业、新项目、新业务或新产品的未来发展进行思考。创业者能在这个过程中清楚地认识到哪些才是符合企业未来发展需求的要素，从而进一步明确自己的创业思路和经营理念。

（2）提供创业信息。

一份完整、规范的商业计划书包含了创业过程中的各种信息，如产品（服务）介绍、市场预测及分析、营销策略、风险预测等。它可以告诉投资者：创业者的创业计划并不是纸上谈兵，而是科学的、可行的。

3. 商业计划书的撰写要求

撰写商业计划书是一项非常复杂的工作，必须按照科学的逻辑顺序对许多可变因素进行系统的思考和分析，并得出相应结论。因此，要撰写一份内容真实、有效并对日后的生产经营活动有帮助的商业计划书，应遵循以下基本要求：

（1）信息的准确性和可靠性。

如果想要撰写一份较为全面、完善的商业计划书，一个很重要的工作就是进行调研，并对所有的信息进行综合分析，以确定这些信息是否可以用来充实商业计划书。因此，撰写商业计划书的首要要求就是信息要准确和可靠。在信息如此发达的时代，创业者可以通过许多渠道来搜集信息，真实、可靠的信息不仅可以保证商业计划书的实用性，还可以让投资者更加信服。

（2）内容的全面性和条理性。

商业计划书要尽可能全面地涵盖各个方面。如果创业者的项目很多，商业计划书就要对每一个项目进行分析和比较，从而得出最优方案。一般来说，商业计划书有较为固定的格式，创业者可以按这些格式来撰写商业计划书，以便让潜在的投资者在看计划书时找到他想要重点关注的内容。除此之外，将存在的每一个问题及所需要的东西全面、有条理地展示出来，这也是撰写商业计划书的要求之一。

（3）叙述的简洁性和通俗性。

商业计划书的全面性与简洁性之间并不冲突。简洁性是指商业计划书的叙述语言应当平实，最好是开门见山，让投资者明白创业者想要做什么，不使用过于艳丽的图片和过于夸张的版式。通俗性是指商业计划书中应尽量避免使用复杂的专业术语，做到通俗流畅。

（4）计划的可接受性和实施性。

在商业计划书中要明确有哪些资源是可以利用的，并分析计划的定位。不管是在商业计划书撰写之前还是之后，创业者都应该通过市场调查等方法进行查漏补缺。通过这种经常性的调查，创业者可以对商业计划书中的不足部分进行调整，让其可实施性大大增加。

（二）商业计划书的主要内容

商业计划书的内容往往会直接影响创业者能否找到合作伙伴、获得资金及其他政策的支持。因此，一份完整的商业计划书一般应包括封面、计划摘要、企业概况、产品服务介绍、行业分析、市场预测与分析、营销策略、经营管理计划、团队介绍、财务规划、风险与风险管理等内容。

1. 封面

封面的设计要给人美感。一个好的封面会使阅读者产生最初的好感，形成良好的第一印象。商业计划书的封面应包括项目名称、团队名称、联系方式等内容，如果企业已经设计好了 Logo，也可以在封面中展示出来。

2. 计划摘要

计划摘要是商业计划书的主体部分，也是投资者首先要看的内容，它是整个商业计划书的精华和灵魂。因此，创业者在撰写计划摘要时要反复推敲，并涵盖整个计划的要点，以便在短时间内给投资者留下深刻印象。

（1）概述项目的亮点。

采用最具吸引力的话语来解释为什么该项目是一个商机。通常可以直接、简洁地描述解决某个重大问题的方案或产品。

（2）介绍产品或服务。

首先清晰地描述消费者当前面临的或未来将会面临的某个重大问题，然后说明该项目将怎样解决这个问题。最好采用通俗易懂的语言来具体描述企业的产品或服务，尽量不要使用复杂的专业术语。

（3）介绍行业前景。

用科学、客观的语言来简要描述市场规模、增长趋势及美好前景。要有调查、有结论、有数据，必要时也可对调查的局限性做出说明。避免使用空洞、宽泛的语句。

（4）分析竞争对手。

主要描述该项目的竞争优势和核心竞争力，当面对竞争对手时，创业团队预先设计了什么样的解决方案，每一种解决方案有什么优劣势等。此外，对如何保持该项目的核心竞争力也应该进行简短的描述。

（5）介绍团队。

用简洁的语言展示创业者和核心管理团队的背景及成就。注意，不要用标准的套话，如"李萧，有8年的新媒体运营管理经验"。比较理想的描述为"李萧，曾在互联网公司从事8年数据存储方面的研究"。

（6）财务分析。

一般使用表格（如现金流量表、资产负债表、利润表）将未来1～3年的核心财务指标展现出来。

（7）融资说明。

陈述该项目期望的融资金额、主要用途及使用计划等。例如，融资100万元，出让10%的股权，用于新设备的购买。

3. 企业概况

企业概况是对创业团队拟成立企业的总体情况的说明，明确阐述创业背景和企业发展的立足点，以及企业理念、经营思路和企业的战略目标等。

4. 产品或服务介绍

在进行投资项目评估时，投资者非常关心产品或服务是否具有新颖性、先进性、独特性和竞争优势，以及该产品或服务能否或能多大程度地解决现实生活中的问题。因此，产品或服务介绍是商业计划书中不可或缺的内容。

通常，产品或服务介绍应包括以下内容：

（1）产品的概念、性能及特性。

（2）产品的研究和开发过程。

（3）使用企业的产品或服务的人群。

（4）产品或服务的市场竞争力。

（5）新产品的生产成本和售价。

（6）产品或服务的市场前景预测。

（7）产品的品牌和专利。

在产品或服务介绍部分，创业者要对产品或服务做详细的说明，说明要准确，也要通俗易懂，使非专业的投资者也能看懂。一般来说，产品介绍应附上产品原型、图片或其他介绍等内容。

5. 行业分析

一般来说，创业者在撰写商业计划书时，应该把行业分析写在市场分析前面。在行业分析中，创业者应该正确评估所选行业的基本特点、竞争状况和未来的发展趋势等内容。行业分析可以从以下四个方面展开：

（1）简要说明企业所涉及的行业。企业如果涉及多个行业，应该分别进行说明。

（2）说明该行业的现状。这一部分尽可能多用数字、图表等方式来展示所要传达的信息，如行业增长率、销售百分比等。

（3）说明该行业的发展趋势和前景。在预测行业的发展趋势时，创业者不仅要考虑微观的行业环境变化，还要考虑整个行业万至整个社会的发展状况，并在此基础上对行业前景做简短的说明和预测。

（4）说明进入该行业的障碍及克服的方法。

6. 市场预测与分析

行业分析关注的是企业所涉及的行业领域，而市场预测与分析则是将产业细分，并瞄准企业所涉及的细分市场。市场预测与分析应包括以下四个方面的内容：

（1）市场细分和目标市场的选择。

市场细分和目标市场的选择是在商业计划书中的行业分析的基础上，找到企业具体的目标市场，它可以是一个细分市场，也可以是两个或者多个细分市场，在撰写商业计划书时，要对每个细分市场都进行详细的分析和说明。

（2）购买者行为分析。

购买者行为分析是专门针对目标市场的消费者所进行的分析，只有对目标市场的消费者进行深入了解后，企业提供的产品或服务才能满足他们的实际需求，在商业计划书中，这部分内容通常采用调查问卷的方式对购买者行为进行分析。

（3）竞争对手分析。

对市场的竞争情况进行分析，也就是确定竞争对手，分析竞争对手所采用的销售策略及其所售的产品或服务的优势等。对竞争对手进行详细分析有助于了解竞争对手所处的位置，使企业能更好地把握市场机会。

（4）销售额和市场份额预测。

市场预测与分析的最后部分是销售额和市场份额预测。有的商业计划书中将这一部分内容放在财务规划中进行分析。对销售额和市场份额进行预测时，可采用以下三种方法：

①联系行业协会，查找行业相关的销售数据。

②寻找一个竞争企业，参考竞争企业的销售数据。

③通过网络、报纸、杂志等渠道搜集行业内企业的相关文章，并从中找到可用数据。

7. 营销策略

营销策略是商业计划书中最具挑战性且非常重要的部分，消费者特点、产品特征、企业自身状况及市场环境等各方面的因素都会影响企业的营销策略。商业计划书中的营销策略应当包括总体营销策略、定价策略、渠道与销售策略、促销策略等内容。

（1）总体营销策略。

简单介绍企业为销售其产品或服务所采用的总体方法。

（2）定价策略。

定价策略是营销策略中一个非常关键的组成部分。企业定价的目的是促进销售、获取利润，这就要求企业既要考虑成本，又要考虑消费者对价格的接受能力。定价策略的类型有折扣定价、心理定价、差别定价、地区定价、组合定价及新产品定价六种。

（3）渠道与销售策略。

渠道与销售策略主要说明企业的产品或服务如何从生产者处到达消费者手中，具体分为两种策略：通过中间商和发展自己的销售网络。

（4）促销策略。

促销策略即企业打算采用什么方法来促销产品或服务。一般来说，促销方式有四种：广告、人员推销、公共关系以及营业推广。在实际经营中，以上四种促销方式都是结合使用的，因此，促销策略又称为促销组合策略。

8. 经营管理计划

经营管理计划旨在使投资者了解产品或服务的生产经营状况。因此，创业者应尽量使经营管理计划的细节更加详细、可靠。经营管理计划一般包括生产工艺和服务流程、设备的购置、人员的配备、新产品投产的计划、产品或服务质量控制与管理等内容。

一般来讲，经营管理计划应阐述清楚以下六个问题：

（1）企业生产制作所需的厂房设备和设备的引进与安装问题。

（2）新产品的设计和研制、新工艺攻克和投产前的技术准备。

（3）物料需求计划及其保证措施。

（4）质量控制方法。

（5）产品单位成本计划、全部产品成本计划和产品成本降低计划等。

（6）生产计划所需的各类人员的数量、劳动生产率提高水平、工资总额和平均工资水平、奖励制度和奖金等。

9. 团队介绍

在商业计划书中，创业者还应该对团队成员进行简要介绍，对其中的管理人员要详细介绍，如介绍管理人员所具有的能力、主要职责及过去的详细经历与背景。此外，创业者还应对企业目前的组织结构进行简要介绍，具体包括企业的组织结构、各部门的功能和责任、各部门的负责人及主要成员等。企业主要由总经理、采购部、财务部销售部、客服部、财务部组成。

10. 财务规划

财务规划可以使投资者据此来判断企业未来经营的财务状况，进而判断其投资能否获得理想的回报。财务规划的重点是编制资产负债表、利润表及现金流量表。

（1）资产负债表。资产负债表反映企业在一定时间段的财务状况（李宏军，2020）。投资者可查看资产负债表来得到所需数据值，以此来衡量可能的投资回报率。

（2）利润表。利润表反映的是企业的盈利状况，即反映企业在一段时期内的经营成果。

（3）现金流量表。现金流量表是反映企业在一定会计期间内，现金和现金等价物流入和流出的报表。现金流量表能够反映企业在一定期间内经营活动、投资活动和筹资活动产生的现金流入与现金流出情况，能够为企业提供在特定期间内现金收入和支出的信息，以及为企业提供该期间内有关投资活动和理财活动的信息。

11. 风险与风险管理

在商业计划书中，创业者要如实向投资者分析企业可能面临的各种风险，同时还应阐明企业为降低或防范风险所采取的各种措施。投资风险被描述得越详细，交代得越清楚，就越容易引起投资者的兴趣。

企业面临的风险主要有战略风险、市场风险、管理风险、竞争风险、核心竞争力缺乏风险及法律风险等。这些风险中哪些是可以控制的，哪些是不可控制的，哪些是需要极力避免的，哪些是致命的或不可管理的，这些问题都应该在商业计划书中做出详细说明。

预估企业风险后，企业可以从以下角度来阐述风险管理的方式：

（1）企业还有什么样的附加机会？

（2）在最好和最坏的情形下，未来 3 年计划表现如何？

（3）在现有资本基础上如何进行扩展？

三、商业计划书的写作技巧与步骤

（一）商业计划书的撰写技巧

为了提高商业计划书的可读性和吸引力，创业者掌握一些商业计划书的撰写技巧是非常有必要的。

1. 关注产品

在商业计划书中，创业者要详细描述所有与企业的产品或服务有关的细节，包括产品正处于研发的哪个阶段，产品的独特体现在哪里，产品的生产成本和售价是多少，等等。这样才能将投资者带入企业的产品或服务中，让投资者感受到企业产品或服务的优势和与众不同。

2. 条理清晰

清晰的布局结构可以使投资者快速找到他们的兴趣要点，提升其阅读兴趣。另外，不同的阅读对象对创业项目的关注点会有所不同，因此，撰写商业计划书时不能套用固定模板，而应该根据不同的阅读对象进行调整，突出重点。

3. 借助外力完善商业计划书

商业计划书草稿完成并获团队全体成员一致通过后，可以聘请专业的咨询师进行完善，因为专业的咨询师有与投资者和银行沟通交流的丰富经验，他们对商业计划书的撰写具有非常充分的经验，所以创业团队可以借助专业咨询师来完善商业计划书。

4. 尽量使用第三人称

相对于频繁使用"我""我们"，使用第三人称"他""他们"会有更好的效果，这样会给投资者留下更专业和更客观的印象。

5. 注意格式和细节

在编写商业计划书时，不要使用过于花哨的字体，如艺术字、斜体字等，避免给人留下不够严肃、正式的印象。另外，在商业计划书的细节处理上要多花一些心思，例如，在商业计划书的封面和每一页的页眉或页脚都加上设计精美的企业 Logo。

6. 使用 PPT 展示

绝大多数投资者更喜欢 PPT 格式的商业计划书，PPT 中的图文展示更直观、表现更丰富，便于创业者清楚讲述创业项目。另外，PPT 格式的商业计划书更适合在展示或路演时使用。而 Word 或 PDF 格式的商业计划书则适合后续的进一步展示，在内容上也更翔实。无论是哪种格式的商业计划书，将所有内容融会贯通、熟记于心都是必不可少的。

7. 阅读优秀的商业计划书

阅读他人优秀的商业计划书可以在一定程度上帮助创业者提高自己的写作能力。因此，创业者在编写商业计划书之前，可以多阅读他人的商业计划书，从中找到灵感，并得到一定的启发。

（二）商业计划书的撰写步骤

商业计划书的撰写可以分为以下六个步骤。

1. 经验学习

创业者大多都没有撰写商业计划书的经验，此时可以先通过网络搜集一些较为成功的商业计划书范文、模板及相关资料，研究这些资料所包含的内容和写作手法后，吸收其中的精华，厘清自己的撰写思路。

2. 创业构思

一个优秀的创业构思对创业企业的成败起着至关重要的作用。如果创业者只是单纯地跟着别人的步伐来创业，那么很可能会以失败告终。因此，创业者在进行创业构思时，要冷静分析、谨慎决策，考虑多方面的问题，如项目的切入点是什么、如何寻找合适的创业模式、怎样找到投资者、怎样预见可能遇到的各种问题等。

3. 市场调研

市场调研就是市场需求调查，即通过运用科学的方法，有目的、有计划地搜集、整理、分析有关的信息，并提出调研报告，以便帮助管理者了解营销环境，发现问题和机会。市场调研的主要内容包括市场环境调查、市场需求调查、市场供给调查、市场营销调查和市场竞争调查五个方面。

（1）市场环境调查。市场环境调查主要包括政治法律环境、社会文化环境、经济环境和自然地理环境等环境的调查，具体的调查内容可以是国家的方针、政策和法律法规、经济结构、市场的购买力水平、风俗习惯、气候等各种影响市场环境的因素，如最好不要在三线和四线城市开展与高端消费品有关的创业活动，因为这些城市消费者的购买力还不够高。

（2）市场需求调查。如果要生产或销售某个产品，应该对该产品进行市场需求调查。市场需求调查的主要目的是估计某个产品的市场规模的大小及产品潜在的需求量。创业者在对市场需求进行调查时，应重点关注以下问题：

①产品的需求量有多大？

②消费者的月/年收入是多少？

③让消费者产生购买行为的动机是什么？

④消费者喜欢以哪种方式进行购买？

⑤消费者能够接受的产品价格大概在什么范围？

⑥消费者在购买产品时是通过何种方式进行决策的？

⑦消费者对产品有什么其他的要求？

⑧产品最不令人满意的地方在哪里？

⑨消费者知道产品的途径是什么？

⑩同类型的产品，消费者更喜欢哪个品牌？为什么？

（3）市场供给调查。市场供给调查主要包括产品生产能力调查、产品实体调查等。创业者在对市场供给情况进行调查时，应重点关注以下问题：

①产品的生产周期有多长？

②产品的产量有多大？

③产品的特色功能是什么？是否满足了市场的需求？

④产品的规格是否符合消费者的使用习惯？

⑤产品进货的渠道有哪些？

除上述问题外，创业者还应对供应商的一些基本情况进行调查，如办公地址、负责人等，确保供应商的信誉没有问题，方便日后的长期合作。

（4）市场营销调查。市场营销调查主要是对目前市场上经营的某种产品或服务的促销手段、营销策略和销售方式等进行调查。创业者在对市场营销情况进行调查时，应关注以下问题：

①销售的渠道有哪些？

②销售的区域主要分布在哪些地方？

③产品的主要宣传方式是什么？

④产品有什么价格策略？

⑤产品有什么促销手段？

对以上问题进行调查并分析，比较各个营销策略的优缺点，从而决定采取什么样的营销手段来推销产品或服务。

（5）市场竞争调查。市场竞争调查是通过一切可获得的信息来查明竞争对手的策略，包括竞争对手的规模、数量、营销策略、分布与构成等，以此来帮助创业者制订合理的营销战略，使其快速占领一定的市场份额，这样才能在激烈的市场竞争中占据有利位置。

4. 起草商业计划书

搜集到足够的信息后，创业者就可以开始起草商业计划书了。由于商业计划书中包含的内容较多，创业者在制订计划时要明确各个部分的作用，做到有的放矢。同时，在撰写商业计划书的过程中，创业者还可以咨询律师或顾问的意见，确保计划书中的文字和内容没有歧义，不会被他人误解（孙越，2015）。

5. 修饰

商业计划书的封面要简洁有新意，并且封面的纸质要坚硬耐磨，尽量使用彩色纸张，但颜色不要过于夸张。装订要精致，要按照资料的顺序进行排列，并提供目录和页码，最后还要附上商业计划书中相关材料的复印件。

6. 检查

撰写商业计划书的最后一步便是对商业计划书的文本和内容进行检查，以保证商业计划书的准确和美观。

（1）对文本进行检查。主要是查看文字描述、语言措辞、数据运算等是否准确；表格图形、资料引用、格式、数据处理等是否存在不合理。

（2）对内容进行检查。主要是从投资者的角度进行审视，对商业计划书所反映的内容的完整性、科学性和合理性等方面进行检查。

第九章

参赛路演准备

一、路演的五大要素

不管是线上路演还是线下路演，最终目的就是让创业者和投资者双方进行高效对接（孙松廷，2016）。在路演前，创业者需要事先做好准备，以向投资者充分展示企业的产品或服务，那么，要想路演成功，就要学会合理处理以下五大关键要素。

（一）有一个大愿景

创业者需要展示一个吸引人的大愿景，告诉投资者企业未来的发展方向，这点非常重要。通常来说，首次创业的人通常抱有的愿景都比较小，但要想成功，应尽可能把它合理放大，并让它变得更加吸引人。一开始，创业者表达自己的愿景时，可能会感到一些紧张，甚至会有些不安，这是正常的。但创业者切忌将这些情绪表现出来，应尽量表现出自信、热情的精神面貌。

（二）详细解释如何使用投资

当投资者打算出资时，通常会询问创业者会如何使用这笔投资，此时就需要一个详细的财务规划，在时间上至少应涵盖未来 3 年，其中不仅应包含企业的运营成本，还应包含企业的收入增长率、利润等。最重要的是，创业者需要了解不同部门的资金使用情况，以及每一个创业项目的资金使用情况。如果创业者已经有了一个可预知投资回报率的营销策略，也需要详细地向投资者陈述清楚。

（三）展现竞争力

无论创业项目的产品或服务是否已经产生收入，创业者都需要在路演时向投资者展示出该产品或服务已经拥有的竞争力。如果项目已经产生了收入，且发展速度很快，那么一定要在路演时展示出来。如果暂时还做不到这一点，创业者可以在所有的业务指标里面找一个最具发展潜力的指标来进行展示，如用户总量、访问总量等。

（四）团队的力量

创业者在进行路演时，至少要用一页 PPT 来介绍创业团队，告诉投资者该团队的与众不同之处。最好是对团队创始人做一个简单的介绍，内容包括创始人的工作履历和具体的工作内容等。

投资者很清楚，一个强大的团队通常会推出较好的产品和品牌，并最终赢得市场。创业者如果拥有一个强大的团队，就应该毫不犹豫地将其展示出来，但对于团队中的缺点也不要刻意回避。

（五）解决痛点的能力

出色的路演几乎都是围绕某个行业痛点来展开的，应首先描述该痛点再给出解决方案。因此，创业者在路演时，一定要表述清楚自己的产品或服务是如何解决这一行业痛点的。

二、路演时需要准备的材料

（一）路演台本

在路演前，为了保证路演质量，避免忘词、表述混乱，创业者应先对路演内容进行梳理并记录，确保心中所想与口头表述相一致。其次，路演都是有时间限制的，最短 10 分钟，最长不超过 2 小时。因此，根据不同时长来准备不同的台本，可以有效地利用路演时间，突出重点，扬长避短（杨京智、王猛，2020）。

1. 根据路演结构撰写演讲内容

一般路演可以分为项目介绍和项目展示两大部分。

（1）在项目介绍部分用 3 句话阐述项目：第 1 句说明项目是做什么的；第 2 句阐明市场有多大；第 3 句说明项目的增长潜力究竟有多大。

（2）在项目展示部分，围绕项目阐明项目解决的行业痛点、竞争优势，并介绍团队成员，提出融资需求。

2. 梳理演讲内容并标注重点

对演讲台本的逻辑关系、核心数据进行梳理，切忌表述前后矛盾、数据错误。同时，还可以在台本上标注重点，概括核心内容，做到详略得当。另外，在优化语言表述时，力求简洁明了，切忌废话连篇、表述不清。

3. 对提问环节进行准备

路演前进行角色互换，创业者可以假设自己是投资者，想一想有哪些问题是投资者提问概率较大的，提前准备这些问题的答案，投资者常问的问题如下。

（1）项目的商业模式是怎样的？请说清楚一点。

（2）你们的产品能解决什么行业病点？

（3）你们的产品具体能满足用户的什么需求？

（4）你们为什么会创建这样的企业？

（5）你们的产品凭什么吸引顾客？

（6）为什么是由你的团队来做？

（7）你们会面对怎样的市场？

（8）为什么大家没有做这样的事？

（9）为什么你们能做得比其他企业更好？

（10）我为什么要向你们企业投资？

（11）融资后的钱你们打算怎么用？

（12）如果你们有足够的钱，你们会做什么？

（二）路演 PPT

一份图文并茂、文字精练的 PPT，可以为创业者提示思路，让投资者抓住项目重点。因此简洁、清晰、有力是制作路演 PPT 时必须遵循的原则。下面将从路演 PPT 的篇幅、制作和内容上来介绍其制作方法。

1. 篇幅

路演 PPT 的篇幅控制在 15 页左右为宜，创业者应根据路演台本上标注的重点，把想要强调的关键词内容，如产品或服务、市场状况、竞争情况、商业模式、团队介绍、融资需求等醒目地展示给投资者。

2. 制作

从制作的角度来说，路演 PPT 应注意以下几点。

（1）PPT 的版式设计、色彩风格要统一。色彩使用切忌超过 4 种，字体运用不超过 3 种（但不适用于创业者所要展示的项目跟艺术相关时）。

（2）能用图就尽量不用文字，切忌使用过多的文字。路演更注重的是演讲，如果 PPT 上内容太多，会占据投资者大部分的注意力，影响演讲效果。

（3）在话题承接的地方，可以使用过渡页或问句引入下一个话题，以吸引投资者的注意。

3. 内容

下面是制作路演 PPT 时应包含的要素，仅供参考，创业者可以根据具体的情况进行灵活调整。

（1）项目名称页，主要包含企业 Logo 和项目名称。创业者可以用一句话把项目介绍清楚，用最大的亮点吸引投资者关注。

（2）痛点（需求）与时机页，展示创业者发现了什么样的需求，目标用户有哪些痛点，为什么现在是进入市场的最好时机等内容。创业者在讲述该页时应尽量营造真实的应用场景，引起投资者的共鸣。例如，创业者可以提问："出门坐公交车没有零钱怎么办？"

（3）解决方案页，向投资者讲述目前针对该痛点的解决方案是什么，有哪些弊病，是不是还有更好的方案等内容。

（4）市场规模页，向投资者讲述他们最关心的市场问题。如果是人尽皆知的市场，创业者可略讲，否则需要详细解释。此外，创业者也可以拿已成功的案例来类比自己的项目。

（5）产品或服务展示页，进行产品或服务展示，突出其核心竞争力，把产品或服务的特色转化为投资人的利益。

（6）竞争优势页，详细说明自己的竞争优势，尽量用表格、图片来直观展示自己的竞争策略，或相对于竞争对手的优势。

（7）商业模式页，参考商业模式画布，梳理业务逻辑与消费者、合作伙伴之间的关系，说清楚具体的盈利模式。

（8）团队页，主要说明这是一个志同道合、互信互补、凝聚力超强的团队。同时，要突出团队核心成员的亮点，如名校高才生、名企高管、连续创业者、拥有独占资源等，介绍团队成员是如何帮助项目更好发展的。

（9）融资计划页，主要说明企业将以什么方式分配股权，出让多少股权，融资数量多少等内容。如果路演 PPT 非融资型，此页可以忽略。

（10）结束页，最后强调一次项目的亮点，如项目愿景或者再次展示企业的联系方式等。

三、路演的步骤与技巧

（一）路演的步骤

创业者可以按照这5个步骤进行路演。

（1）提出问题：指创业者首先应该提出一些具有社会共性的问题，这样不仅可以引起投资者的兴趣，还可以为后面将要推介的项目或产品做铺垫。

例如，将要推介的产品是新型汽车轮胎，作为创业者，首先不要讲述产品有多么好，而应采用提问的方式来说明汽车轮胎的重要性，让投资者意识到即将推介的产品是与人们的生活息息相关的。

（2）扩大问题：即挖掘消费者的痛点。例如，由汽车轮胎引发的交通事故，受影响的不仅仅是一个人，而是整个家庭，由此把问题扩大，加深投资者对项目或产品的印象。

（3）解决方案：即创业者在此次路演中要推介的项目。假设要推介的产品是汽车轮胎，此时创业者就可以对产品的技术、特点、安全性等方面进行详细解说。

（4）消费者见证：即人们都喜欢听自己所认识和了解的事物。如果创业者没有讲解任何的案例，投资者就会感觉这个产品或服务不太真实。

（5）塑造价值：最重要的是让消费者产生物超所值的感觉。创业者应着重讲述产品的品质价值、概念价值、附加价值等（刘彤、王雪梅，2017）。

（二）路演的技巧

现在项目路演的机会越来越多，部分创业者可能参加了多次路演，但效果都不太理想，其原因之一就是他们没有掌握路演的技巧。下面就具体介绍路演的技巧。

1. 路演的内容

路演的内容就是要向投资者传达的内容，也是路演是否成功的一个重要因素，路演的内容一定要符合路演所讲的主题，并具备良好的逻辑性，创业者在介绍时一定要抓住要点。如果时间充裕，创业者在路演前可以多排练，以保证对内容充分熟悉。

2. 语音、语速、语调

（1）语音就是要发对音，语调就是要有感情，强调语音和语调的主要原因是创业者需要声情并茂地将项目信息传达给投资者，让投资者更易接受和理解。

（2）在语速问题上，创业者需要考虑两方面的因素。首先，要使投资者能够清楚地了解创业者传达的信息要点；其次，创业者要保持良好的节奏感，应在指定时间内不急不缓地完成一场完整的路演。因此，创业者应注意以下两点内容。

①语速要做到该快的时候快，该慢的时候慢。

②精准评估路演时间。假设创业者要做一场8分钟的路演，那么就一定要根据时间准备内容，然后根据要点调整语速，从而使整场路演完成得更为完美。

3. 个人状态

在向投资者推介自己的创业项目时，创业者要表现出充满激情、积极向上的个人状态，要展现出对自己项目的信心和愿意为项目付出巨大努力的准备。

4. 肢体语言

肢体语言就是利用身体部位来传达思想，如手势、面部表情等。使用肢体语言的目的，除了沟通外，最重要的是与投资者进行互动，让投资者感受到创业者对他们的关注度。

5. 路演答辩技巧

（1）路演的第 1 条注意事项就是严格控制时间。主讲人必须在规定的时间之内结束演讲，不能超时。另外，团队成员应尽可能多地了解演讲场地的情况，避免因不熟悉场地而出现紧张忘词、材料和演示工具准备不足、时间把握不好等问题。

（2）在回答评委问题时要做到口齿清晰、有逻辑有重点地回答。可以从定位问题本质以及熟悉回答问题的技巧两方面出发。

● 定位问题本质主要从三点出发：

①抓关键字：找到问题关键字，结合项目实际情况进行作答。

②换位思考：思考提问者想知道的问题核心是什么，如"项目的团队分工如何？"评委想通过分工得知项目成员在项目中的位置以及其中的协同作用如何等，在听到评委提问后，快速思索并组织好语言，直接作答。

③追溯本质：明确问题的本质所在，不能仅依附于问题表面进行回答。如"客户的哪个需求只有你们满足了"，这个问题回归本质就是对项目的核心竞争力进行提问，以核心竞争力为关键词回答即可。

● 回答问题的技巧，注意结论前置的观念，主要分两步来实践：

第一步：下结论。针对问题并结合项目先确定回答的结论（中心），能不能做到、是还是不是……

第二步：对结论进行论证。下结论的依据为何？是市场调研的结果还是对标竞品分析的结果或是某种数据分析的结果等。这一步可以使用数据、专利等硬性标签来辅助回答。

（3）其他注意事项：

● 不要答非所问

针对评委的问题，不会的或没听懂的，可以礼貌地再次询问"请问您是这个意思吗？""麻烦您再说一遍可以吗？"不要自以为评委不懂就乱回答，这样只会减分。

● 不要和评委顶嘴

对评委的批评要谦虚接受，不要用"你不懂""你没理解"等言论激烈地与评委发生争论。

● 不对评委隐瞒信息

针对某些问题，可能项目团队做得不够好或根本没做，不要撒谎骗评委或隐瞒内容，真诚地就事论事即可。更不要跟评委说涉及机密不能透露。

6. 表露个人素质

投资者需要创业者有聆听的能力。如果创业者在推介自己的项目时只顾表现自己而不顾投资者的感受，那么就很难让自己的项目得到投资者的青睐。与此同时，创业者需要诚实地回答投资者的问题，不要过分夸大，要让投资者觉得创业者是可以信任的。

7. 运用数据支持

创业者应运用数据明确告诉投资者企业的目标人群、项目实施计划和产品的竞争优势，同时还要给投资者提供一份详细准确的财务预测。虽然数据略显枯燥，但是创业者应该牢记，只有数据才是最直观、最有说服力的。

（三）路演答辩评委问题汇总

（1）考察创新性：

①项目有哪些创新/创新成果如何（商业模式、运营模式、营销推广等）？

②项目产品是自研吗？做它的动机是什么？

③和以往的产品/竞品比，差异在哪/区别是什么？你是如何做到的？

④相同的东西，别人多久会做出来？

⑤客户的哪个需求是别人没满足，但是被你们满足了的？

⑥如何保障项目持续增长？

⑦产品的应用场景有哪些？和别人相比好在哪？

⑧专利相关：取得了哪些专利？/核心专利是什么？/专利所属是你们吗？/专利的第一作者是谁？/专利获得授权了吗？/如何保护技术的专利？

（2）考察商业性：

①产品的需求有经过调研吗？具体数据调研数据如何？

②为什么项目能做成？有多大的把握？有哪些资源支持？

③项目的核心优势是什么？/核心竞争力是什么？/产品的核心技术是什么？

④项目的收入来自哪里？财务报表制作依据是什么？

⑤营销策略是什么？（价格、销售、推广、渠道、文化、故事等）目前哪个渠道取得了哪些成效？

⑥销售额最高的是哪个产品？利润额最高的是哪个产品？

⑦哪个产品和服务的收益可复制？高增长？

⑧之后几年如何保障持续增长和稳定收益？

⑨覆盖了多少客户？客户是否有复购？是否愿意为你们推广产品？转化率多少？

⑩产品成本构成？收益是否覆盖成本？

⑪和某某客户合作到什么程度？有考虑和市场龙头厂家合作吗？

⑫市场上还有谁在做？你们的优势？

⑬市场规模多大？如何估算的？

⑭融资及出让股份怎么算的？

⑮融资的钱主要用于哪方面？

⑯项目目前处在什么阶段？做到什么程度了？/项目何时盈利？/何时收支平衡？/现在盈利如何？

⑰是否成立公司？是否交税？是否发工资？……

（3）考察项目团队：

①项目团队有多少人，具体分工如何？

②团队的决策机制是怎样？

③举例说明各团队成员在项目中的贡献度。

④介绍下团队成员/主力成员。

⑤团队成员是相关专业的吗?

⑥在这个项目中你负责什么? 参与项目多长时间了?

⑦你的项目团队有哪些优势? 在项目中怎么体现的?

⑧团队具备的资源和能力是否能支撑项目后续发展?

⑨项目的权益结构和股权结构是怎样的?

⑩介绍下外部专家等对项目的支持情况。

⑪毕业后你们还会做这个项目吗?

（4）考察公益性：

①这个项目的公益性体现在哪里?

②服务了多少人? /多少人从中受益?

③如何让更多人从项目中受益?

④项目的服务模式是怎样的? 有何优势?

⑤项目落地过程中有风险/阻力吗? 如何克服?

（5）考察可持续性：

①如何解决项目持续发展中的资金和人员问题?

②项目是否复制到其他地方? 是否具有示范效应?

③项目是否形成了成熟的运营模式? 是怎样的?

④项目可持续性具体体现在哪?

⑤在某某上，如何确保项目能持续运营下去?

（6）考察实效性：

①项目对当地的贡献是什么?

②项目进行前后，当地最大的改变是什么? 有无数据证明?

③当地人是如何评价你们的?

④引入了哪些社会资源?

（7）考察引领教育：

①请谈一谈在校期间，你是如何想到要做这个项目的?

②做这个项目，你最大的收获和成长是什么?

③做项目的过程中，你应用了哪些所学知识技能？解决了什么问题？

④团队成员都是哪些专业？有何特长？

（8）考察带动就业：

①项目中直接就业和带动就业的数字是怎么算出来的？

②目前多少员工？

③项目间接能带动多少人就业？带动的是哪些人？

（9）其他问题补充：

①一句话说清楚你们的项目。

②项目名称是怎么来的？

③未来几年盈利预期如何？

第三篇　大连大学创新创业
人才培养实践篇

第十章

大连大学创新创业教育研究与实践

　　教育是社会进步的重要基石；创新是引领发展的第一动力；高质量的"双创"教育更是经济社会发展的迫切需要。大连大学深入学习贯彻党的十九大精神，认真贯彻落实习近平总书记关于加强高校思想政治工作的系列重要讲话精神和关于教育工作的重要论述，落实国家和省、市关于深化高等学校创新创业教育改革的实施意见，高度重视并不断深化创新创业教育改革工作，以"地方大学服务地方"为己任，主动对接辽宁产业发展需求和大连"两先区"建设，着力构建富有特色的"三层次、四平台"创新创业教育体系，将"双创"教育贯穿人才培养全过程。学校先后获批辽宁省首批深化创新创业教育改革示范高校、辽宁省创业孵化示范基地、辽宁省"众创空间"，在2020年获批国家备案"众创空间"。

　　一路走来，大连大学应时而动，顺势而为，探索出一条培养高素质应用型人才的新途径，打造出地方高校"双创"教育的"连大样板"和适合地方经济发展需要的"双创"强校。

一、创新人才培养机制

1. 人才培养目标和机制创新

　　大连大学作为大连市属综合性大学，始终坚持创新创业教育的价值引领，以"地方大学服务地方"为己任，主动对接辽宁省产业发展需求和大连"两先区"建设,坚持立德树人,培养"会做人、能做事、会学习、能创新"的具有高度社会责任感、创新创业精神、实践能力的高素质应用型人才。学校党委和行政高度重视创新创业教育改革工作,成立"大连大学创新创业教育工作领导小组"和"创新创业学院",已经形成由校领导小组统筹规划,教务处、招就处、团委、学生处、科技处等职能部门共同参与,创新创业学院具体负责、组织实施,各学院贯彻落实的创新创业教育工作协同推进机制。学校先后出台《大连大学创新创业教育实施方案》《大连大学深化创新创业教育改革工作计划(2017-2020年)》,确立了"创新引领创业、创业带动就业,主动适应经济发展新常态,促进人才培养与地方科技、经济、社会紧密结合;以素质教育为主题,以提高人才培养质量为核心,以创新创业人才培养机制为重点,将创新创业教育贯穿于人才培养全过程"的创新创业教育改革指导思想和一系列重要举措。

2. 创新创业教育要素和质量评价

学校以营造良好的创新创业教育生态系统为着力点,全面构建"一个核心目标、两支专业队伍、三层递进课程体系、四个实践支撑平台"的创新创业生态体系,为推动学校人才培养高质量发展提供改革动力。通过建立创新创业教育"三层次、四平台"课程和实践体系,实现课程与实践衔接、校内与校外结合、能力与成果双收、普惠性要求与个性化需求并举,推动创新创业教育与专业教育、思想政治教育结合,促进学生创新创业能力不断增强。学校在本科人才培养方案中设置4个必修"创新创业学分",把创新创业纳入日常教学和管理。把创新精神、创业意识和创新创业能力作为评价人才培养质量的重要指标,覆盖全体学生。

3. 人才培养服务地方发展

根据辽宁省经济社会发展目标和大连市"两先区"建设要求,学校积极探索产教融合、协同创新的有效模式和机制,大力推动科技成果转化和产业化,促进创新创业与区域经济和产业发展,为传统产业转型升级改造、战略性新兴产业和现代服务业发展提供有力支撑。学校先后牵头组建了"辽宁省新一代信息产业联盟"助推大连市人工智能领域发展；"辽宁省汽车工程产业联盟"培养汽车工程应用型人才，为大连市汽车产业行业提供支持；"辽宁省沿海开发与智慧安全控制产业联盟"致力于建立校企联盟设备和信息共享平台，服务大连市沿海经济带发展。近年来，学校科技转化成果已在大连市东北亚物流与航运中心、国家防震减灾示范城市建设、软件产业发展、哈大高铁、红沿河核电站、智慧城市及智慧医疗等领域得到应用，在重大关键技术攻关、产学研协同创新方面发挥了重要作用。

据麦可思《大连大学毕业生创新创业评价报告》显示："毕业生毕业一年后自主创业比例为 2.9%，毕业三年后自主创业比例为 5.2%；自主创业毕业生创业项目与专业相关的比例为 49%；自主创业毕业生创业项目有盈利的比例为 73.2%"。在中国高等教育学会《2015－2019 年全国普通高校竞赛评估结果（本科）TOP300》排行榜中，大连大学以 61 个奖项的总成绩位列全国第 199 名、辽宁省第 7 名、大连市第 3 名，对比《2012－2016 年全国普通高校竞赛评估结果（本科）TOP300》，全国排名提高 75 名、省内排名提高 6 名，增长幅度名列前茅。

4. 示范高校建设成效显著

学校 2015 年获批辽宁省大学生创新创业教育实践基地，2016 年获批辽宁省首批深化创新创业教育改革示范高校，并连续两次获辽宁省教育厅推荐参评"全国高校创新创业总结宣传工作高校"资格。2017 年获批辽宁省创业孵化示范基地，2018 年获批辽宁省"众创空间"，并以总排名第二的成绩获评大连市优秀众创空间（A 类）。2018 年 10 月学校接受教育部本科教学工作审核评估，专家组反馈意见评价认为："学校创新创业教育成效初显"。2020 年 4 月获批国家级"众创空间"。

二、创新创业教育与专业教育深度融合

1. 专创融合推进专业内涵建设

学校强化创新创业教育与专业教育深度融合的专业内涵建设，积极

构建专创融合的人才培养新体系。在《关于修订 2019 版本科专业培养方案的原则意见》中明确提出"完善实践和创新创业教育体系"的要求，要"面向全体、分类施教、结合专业，推动创新创业教育与专业教育、思想政治教育紧密结合。应用型专业应探索以创新创业实践代替专业实习、以创新创业成果代替毕业论文（设计）等工作，促进学生创新实践能力的提高。"在 2019 级培养方案中，每专业至少开设 1 门与创新创业融合的专业课程，在各专业课程教学大纲制订中，将创新创业元素融入各类课程教学。鼓励学生参加执业资格考试，支持学生在完成学业的同时，获取多种资格证书，增强创业就业能力。目前各专业均已开设与创新创业融合的专业课程，经济管理类等专业开设了多门"专创融合课程"。

2. 试点专业建设成效初显

学校注重创新创业教育改革试点专业建设，机械设计制造及其自动化专业 2018 年获批省级创新创业教育改革试点专业。该专业人才培养目标增加"创新创业思维和能力"的要求，"以创新为主，培养学生的创新精神和实践创新能力；创业为辅，培养学生的创业意识"，使学生"学中做、做中思、思中创"，在创新创业活动中全面提升学生的综合素质。将创新创业教育实践嵌入人才培养方案各模块中，新开设"创造力思维与训练""创业计划训练""机械创新设计""机电综合科技竞赛"四门课程；将学科专业前沿知识及产业发展方向引入专业课程中，形成了"一主线、三平台、多模块"的系统化创新创业教育体系。整合教学实验室、科研实验室和校内其他实践教学资源，搭建创新创业实践教育平台，为专业课程开展创新创业实践提供条件保障。

经过不断探索与实践，学生创新创业能力明显增强。近三年参加国家级大创项目 23 项，获得国家级奖励 11 项、省级 141 项；学生发表论文 25 篇、实用新型专利授权 40 项。2017 年，获得全国大学生智能汽车竞赛一等奖 1 项、全国大学生电子大赛一等奖 2 项；2018 年，获得全国大学生节能减排科技竞赛二等奖 1 项、三等奖 1 项；2019 年获得全国大学生工程训练综合能力竞赛二等奖 1 项、三等奖 1 项，中国大学生计算机设计竞赛三等奖 1 项；iCAN 国际创新创业大赛中国总决赛三等奖 1 项。学生所具有的较强的就业竞争力和持续发展潜力，亦得到同行和用人单位的认可和好评。目前，该专业专创深度融合的人才培养新模式在学校起到积极的示范作用，正在逐步推广。

三、创新创业实践教育资源建设

学校遵循创新创业能力培养的实践规律，按照实践体验、创新与创业能力训练和能力运用等功能目标建成了跨学科、跨专业、跨年级的创新创业教育实训"四大平台"（见图 10 – 1），即大学生工作室平台、大创项目及竞赛平台、创业实践平台和校企联盟平台。

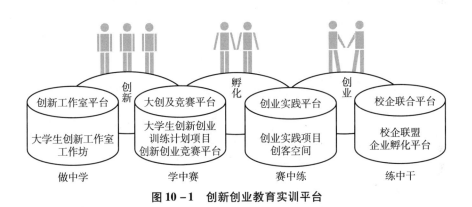

图 10 – 1　创新创业教育实训平台

1. 大学生工作室平台

大学生工作室是独具特色的创新教育模式，是落实"做中学"和培养"工匠精神"的有效载体。自 1998 年学校师生成立第一个工作室以来，现已成立了 135 个工作室，覆盖全部本科专业，指导教师近 200 名，年均接纳近 4000 名学生，每年承担全校 80% 的创新创业类实践项目，工作室学生获奖数量占全校 90%。

2. 大创及竞赛平台

学校自 2002 年开始实施大学生创新训练计划项目，设立专门机构规范项目管理，2012 年获批国家地方院校和辽宁省 A 类"大创项目"立项单位。学校每年支持 50 余项由教育主管部门主办的竞赛，组织近100 项校级竞赛。

3. 创业实践平台

以学校文科综合实验教学中心"经济管理虚拟仿真实验"等平台为基础，建成虚拟仿真环境与实体相结合的实训基地。打破时间、空间限制，"把企业搬进学校"，形成面向全校各专业、分层次的创新创业教育实训课程体系，完善创新创业实训教学管理与服务系统，建成具有特色、优势突出、多功能的综合性创新创业教育实训平台。按照"众创空间"模式合作建设创业实践平台，为学生的创业实践项目提供服务，提供办公场地、网络空间和社交空间；开展工商、法务、税务与政策咨询；开展资源对接、投融资对接等资本方面的指导；每年组织 70 余场创意交流、路演、广告宣传和市场推广等活动。

4. 校企联盟平台

依托学校牵头组建 3 个省级校企联盟，与地方政府共建协同创新中心和"众创空间"，与企业共建孵化基地等。政产学研联盟汇聚资源帮助学生创新创业群体成长，支撑创新创业成果升级、转化与孵化。与华为技术有限公司合作开展大学生竞赛奖励资助项目，2017～2019 年累计资助 60 余万元。

目前有在校生为法人代表的创业公司 25 个，每年有近 30 个选育孵化的创业项目。王晓海等 3 名学生的创业公司获金普新区政府奖励，"大连普世蓝农业科技有限公司"签订 23 家合作基地，推广面积达 25 万亩。

四、创新创业课程体系建设

学校以培养学生创新创业能力为目标、按支撑能力培养的知识结构三要素（即创新创业的素养与意识、专业知识和知识应用）建设创新创业课程模块，不断完善涵盖通识教育、专业教育和精英教育的三层次课程体系（见图10－2），使创新创业教育与专业教育有机融合，通识教育与精英培养同步并举，依次递进、有机衔接、科学合理的课程群使学校创新创业教育改革落地有声。

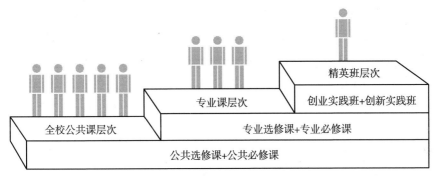

图 10 – 2　三层次创新创业课程体系

1. 面向全体开设公共基础课

根据实施创新创业通识教育的目的和要求，学校开设 2 个学分的"大学生创新创业基础"必修课、4 个学分的"创新创业教育"必修实践环节。在必修课程中设立了以启发学生的创新思维与创新方法应用、大学生自主创业的基础知识与方法为重点的知识架构，根据当代学生的学习特点，采用"91 速课"智慧教学平台，将传统的知识呈现方式变为问题、思考、案例、扩展、故事、视频、图片、文本等富媒体形式，开发了 40 个集文本、图片、视频、案例、网络资源、课堂练习与课后作业、教师语音讲解于一体的、具有一定交互性移动微课件。组建了覆盖全校各专业的近 80 名教师团队开展线上线下混合教学模式的探索、赛教结合努力打造社会实践金课、过程性评价的教学管理模式应用的全方位课程改革与建设工作，取得了良好效果，得到师生的肯定。同时围绕创新性思维与研究方法、创业基础、就业创业指导等方面开设了 30余门公共选修课。

学校采用北京大学国家级精品在线开放课程"创新工程实践"课程资源开设选修课，开展远程互动混合式教学模式改革，实现线上与线下相结合、理论与实践相结合、项目创意与实施相结合、研究性学习贯穿始终、以赛促教一体化的教学，在全国 200 余所开课院校中三次获得十佳教学团队，实现优质资源共享和学生跨校修读创新创业精品课程。

2. 专业教育融合创新创业教育

学校在各专业培养方案中设立与专业教育相适应的创新创业教育模块，实现每个专业至少开设一门专业与创新创业教育融合以及学科前沿课程。现已开设与专业融合的创新创业课程 80 余门。如面向经管类专业开设"企业模拟实训""创业实训"跨专业综合实训课程，通过创业计划、创业培训、创业实战、创业交流等，囊括现代制造业、现代服务业以及供应链过程中的政务服务、外包服务、生产性服务、公共服务等，虚拟完成多个机构、多个角色、多种训练任务。

3. 精英教育强化创新创业能力培养

为进一步发掘学生的创新创业潜能，促进优秀创新创业人才脱颖而出，学校与企业合作开办了机电（慧科）、数学建模（赛氪）、互联网商务（速卖通）、创业（北方孵化）四个实践班，专门开设创新创业精英课程 16 门。目前已招收四届学员，覆盖学生数 1600 余人。统计结果表明，占学生总数 3% 的实践班学生取得的省级及以上创新创业成果占全校总数的 25%，显示出良好的教育效果。

4. 编写和选用重点创新创业教材

学校自行组织从事大学生创新创业实践工作的一线教师编写并由经济科学出版社出版发行的《大学生创新创业实践》校本教材，具有较为鲜明的校本特色。一是实用性较强，理论部分通俗易懂，案例丰富且贴近学生实际生活，本校本土化的创业案例领会性、模仿操作性强；二是内容全面新颖，符合创新创业人才培养规律，从基础理论学习到专业技能培训到创新创业实践探索以及互联网技术的运用，环环相扣；三是注重思想启迪、方法传授、实践体验的有机结合，将创新创业教育与综合素质教育融为一体，提高大学生的社会责任感和使命感，回归创新创业教育的本质。同时学校还选用了《创业基础》（李家华主编，清华大学出版社）、《创业实训手册》（全国创业指导委员会组编，中国劳动社会保障出版社）、《创新工程实践》（张海霞等编著，高等教育出版社）等重点教材。

五、创新创业教育教学改革

1. 实施专业质量标准

学校始终坚持将提高人才培养质量作为创新创业教育改革的出发点和落脚点。学校自 2002 年开始实施以创新学分为核心的《大学生创新能力培养方案》，在本科人才培养方案设置 4 个必修创新创业学分，实现创新创业教育覆盖全体学生。在公共课程中，开设创新创业类必修课程 1 门，32 学时；公共选修课程开设"创新创业类"公选课程 30 余门。各专业严格执行质量标准，每个专业均开设专业与创新创业融合的专业课程至少 3 门，在各专业课程中积极挖掘创新创业教育元素。

2. 实施学分转换制度

《大连大学 2014 版本科专业培养方案》中，建立了创新创业学分转换制度并有一定的实施成效。制定《大连大学本科生创新创业学分管理办法》，设置了 4 学分的创新创业必修学分；建立创新创业学分积累与转换制度，优先支持参与创新创业成绩优秀的学生转入相关专业学习。在《关于修订 2019 版本科专业培养方案的原则意见》中，提出完善创新创业教育体系，面向全体、分类施教、结合专业，推动创新创业教育与专业教育、思想政治教育紧密结合。应用型专业探索以创新创业实践代替专业实习、以创新创业成果代替毕业论文（设计）等工作，促进学生创新实践能力的提高。

3. 建立弹性学制

依据《大连大学学生学籍管理规定》，允许学生调整学业进程、实行弹性学制，可以保留学籍休学创新创业，制定了跨专业培养双学位、辅修专业和创新创业精英班等相关制度，如《大连大学双学士学位及辅修专业管理办法》。

4. 积极推进大创计划项目

学校 2012 年获批国家地方院校和辽宁省 A 类大学生创新创业训练计划项目立项单位，年均有"大创计划"项目立项 400 余项，累计获批国家级大学生创新创业训练计划项目 253 项、省级 627 项；获省级大学生创新创业年会奖 30 余项，入选全国大学生创新创业年会项目 3 项。

六、创新创业教育师资队伍建设

1. 鼓励教师积极投入创新创业教育

学校制定的《大连大学教师指导学生创新创业竞赛奖励办法》和《大连大学学生创新创业竞赛管理办法》等，对创新创业教育表现突出的教师和学生给予表彰奖励。学校已把创新创业工作业绩作为专业技术职务评聘依据和绩效考核内容，并对从事创新创业教育工作中做出成绩的教师，在专业技术职务评聘、年度考核中予以政策倾斜。

2. 实施多元化师资培养

学校通过在职进修、专题培训、企业挂职等途径，近三年共有 800 余人次教师参加教育部、省教育厅等组织的创新创业相关培训班，有效提升创新创业教师的教学和指导服务能力。学校承办和参加教育部全国高等学校学生信息咨询与就业指导中心举办的辽宁省"高校创业教育师资特训课程"培训班，有 130 余名教师通过培训获得证书，基本实现创新创业持证教师队伍全覆盖。

3. 建设专创融合的教学团队

在面向全校的创新创业公共基础课建设中，我们通过各学院推荐选拔组建了一支来自各专业的 80 余名中青年教师组成的课程团队，以创新创业学院和经济管理学院教师为主进行微课程资源开发与教材编写；与万学科技、瘦课网、91 速课等企业合作，举办多种形式和内容的创新创业教育、混合教学模式、速课平台操作技术、"互联网＋"大赛项目指导等专题培训，采取集体备课的形式研讨教学组织实施中的问题与方案，形成统一的混合式教学基本规范，鼓励各具专业特点的线下翻转教学实施办法。同时鼓励支持任课教师承担创业模拟项目指导并参加大赛，在实践中实现教学相长，形成了一支专创融合的创新创业教师队伍。

七、大力营造创新创业教育氛围

1. 建立多形态创新创业教育文化平台

学校积极引导广大师生对创新创业的理性认知和行动自觉。每年举办的校园文化节都设定了创新创业的主题，在全校性的"文化素质教育日"中，展示和交流学生创新创业教育成果，营造浓厚的"学优而创"的创新创业文化氛围。学校还利用网络平台和新媒体为学生提供内容丰富、更新及时的创新创业服务信息、政策，"大连大学创新创业服务网""连大创新创业微信公众平台"以及创新创业工作微信群、QQ群等，师生关注者达7000人以上。

2. 开展多种形式专题讲坛

成立大学生创业联盟，制定《大连大学大学生创业联盟章程》。现有创新创业社团近30个，定期举办创新创业讲座论坛。联合万学创世教育公司开办"大学生创新创业能力培育与项目孵化特训营"、举办华为"枪林弹雨中成长"公益讲座、承办全国大众创业万众创新活动金普新区双创周等活动40余场次。

近3年，通过双创学院举办了创新创业沙龙、讲座、培训及竞赛等180余场，累计参与人数26000人。学生参与率达到60%，共产生400余创业项目，注册公司数量36个，带动创业就业300余人，使全校的创新创业氛围更加深厚。

3. 创新创业大赛成绩优异

创新创业大赛已经成为学校深化创新创业教育改革、激发大学生创造力的重要途径。学校积极组织学生参加中国"互联网+"大学生创新创业大赛，六届累计获全国奖 15 项、省金奖 53 项。学生参加 2020 年辽宁省"互联网+"大学生创新创业大赛和"青年红色筑梦之旅"活动中，获省赛金奖 13 项，取得省赛金奖总数连续两年全省高校排名第一、2021 年辽宁省"互联网+"大学生创新创业大赛实现获奖总数连续 5 年全省高校排名第一。

4. 创新创业优秀学子不断涌现

学校通过大赛鼓励各专业人才培养与创新创业教育相融合，引导学生开展基于所学专业和基于创新的创业。如信息工程学院李勤伟成立环球赛乐（北京）科技有限公司获得 300 万元天使投资，参加首届中国"互联网+"大学生创新创业大赛中获全国铜奖；化工专业王晓海在完成《甲烷催化重整制氢设备》创新研究项目基础上转化为创业项目，获第二届中国"互联网+大学生创新创业大赛"全国铜奖，获金普新区 10 万元创新创业奖励；美术学院学生盖文琪组建的"一个红扣"私人服装定制项目团队，获第四届中国"'互联网+'大学生创新创业大赛"全国铜奖，公司实现直接带动社会就业近 200 人。

八、搭建创业指导服务平台

1. 完善创新创业指导运行体系

学校注重与企事业单位和研究院所等开展深度合作，不断完善产学研一体化、成果转化功能；整合校内外资源，建有 3 个大学生创业孵化基地，努力构建"大创项目—项目选育—创业大赛—成果转化—项目孵化"一站式创新创业指导运行体系。学校开设"创业实践班"，将有创业意向和创业潜质的学生单独编班，制定专门的培养计划，按照"弹性学制、实践导向、滚动培养"的原则，采用"三模块课程学习""四阶段拓展性实训"及"自主创业实践运营"培训模式。

2. 加强专业化导师队伍建设

学校注重专业化创新创业教师队伍建设，制定了导师遴选办法和相应管理规范，遴选 180 名优秀教师组建创新创业导师库，其中校内创业指导教师 45 人，专职管理人员 9 人；积极聘请企业家、创业成功人士、风险投资人等担任兼职创新创业导师，现已聘请省创新创业专家组长沈阳工业大学刘敬东教授、北京大学张海霞教授和万瑞腾达投资基金副总裁牛晋等 50 多名专家学者和创业成功者担任校外创业导师，逐步形成较为稳定的专兼职结合的创新创业教育及创业指导教师队伍。3 名校内导师、6 名校外导师入选"首批省级优秀创新创业导师人才库"，1 名校内导师、1 名校外导师入选"全国万名优秀创新创业导师人才库"。

九、"青年红色筑梦之旅"活动成效显著

学校积极组织"青年红色筑梦之旅"项目团队走进革命老区、贫困地区、城乡社区，从乡村振兴、精准扶贫、社区治理等多个方面开展帮扶工作，为全面建成小康社会、加快推进社会主义现代化建设贡献"连大人"的智慧。学生参加辽宁省"青年红色筑梦之旅"活动中，累计获国赛奖 1 项、省赛金奖 10 项，取得省赛金奖总数和获奖总数累计三届全省高校排名第一。其中，"蓝色梦想　莓好生活"项目团队分别参加了福建、山东、黑龙江的"青年红色筑梦之旅"暨全国项目对接活动，受到新华社专访和辽宁省电视台报道。目前该项目在全国推广种植蓝莓面积达 15 万亩以上，精准对接贫困地区农户 200 多户，人均年收入增收 6000 多元。"连山连海，心系六盘——科技育药，扶贫六盘"项目团队深入贵州六盘水，与六盘水师范学院合作，共计指导当地农户种植 800 亩半夏，已解决当地就业 30 户，带动周边经济发展，每年产值达到 100 万元。"网上赶巴扎——做新疆电商助农的实践者"项目团队，以新疆乌什县为试点，采用电商扶贫模式，现已建成 1 个县公共服

务中心、1 个县级物流分拨中心、9 个乡镇电商服务站、103 个村级电商服务点，实现乌什县 4 个贫困乡镇电商服务站全覆盖，电商服务点覆盖 46 个深度贫困村，带动 43 名建档立卡贫困户开展电商创业，精准对接 7900 余户，人均收入增长一倍。

十、社 会 影 响

"大连大学'三层次、四平台'创新创业教育课程实践体系"被纳入"大连市委十二届二次全会"审议通过的《中共大连市委关于贯彻落实习近平总书记参加十二届全国人大五次会议辽宁代表团审议时重要讲话精神的意见》和大连市委"1＋5＋1"系列文件中实施。近年来，《人民日报》《大连日报》、光明网、今日头条、辽宁省本科教学管理平台、大连市政府网站等媒体先后多次报道学校多举措助推学子创新创业的做法和工作发展思路。

学校积极开展创新创业教育研究，获多项省级教学成果一、二等奖。2016 年，《中国高校科技》期刊第 9 期专版介绍学校创新创业教育成果。在中国高等教育学会大学素质教育研究分会 2017 年年会高层论坛上，李玉光副校长以构建"三层次、四平台"课程和实践体系的创新创业教育模式为主题，在大会做了《应用型高校创新创业教育模式研究与实践》的专题报告。成都大学以及台湾地区的圣约翰科技大学等 30 多所高校专家前来调研考察和交流经验。

学校 2014 年荣获"2012～2013 年辽宁省普通高校毕业生就业工作先进集体"，2015 年获批辽宁省大学生创新创业教育实践基地，2016 年获批辽宁省首批深化创新创业教育改革示范高校，2017 年获批辽宁省创业孵化示范基地，2018 年获批辽宁省"众创空间"，并以总排名第二的成绩获评大连市优秀众创空间（A 类）。2018 年 10 月学校在接受教育部本科教学工作审核评估中专家组反馈意见为："学校创新创业教育成效显著。"2020 年 10 月 28 日大连日报登载的《打造高质量"双创"

教育的"连大样板"》就是对学校创新创业工作与成绩的高度总结和肯定。

深入推进创新创业教育改革，服务国家和地方创新发展战略，培养适合沿海地区社会经济发展需要的高素质应用型人才是大连大学创新创业教育工作十年如一日勤奋耕耘的目标和动力。"双创"是一场没有终点的马拉松，大连大学探索深化"双创"教育高质量发展的脚步永不止步。2020年以来，学校创新举措迭出：出台了《大连大学支持与鼓励教学和科研人员创新创业的若干意见（试用）》等；举办大连大学科技园启动仪式"大黑山创新论坛"首届论坛……大学科技浓厚的新文化、丰富的创新资源、优越的创新环境、集聚的孵化企业的综合优势决定了以大学科技园为依托，学校的创新创业教育必将会取得更大的成绩，为服务大连"两先区"建设贡献新的力量。

第十一章

大连大学"赛教学创"融合，
培育高素质应用型人才

在"大众创业、万众创新"的国家战略背景下，创新创业教育成为推进高等教育综合改革、落实立德树人根本任务的必然要求，是人才培养模式的深刻变革。近年来，高校通过创新人才培养机制、健全创新创业教育课程体系、强化创新创业实践等举措不断深化创新创业教育改革，但是也遇到诸如创新创业课程教学中理论与实践脱节、科研与教学脱节、专创融合缺失、师生合作共创途径不畅、校企协同育人机制不健全、学科竞赛项目水平不高、成果转化应用成效低等瓶颈问题，影响了培养学生创新创业能力的实际效果，制约了创新创业教育水平的全面提升。

2015 年教育部首次举办"中国'互联网＋'大学生创新创业大赛"，并成为深化高校创新创业教育改革和展示改革成果的重要载体与平台。该赛事的目的是深化高等教育综合改革，促进高校的学科专业融合、教学科研融合、师生团队融合与校企融合，有效服务于创新创业教育和素质教育，激发大学生的创造力，培养造就"大众创业、万众创新"的生力军；推动赛事成果转化和产学研用紧密结合，促进"互联网＋"新业态形成，服务经济提质增效升级；以创新引领创业、创业带动就业，推动高校毕业生更高质量创业就业。因此，如何将"互联网＋"赛事有机融入创新创业教育体系中，是实现赛事宗旨、落实素质教育、提高学校创新创业教育水平的重要举措。积极探索以"互联网＋"大赛为主体的"赛教融合"创新创业教育模式，对实现以赛促学、以赛促教、以赛促创、以赛育人，完善素质教育体系，切实推进创新创业教育高质量发展具有重要意义。

大连大学作为地方性普通高校，为实现学校"培养'会做人、能做事，会学习、能创新'，具有高度社会责任感、创新创业精神、实践能力的高素质应用型人才"的目标，通过实施以"互联网＋"大赛为牵动的"赛教学创"融合创新创业教育改革，着力解决以下三个问题。

第一，构建基于"互联网＋"创新创业大赛的矩阵系统，形成"赛教学创"融合的创新创业教育模式，解决创新创业教育中存在的理论与实践脱节、专创融合缺失、科研与教学分离、竞赛重结果轻过程等问题。

第二，完善并实施以课程改革、思创与专创融合、成果孵化为重点的"三段式"创新创业大赛项目选育模式，解决如何将创新创业教育融入素质教育各环节、人才培养全过程，实现创新创业教育的规模化、普惠性与个性化相统一的问题。

第三，探索学科与专业、教学与科研、教师与学生、学校与企业"四结合"的有效机制，解决专业交叉融合不足、师生合作共创途径不畅、校企协同育人机制不健全、学科竞赛项目水平不高、成果转化应用成效低等问题。

一、构建"互联网＋"大赛矩阵式"赛教学创"融合模式

1. "成果导向教育"理念的启示和运用

成果导向教育（outcome-based education，OBE）是一种以学生的学习成果（learning outcomes）为导向的教育理念，强调教学设计和教学实施的目标是学生通过教育过程最后所取得的学习成果，其内涵包括：第一，人人都能成功，所有学生都能在学习上获得成功，但不一定同时

或采用相同方法；第二，个性化评定，根据每个学生个体差异，制定个性化的评定等级，并适时进行评定，及时修正；第三，精熟，以每位学生都能精熟内容为评价前提，只要给每位学生提供适宜的学习机会，他们都能达成学习成果；第四，能力本位，教育应该提供学生适应未来生活的能力，教育目标应列出具体的核心能力，每一个核心能力应有明确的要求，每个要求应有详细的课程对应。成果导向教育特别强调专业教育产出、学生学习产出和课程教学产出，强调学生中心、知识整合、合作学习、教师指导、协同教学，重视课程与真实生活需求与经验的联结，重视情境中有意义的高质量学习，并且能够持续改进。

"互联网＋"大学生创新创业大赛之所以能够成为深化高校创新创业教育改革的重要平台和载体，其重要价值在于学生通过参加比赛的过程，能够完成以项目为牵动的研究性学习和实践，学习目标及学习成果明确，突出核心能力培养，体现以学生为中心、多学科知识融合应用、团队合作、理论联系实际等特征。因此以 OBE 理念为指导，将确定学习成果、构建课程体系、优化教学策略、逐级达到顶峰这几个关键实施步骤，与中国"互联网＋"大学生创新创业大赛的项目培育、参赛过程、成果转化等主要过程进行横向联通和纵向延伸，能够使创新创业教育体系中的各元素有机结合、相互作用，打造以学生为中心、以成果为导向，持续改进的"社会实践金课"，为培养创新创业实践能力强的高素质应用型人才提供新途径、新动能。

2. "互联网＋"大赛矩阵式"赛教学创"融合模式

自 2015 年开始，依托学校 10 余项校级以上教育教学改革项目以及"辽宁省大学生创新创业实践基地"、国家级"众创空间"建设项目、国家级大学生文化素质教育基地，深入开展创新创业教育模式改革，基于"成果导向教育"以及"赛教学创"融合的"四位一体"人才培养新理念，以"互联网＋"创新创业大赛为牵动，构建高素质创新创业人才培养模式，即基于"互联网＋"大赛的矩阵式"赛教学创"融合模式（见图 11-1）。

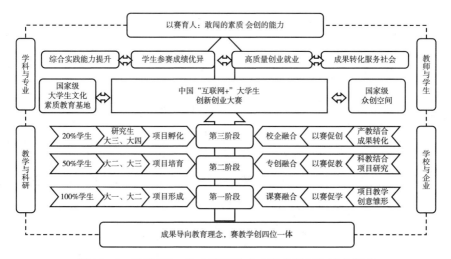

图 11 –1 "互联网 +"大赛矩阵式"赛教学创"融合模式

"四位一体"新理念即"赛教学创"融合的创新创业人才培养新理念，强调发挥"互联网 +"大赛对深化创新创业教育改革的导向作用。大赛的组织实施倒逼创新创业教育改革全面发力，加快创新创业教育与专业教育由"两张皮"向有机融合的转变，由注重知识传授向注重创新精神、创业意识和创新创业能力培养的转变，实现以赛促教、以赛促学、以赛促改、以赛促创，探索素质教育新途径，培养创新创业生力军，搭建成果转化新平台。

"三段式"课程教学与选育路径即针对创新创业项目形成、培育、孵化三个阶段，分别实施赛融合、专创融合、校企合作的课程改革和项目选育方法，探索出高素质应用型人才培养新路径。

"四结合"的有效机制即聚合多方资源，推动赛事成果转化和产学研用紧密结合，促进学科与专业之间、专业与专业之间的相互渗透、交叉，实现教学与科研、教师与学生以及学校与企业的有机结合，形成推动创新创业教育高水平发展的新机制。

"矩阵式"项目管理即根据项目实践需求，实施横向交叉、纵向联系，跨学科、跨专业、跨年级组建项目团队。团队成员在发挥专业优势完成项目的过程中，实现多学科的知识交叉和团队合作能力、综合素质的提升。

该模式通过"课赛融合"的教学改革，促进学生创新思维、语言表达、执行力、领导力、团结协作等通用核心能力的培养，实现以赛促学；通过"专创融合"的项目选育，强化学科专业融合，促进学生解决实际问题能力的提升，实现以赛促教；通过"校企合作"的项目孵化，促进项目落地成果转化，提升学生的产品研发、生产服务、市场营销等企业职务能力，实现以赛促创；通过"思创融合"，将创新创业基因融入价值观，提高社会责任感和担当精神，实现"以赛育人"，培养学生"敢闯的素质、会创的能力"。该模式着力打造"互联网＋"创新创业大赛社会实践金课，进一步提升创新创业人才培养的质量，厚植大众创业、万众创新土壤，探索出适合地方高校培养具有创新创业实践能力的高素质应用型人才的新途径，为国家创新驱动发展战略提供人才支撑。

二、"赛教学创"融合模式的实施路径

针对创新创业项目形成、培育、孵化三个阶段，分别实施以赛促教、以赛促学、以赛促创、以赛育人的课程改革和项目选育方法，探索出高素质应用型人才培养新路径。

1. 以赛促教，提升学生核心通用能力

课程是学校开展创新创业教育的基本载体，而实践教学是把理论知识转化为综合能力，进而促进理论持续完善的关键，是加强学生知识理解和提高其运用能力的重要环节。实践教学一方面要求学生综合运用各种知识与能力解决实际问题，另一方面要与一定的情境相联系。从"综合性程度"及"情境性"两个维度进行衡量，创新创业大赛的实践教学功能更为突出。因此，在构建系统化的创新创业教育课程并进行教学模式改革的路径中采用"赛教学创"融合模式更具可

行性和适用性。

"创新创业基础"是面向全校开设公共基础必修课程，以启发学生的创新思维与创新方法应用、大学生自主创业的基础知识与方法为重点，以创造性思维与应用、创新方法与实践、创业者与创业团队、创业机会与创业资源、市场调研与营销策略、商业模式与创业计划、企业创办与融资、网络营销技术等为主要内容。自 2018 年起我们以教学团队建设为龙头，依托教育部产学合作协同育人项目，充分利用"互联网 +教育"背景下智慧教育资源的优势，开展了创新创业基础课程的载体创新应用、课程资源开发、教学模式改革、学生学习过程评价及管理等全方位整体改革的探索与实践。首先将教学内容设计为创新创业基础理论与项目实践各占 50%，将"互联网 +"创新创业大赛主题嵌入项目实践内容；其次采用以学生为主体的"项目教学法"，即基于移动端的"线上自主学习"和以创新创业计划项目为牵动的"线下翻转课堂"混合教学模式，教师组织、引导学生，以完成创新创业实践项目为主线，进行团队组建，开展头脑风暴，产生创意项目，分阶段完成创新训练计划书及模拟项目创业计划书，并进行创新训练计划汇报和模拟商业路演。所有学生通过经历团队建设、市场调研、项目设计实施、成果展示等全过程，实现理论教学与实践训练的有机融合，思维能力、语言表达能力、执行能力、领导能力、团结协作能力等核心通用能力在实践中得到有效提升，充分体现创新创业教育课程的实践性要求。经过课程实践产生的创意项目覆盖全体学生，保证创新创业教育的规模化、普惠性。

学校在创新创业类综合素质教育通识课程中普遍推广了"赛教学创"融合模式，"创新工程实践"采用国家精品在线开放课程资源实施以项目为牵动的混合式教学，"创新创业认知""创业计划方法与实践"等课程广泛开展启发式、讨论式、参与式教学，从创新项目雏形到模拟创业计划书的完成和商业路演，整个教学过程中学生们情绪饱满，课堂气氛热烈，课外认真探索，真正把课堂还给了学生，让学生成为课堂的主人，有效地调动了学生学习的积极性和主动性。通过创新创业通识课程的教学，每年能够产生 700 余个项目参加中国大学生"互联网＋"创新创业大赛以及其他各类相关赛事，充分体现了创新创业教育成果培育的普及性。

2. 以赛促学，提升学生跨学科综合实践能力

大学生工作室是学校开展创新创业教育的主要载体之一，由研究兴趣相同的专业教师和大学生组成，围绕既定内容开展学术研究、技术开发、产品制作和学习训练等创新创业实践活动，服务于专业建设和创新创业人才培养的选拔和管理机制，促进各类专业实验室、实训教学资源共享与合理利用。通过国家级大学生文化素质教育基地在册的 135 个专创融合的大学生创新工作室、各级"大学生创新创业训练计划项目"立项，选育针对性强的"专创结合"和"师生同创"项目；分级组织、兴趣驱动、注重过程、培育成果，让学生在"自主完成既定目标的综合实践活动"中，学习创新创业基本知识与技能，获得发现问题、分析问题与解决问题的能力，完成课题研究、能力训练与成果培育等任务。各专业开设的 80 多门专创融合课程，促进学生掌握专业化的问题解决方法，激发出更大的创造力，实现以赛促教、专业教育与创新创业教育深度融合；优化整合资源优势，跨学科跨专业跨年级组建项目团队，进行交叉性、多角度的探索和研究，丰富解决问题的不同途径和方法，强化各学科专业的交叉融合，增强专业之间的协作能力和创新力；项目研究更具前沿性，产品或服务内容更加专业化，促进学生跨学科综合实践能力的提升。

近 5 年在累计获批的 1922 项国家、省、校级"大创计划"项目中，参赛获奖 580 余项，受益学生 3500 余人；基于教师科研的师生同创项目 290 余项，参赛获奖 110 余项，受益学生 420 余人。

3. 以赛促创，促进创新创业成果落地与转化

依托学校牵头组建 3 个省级校企联盟，与地方政府共建协同创新中心和"众创空间"，与企业共建孵化基地等。政产学研联盟以汇聚的资源帮助学生创新创业群体成长，支撑创新创业成果的升级、转化与孵化，在畜牧等高效农业生产推广与应用学校海洋低温酶制剂转化废弃物

"菇渣"技术。与华为技术有限公司合作开展大学生竞赛奖励资助项目，2017~2019年累计资助60余万元。学校与企业联合举办创新创业实践班，引入"万学科技"等优质的企业课程资源，以赛促创。开展"互联网+"大赛专题培训；聘请校外导师、企业家对每个重点培育项目进行一对一指导，从产品核心技术、市场分析定位、商业盈利模式、项目落地运营、增强社会效益等多个维度进行反复打磨，学生的产品研发、生产服务、市场营销、资本财务等企业职务能力得到有效提升，优秀项目水平得到显著提高。

创新创业实践班自2016年以来共招收学员1600余人，在学校"互联网+"大赛中获省级以上奖项占到95%。竞赛获奖项目累计转化学生为法人代表的创业公司35家，占学校孵化的创业公司总数83.3%。

4. 以赛育人，搭建"课程思政"新平台

大连大学将"双创"教育与"四史教育"有机融合，探索和总结出了一系列育人效果显著的特色课程与方式方法，打造出"课程思政"新平台。

伟大的长征精神是中华民族自古以来百折不挠、自强不息的民族精神的最高体现；凝聚着我们党为实现崇高理想而卓越奋斗的政治本色；是中华民族精神宝库中的瑰宝！伟大的红军长征不仅"是宣言书、是宣传队、是播种机"，同时，长征也是一个成功创业的红军团队的成功项目。通过"思创融合"，大连大学主动把弘扬长征精神融入实践课中，设计开发了《重走长征路》项目管理沙盘虚拟仿真实验，该实验利用虚拟仿真实验的"可视化、虚拟化、交互性"功能，将项目管理知识技巧以及逆境领导力核心要素通过二维模拟技术在"重走长征路"的场景中呈现出来。学校将"重走长征路"设置在"创新创业团队心理训练""创新工程实践""创新创业认知"等精英班的核心课程中，使学生感同身受地认识到红军长征的伟大意义，中国革命胜利的来之不易，在传承红色基因中，激发同学们的爱国情怀，提高同学们坚定理想信念、顽强奋斗、灵活应对、果敢自信、坚忍不拔、团结合作等创新创业心理品质和心理能力，在课程教学中生动活泼地达到立德树人的目的，打造了"课程思政"创新亮点。

通过"思创融合"，学校培养学生"敢闯的素质、会创的能力"，激发出学生积极创新创业，科创成果反哺社会的新动能。近年来，学生团队通过参加"青年红色筑梦之旅"活动，在乡村振兴、精准扶贫、社区治理等多个方面开展的帮扶工作中贡献"连大人"的智慧。

三、"赛教学创"融合模式的实施效果

1. 创新创业教育改革成效显著，推进学校创新创业教育整体水平的提高

实施"赛教学创"融合模式，促进了学校创新创业教育高水平发展，先后获批省级大学生创新创业教育实践基地、大学生创业孵化示范基地、深化创新创业教育改革示范高校和国家级"众创空间"。辽宁省教育厅在学校本科教学审核评估报告中给予高度肯定："全校创新创业工作成效显著，推动创新创业教育与专业教育、思想政治教育结合，促进课程与实践衔接、校内与校外结合、能力与成果双收、普惠性要求与个性化需求并举。"

2. 促进试点专业内涵建设，发挥以点带面示范辐射作用

省级创新创业教育改革试点专业机械设计制造及其自动化等专业采用"赛教融合"模式，有效促进了专业内涵建设。新开设"机电综合科技竞赛"等4门专创融合课程，将创新创业大赛作为"理实结合、工商一体"的重要载体，近三年学生参加国家级"大创计划"项目108项，获得国家级奖励15项、省级奖励141项，发表论文93篇、专利授权25项，为学校其他专业开展专创融合改革起到了积极的示范作用，近两年"互联网＋"大赛实现全校100%的专业覆盖，30%的课程覆盖。

3. 项目培育卓有成效，"互联网＋"创新创业大赛成绩骄人

在中国"互联网＋"大学生创新创业大赛中，累计获国家级奖22

项、省级奖 168 项。2020 年实现连续两年创省赛金奖总数在全省参赛高校中排名第一、2021 年实现连续五年创省赛获奖总数第一，参赛学生人数占在校生数连续三年超过 25%。

4. 学生综合素质和实践能力显著增强，培养出一批创新创业实践能力强的高素质人才

（1）优秀创新创业人才脱颖而出。经过"赛教学创"融合模式培养的学生表现出较强的创新创业实践能力，一批优秀学生脱颖而出。每年有近 30 个选育孵化的创业项目，选树了 230 余名大学生成功创业典型，其中刘禹伟等 3 名毕业生获"辽宁省大学生创新创业标兵"称号，"壁光文创"项目负责人江雯获评 2020 年辽宁省华育奖，参赛多次获奖的施澳、金丽雅成为国家奖学金获奖学生优秀代表登载人民日报。"普世蓝"科技有限公司创办者赵丽娜带领团队在"互联网＋"创新创业大赛中获得 6 项省级以上奖项，并代表辽宁省参加"青年红色筑梦之旅"活动启动仪式，受到新华社、厦门电视台、山东电视台、辽宁电视台等多家媒体的采访报道。因获得"互联网＋"创新创业实践成果的考研学生，通过面试被"双一流"高校录取率达 100%。学生有较强的就业竞争力和持续发展潜力，得到同行和用人单位的认可和好评。

（2）协同创新创业成效明显。多学科交叉融合团队产生协同创新效应，如由计算机专业为主导、自动化和电子商务专业为协作的环球赛乐（北京）科技有限公司的"大学生竞赛网络平台"；以化工专业的师生为主导、管理专业协同的"甲烷催化重整制氢设备"项目组，实现氢能源技术和催化剂制备技术在华中科技大学、中船重工等单位的升级与转化。

（3）成果转化服务社会成效明显。通过该模式培育的一批创业项目在成果转化、服务社会工作中取得了良好效益（见表 11-1）。

表11-1　　"赛教学创"融合模式培育的部分优秀成果转化情况

创业公司名称	项目负责人	项目类型	获奖情况	社会效益
大连壁光文创有限公司	江雯	师生同创	第五届中国"互联网+"大赛国赛铜奖	"壁光文创"已开发出"壁光服饰""壁光酒饰""壁光校园""壁光青花""壁光文具"等五大系列产品，产品总销售量达3.7万余件
大连云贝科技有限公司	刘冰蕊	师生同创	第五届中国"互联网+"大赛国赛铜奖	自主研发出Triup种植体系统，打造国内一流口腔种植体服务平台，致力于成为"中国口腔种植医疗的领导者"
大连一个红扣服饰有限公司	盖文琪	专创融合	第四届中国"互联网+"大赛国赛铜奖	以互联网+新零售模式为工具，构建一个全新的服装零售生态系统，年销售额达6000余万元
大连普世蓝农业科技有限公司	赵丽娜	青年红色筑梦之旅	第四、五届中国"互联网+"大赛省赛金奖	全国推广种植蓝莓面积达15万亩以上，精准对接偏远地区农户200多户，人均年收入增收7000多元
大连晨曦节能环保材料有限公司	邢彩凤	科转项目	第五届中国"互联网+"大赛国赛铜奖	国内唯一一家金红石单晶体生产供应商，拥有国内首发的晶体生长设备——数控晶体生长炉，晶体生长技术以及设备都达到了世界先进水平

四、"赛教学创"融合模式的创新性

1. 提出"四融合"新理念，构建"三段式"新路径，完善"四结合"新机制

"四融合"即"赛教学创"融合理念是"以学生为中心、以成果为导向、持续改进"的"成果导向教育（OBE）"理念的具体体现，强调

发挥"互联网＋"大赛对人才培养模式改革的导向和促进作用，实现以赛促学、以赛促教、以赛促创、以赛育人。

"三段式"是以创新创业成果的形成、培育、孵化过程为路径，以"互联网＋"创新创业大赛为牵动，将课程改革、专创融合、成果转化构成一条主线，使创新创业教育改革分步实施、不断深化。

"四结合"是将学科与专业、教学与科研、教师与学生、学校与企业等创新创业教育资源有机整合，形成相辅相成、共同发展的良性机制，推动赛事成果转化和产学研用紧密结合，激活科研成果应用价值，提升服务经济社会发展的能力和成效。

2. "赛教学创"融合模式实现"互联网＋"大赛的"两性一度"社会实践金课目标，提供落实素质教育的新途径

"赛教学创"融合模式致力于打造"互联网＋"创新创业大赛社会实践金课。以"项目成果培育"为主线的"三段式"理论学习与项目实践，学生解决复杂问题的综合能力和高级思维能力显著提高，体现高阶性；课程内容改革突出前沿性和时代性，项目教学法、混合式教学等突出学生主体，探究性和个性化学习贯穿始终，体现创新性；以成果为导向的学习过程，打破专业和年级局限，使学生实现从专业知识学习到解决行业产业问题的延伸，从产品技术落地到市场运营的扩展，跨学科的专业知识运用及解决社会实际问题的综合实践能力显著增强，体现挑战度，成为培养创新创业实践能力强的高素质应用型人才的有效途径。

3. 激发学生创新创业基因，科创成果反哺社会，提供地方高校服务地方的新动能

学生团队通过参加"青年红色筑梦之旅"活动，在乡村振兴、精准扶贫、社区治理等多个方面开展的帮扶工作中贡献"连大人"的智慧。该赛道累计获国赛奖 1 项、省赛金奖 6 项，省赛获奖总数连续 3 年排名第一。"蓝色梦想　莓好生活"项目在全国推广种植蓝莓面积达 15 万亩以上，精准对接贫困地区农户 200 多户，受到新华社专访和辽宁电视台报道。"连山连海，心系六盘"项目团队深入贵州六盘水，指导当

地农户种植 800 亩半夏，解决就业 30 户，每年产值达到 1000 万元。

大连大学实施"赛教学创"融合的创新创业教育改革模式，真正实现了中国国际"互联网＋"大学生创新创业大赛的根本宗旨，即面向国家创新驱动发展需求，以大赛为载体，形成推动创新创业人才培养和高校创新成果转化的长效机制。一是促进科技创新、制度创新、管理创新、商业模式创新、业态创新和文化创新相结合，使师生充满创新活力，创新效率进一步提高；二是加强创新资源的整合对接，根据社会和市场需求推动高校科技创新工作和创新创业人才培养工作，深化产教融合、校企合作；三是推动创新创业成果的转化落地。以大赛为纽带，促进产学研用紧密结合。光明网、今日头条、辽宁电视台、大连日报、大连电视台等媒体多次报道了学校创新创业教育改革经验与取得的成果。2020 年 10 月 28 日大连日报以《打造高质量"双创"教育的"连大样板"——大连大学创新创业教育结硕果》为题进行报道。省市领导及政府部门领导多次前来视察，王明玉副省长评价学校创新创业工作"有平台、有载体、有效果"。诚然，"双创"是一场没有终点的马拉松，大连大学探索深化"双创"教育改革的脚步永不停歇，进而促进学生高质量创新创业，为学校和地方高质量发展贡献新的力量，为建设创新型国家培养更多的创新创业人才。

五、大连大学"互联网＋"大学生创新创业大赛成果

"互联网＋"大学生创新创业大赛已成为辽宁省参赛面最广、覆盖高校最全、参赛团队最多、参赛水平最高、影响最大的创新创业盛会，也是规模最大、形式最新、内容最生动的思政大课堂。大连大学高度重视赛事组织工作，坚持以"互联网＋"创新创业大赛为牵动，以创新创业成果的形成、培育、孵化过程为路径，连续七年参加"互联网＋"大学生创新创业大赛，获奖总数从 2017 年起一直位居辽宁省榜首，实现了辽宁省获奖总数五连冠。大连大学"互联网＋"大学生

创新创业大赛奖项情况见表 11 – 2。

表 11 – 2　大连大学"互联网 ＋"大学生创新创业大赛奖项情况　单位:个

届次	国赛奖项	省赛金奖	省赛银奖	省赛铜奖
第一届（2015 年）	1	1	1	4
第二届（2016 年）	2	2	2	5
第三届（2017 年）	0	3	6	7
第四届（2018 年）	4	5	7	7
第五届（2019 年）	4	9	14	12
第六届（2020 年）	4	13	10	13
第七届（2021 年）	7	23	6	27

　　自 2015 年中国"互联网 ＋"大学生创新创业大赛启动以来,学校累计有 5169 支团队参赛、参赛学生 16261 人。自 2017 年起,大连大学连续 5 年省赛金、银、铜奖总数在全省参赛高校中排名第一,连续三年参赛学生人数占在校生数超过 25％（2021 年达 30％）。这是学校不断深化创新创业教育改革,构建基于"成果导向教育（OBE）"的、以"互联网 ＋"大赛为载体的"赛教学创"融合教育模式,以赛促学、以赛促教、以赛促创、以赛育人,实现创新创业教育高质量发展取得的显著成效。大连大学参加中国"互联网 ＋"大学生创新创业大赛获奖情况汇总见图 11 – 2。

　　2021 第七届辽宁省"互联网 ＋"大学生创新创业大赛新增产业命题赛道,9 月 16 日圆满结束。经过校级推荐、省级复赛,我校 22 支参赛项目团队取得金奖 5 项（其中入围全国总决赛 4 项）、银奖 1 项、铜奖 3 项,取得省赛金奖数和入围全国总决赛项目数在全省参赛高校排名第一、省赛获奖总数排名第二的佳绩。

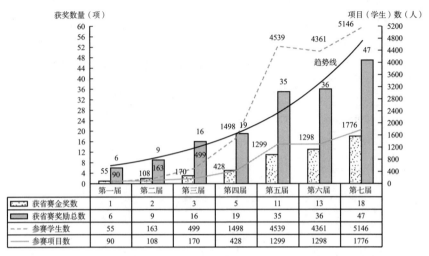

获奖数量（项）　　　　　　　　　　　　　　　　　　　　　　　　项目（学生）数（人）

	第一届	第二届	第三届	第四届	第五届	第六届	第七届
获省赛金奖数	1	2	3	5	11	13	18
获省赛奖励总数	6	9	16	19	35	36	47
参赛学生数	55	163	499	1498	4539	4361	5146
参赛项目数	90	108	170	428	1299	1298	1776

图11 - 2　大连大学参加中国"互联网＋"大学生创新创业大赛获奖情况

本次新增产业命题赛道针对企业行业技术和管理创新要求，面向产业代表性企业、行业龙头企业以及入选国家"大众创业万众创新示范基地"的大型企业征集命题，聚焦国家"十四五"规划战略新兴产业方向，倡导新技术、新产品、新业态、新模式。以"引导高校把创新创业教育与发展科技第一生产力、培养人才第一资源、增强创新第一动力更好结合"为目标，搭建产教融合新平台。把教育融入经济社会产业发展，推动互联网、大数据、人工智能等领域成果转化和产学研用融合，促进教育链、人才链与产业链、创新链有机衔接，培养创新创业人才，推动高校毕业生更高质量创业就业。第七届"互联网＋"大学生创新创业大赛产业赛道获奖情况见图11 - 3。

学校一直高度重视赛事组织工作，坚持以"互联网＋"创新创业大赛为牵动，以创新创业成果的形成、培育、孵化过程为路径，将课程改革、专创融合、成果转化构成一条主线，通过大学生创新工作室、各级"大创"项目立项、引导和挖掘教师科研项目转化、支持优秀团队开展实战型项目实践多种途径，有计划地选育针对性强的"专创结合"以及"基于科研项目的师生同创"项目；进一步优化整合学科资源优势，强化各学科专业的交叉融合，增强专业之间的协作能力和创新力，产品或服务内容更加专业化。通过将学科与专业、教学与科研、教师与学生、学校与企业等创新创业教育资源有机整合，形成相辅相成、共同发展的良性机制，推动赛事成果转化和产学研用紧密结合，激活科研成果应用价值，提升服务经济社会发展的能力和成效。

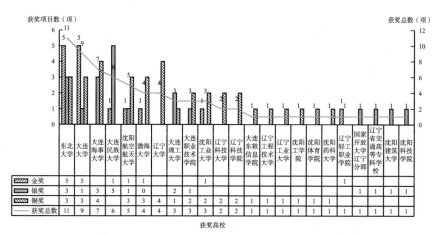

获奖高校	东北大学	大连大学	大连海事大学	大连民族大学	沈阳航空航天大学	渤海大学	辽宁大学	大连理工大学	大连职业技术学院	沈阳工业大学	辽宁科技大学	辽宁科技学院	大连东软信息学院	辽宁工程技术大学	辽宁工业大学	沈阳工学院	沈阳体育学院	沈阳药科大学	辽宁轻工职业学院	国家开放大学辽宁分部	辽宁省交通高等专科学校	沈阳建筑大学	沈阳科技学院
金奖	5	5		1	1	1				1													
银奖	3	1	3	5	1	0	2		1											1	1	1	1
铜奖	3	3	4		3	4	2	3	4														
获奖总数	11	9	7	6	5	4	4	3	3	3	2	2	2	1	1	1	1	1	1	1	1	1	1

图 11-3　第七届辽宁省"互联网+"大学生创新创业大赛产业赛道获奖情况

大连大学创新创业学院自 2015 年开始，深入开展创新创业教育模式改革，基于"成果导向教育"以及"赛教学创"融合的"四位一体"人才培养新理念，以"互联网+"创新创业大赛为牵动，构建高素质创新创业人才培养模式，即基于"互联网+"大赛的矩阵式"赛教学创"融合模式，为培育高素质应用型人才提供新动能。学校通过项目形成、项目培育、项目孵化的"三段式"课程教学与选育路径，分阶段、分对象、递进式地开展多元化创新创业教育，形成学科与专业、教学与科研、教师与学生、学校与企业"四结合"的有效机制，打造"互联网+"创新创业大赛社会实践"金课"，探索出适合地方高校培养具有创新创业实践能力的高素质应用型人才的新途径。

1. 以赛促学，充分调动师生参赛积极性

为深入贯彻落实习近平总书记给中国"互联网＋"大学生创新创业大赛"青年红色筑梦之旅"大学生的重要回信精神，加快培养创新创业人才，持续激发学生创新创业热情，搭建大学生创新创业项目与社会资源对接平台，按照教育主管部的统一部署，学校党委把大赛作为深化创新创业教育改革的重要抓手，积极开展双创教育教学改革与探索。在李玉光副校长亲自动员和部署"互联网＋"大赛推进的工作下，创新创业学院在2018年12月就启动了"互联网＋"大学生创新创业大赛的校内培训和选拔，通过积极宣传、详细规划、周密组织，共吸引了1297个项目、6480人次直接参与，参赛项目之多，覆盖面之广创历史新高！

2. 以赛促教，努力打造社会实践"金课"

创新学院按照教育部提出建设社会实践"金课"的目标和要求，在教务处、人事处、团委和招就处等多部门支持下，以公共基础课《大学生创新创业与就业指导》课程中的《创业基础》模块为基础，充分利用"互联网＋教育"背景下智慧教育资源的优势，开展了基于"速课网"移动教学应用工具平台的创新创业课程内容体系构建、师资队伍专题培训，组织线上线下混合教学和试行翻转课堂模式等。同时，联合校内外创新创业专家和导师，共同讲授这门有激情的创新创业"金课"和有温度的国情思政"金课"。

从创新创业意识激发、项目挖掘、商业计划书撰写、路演PPT制作、现场答辩等多方面对各参赛团队进行了指导与培训；指导老师引导同学们瞄准大数据、先进制造、精准扶贫等国家重大战略需求，针对现实问题与社会痛点，运用所学专业知识，精细设计了创新创业内容；参赛同学们热情高涨，大胆尝试，严谨论证，通宵奋战。

3. 以赛促创，双创教育见成效

在创新创业教育与思想政治教育相结合、创新创业与专业教育相融合、通识教育与精英教育相结合、大赛与实训相结合等思想指导下，学校大学生创新创业素质和能力得到有效提升，促进了大学生的全面发展，增强了大学生的时代责任感和使命感。"蓝色梦想、莓好生活""连山连海、心系六盘"等"青年红色筑梦之旅"项目团队走进革命老区、贫困地区、城乡社区，从乡村振兴、精准扶贫、社区治理等多个方面开展帮扶工作，为全面建成小康社会、加快推进社会主义现代化建设贡献"连大人"的智慧。

　　大连大学创新创业学院将坚持"以赛促学、以赛促教、以赛促创"，继续完善"三层次、四平台"课程和实践体系的内涵建设，进一步凸显孵化器作用，以实际行动践行习近平总书记对青年的嘱托，在"互联网＋"大学生创新创业大赛这个最大的社会实践"金课"上交满意的答卷。

第十二章

基于新文科的经管类课程
"赛教融合"模式改革与实践

2007年，《教育部、财政部关于实施高等学校本科教学质量与教学改革工程的意见》明确把加强学科竞赛工作纳入"实践教学与人才培养模式改革创新"的重要建设内容。近年来，随着国家高等教育教学体制和科学技术体制改革的深入，以"创新创业"为主旨的各类各级大学生学科竞赛"百家争鸣、百花齐放"，学科竞赛已成为绝大多数高校实践教学的重要组成部分，在教学互动方面、培养动手实践能力以及培养创新能力等方面都起到了重要作用，尤其是在实践教学效果不明显，实践教学环节较弱的经管类专业更为明显。

学科竞赛是在紧密结合实践教学的基础上，以竞赛的方法，激发学生理论联系实际和独立工作的能力，通过实践来发现问题、解决问题，培养学生学习兴趣，增强学生学习自信心的系列化活动。实践教学与学科竞赛相结合，是一条培养高素质和创新能力人才的重要途径。以学科竞赛为载体，搭建学生创新平台，引领实践教学改革，开发实践教学方法和手段，以学科竞赛推动教改，提高教学质量，最终提高培养创新人才的质量，形成以学科竞赛为依托、以培养应用型创新人才为目标的实践教学体系，培养优秀的经管人才。

一、国内外研究现状

1. 国外研究现状

在德国、日本等高等教育发展较好的国家，通过技能竞赛来完善律法，完善的律法一般包括技能竞赛制度、职业培训法等，以此更好地推动教育的长足发展，形成一个良性循环。同时竞赛所具有的特性也推动了教育的公平性和积极性发展。国外关于技能竞赛的研究主要是从技能竞赛对学生的影响、技能竞赛对教育政策等方面影响以及技能竞赛对社会的意义几个角度来梳理。学者劳利·萨默斯（Laurie Somers）在经过诸多实践调研后得出：在校期间积极参与学校组织技能竞赛的学生，不仅仅提升了自己的学习成绩和专业技能，对于生活的其他领域也有不少收获，增强了对于知识的渴望和参与的积极性，并且经过后续调查，学生在毕业后都在自个专业领域有着优异的成绩。

2. 国内研究现状

学科竞赛的开展切实有效地提高了学生的实践创新能力。研究指出大学生学科竞赛作为融合课内课外实践教学的必要环节，能不断激发学生的求知欲，对培养学生的创新精神、协作精神、应急问题的解决能力和操作动手能力起到极为重要的推动作用（王晓勇，2018；周治瑜，2017）。学生参加学科竞赛，更重要的是学生从学科竞赛中学会分析问题，通过不同的角度去思考问题，提出具有创造性的观点来设计一种能合理有效解决问题的新方案，在这一过程中培养学生的创新思维和实践能力（梁化奎，2016）。顾文豪（2013）等学者指出高校应该在教学中融入学科竞赛因素，使专业知识与社会实际生活紧密联系，开启大学生活跃的思维，不仅给他们创造了学习机会，还满足学生自我表现的欲望，获得自我认同感，从而大大调动了学生对专业知识研究的积极性。

成果导向教育（OBE）是20世纪90年代发展起来的以产出成果为导向的教育理念（Spady，1994）。与传统教育模式相比，OBE更加注重学习者的自我探索和自我学习能力的培养，及未来从事相关工作的能力（唐凤翔等，2019），是对传统以"以内容为本"教育范式的一种变革，在美国、英国、加拿大等国家 OBE 已成为教育改革的主流理念。目前国内高校关于 OBE 理念主要应用于专业理论课程教学中（阎欲晓，2020；李晓岩等，2020；张力，2021），很少应用于创新创业类的实践课程教学中。

二、学科竞赛在经管类专业中存在的问题

经管类课程中的实践环节，由于实训条件和技术不到位，很多实训课程已沦为模拟环境中的"教学游戏"，教学效果不好，而基于 OBE 导向的学科竞赛具有很好的实践价值、更能培养学生的实践能力和综合创新精神，但是在实施中尚存在一定问题。

1. 学科竞赛没有融入课程教学实践，二者分离

目前大学经管类专业已开始注重开展学科竞赛，但学科竞赛游离于课程实践教学体系之外，以第二课堂形式开展活动，以增强学生的学习兴趣，调动学生学习的积极性为主，如何把学科竞赛融入课程实践教学体系，尚处于摸索阶段，也必将对学生的实践能力起到极大的促进作用。

2. 师生为赛而赛，脱离实践教学的目标

学生不理解学科竞赛的真正意义，而许多教师也不能完全理解学科竞赛的本质，学生参加学科竞赛往往是为了获得学科竞赛的奖金及证书，教师为了职称评定、奖金等，均带有一定的功利性，重在获奖，而忽视了学科竞赛对学生的知识拓展和专业能力的锻炼本质。

3. 教师的学科竞赛实践指导能力相对不足

高校教师长期从事传统教学，传统教学比较重视理论教学，轻视实践教学，导致教师的知识结构和能力结构相对缺乏实践能力，另外，高校对学科竞赛的重视程度不够，在教师评职、晋升等方面影响力较小，

使得教师对学科竞赛投入力度不够，综上所述，教师实践能力匮乏及投入力度不够不利于实践教学有效开展，更难以全面有效地指导学科竞赛。

三、以"市场调查与预测"课程为例的"赛教融合"模式

1. 可行性分析

"市场调查与预测"是市场营销专业的主干核心课程，也是其他相关联专业的重要课程，更是经管类大学生应具备的调研分析技能。它主要研究市场调查的基本理论和基本技术，培养目标是使学生对市场调查能有一个系统的理解，市场调查不等于问卷调查；使学生掌握市场调查的基本思想、基本过程、基本方法，并能初步应用 SPSS 软件进行分析；使学生能实地做好一项市场调查，解决具体实际问题。作为企业进行经营和决策的依据，市场调查是一门理论性与实践性都很强的学科，因此，以多媒体为载体的传统课堂教学模式，无法实现应用型人才的培养目标。

全国大学生市场调查与分析大赛（简称 CRA）由中国商业统计学会主办，旨在引导大学生创新和实践，提高学生的组织、策划、调查实施和数据处理与分析等专业实战能力，培养学生的社会责任感、服务意识、市场敏锐度和团队协作精神。竞赛形式：由 3~5 名选手组成一个团队，各参赛队自选题目，设计调查方案和调查问卷，通过完整的市场调查过程获得样本数据，采用合理的方法分析数据，形成市场调查报告。赛事周期较长，时间安排：每年的 10~12 月为启动期，各参赛学校举办校园选拔赛；每年 3~4 月为省级选拔赛；每年 5 月末为全国决赛。

学校市场营销专业的"市场调查与预测"课程一般开设在秋季学期，与大赛校园选拔赛的时间吻合，将大赛与课程融合起来在时间上是可行的；二者理论知识培养目标一致：都要求掌握市场调查基本流程；

能够根据市场调查目的，选择科学合理的市场调查组织方式，并进行初步的抽样设计；能够熟练掌握市场调查方案的设计；通晓各种市场调查方法的利弊与应用范围；能够比较规范地设计问卷，知道问卷设计时应注意的问题；能够利用相关统计软件进行数据整理与分析；能够根据市场调查数据分析结果撰写市场调研报告与制作口头汇报 PPT。二者实践能力培养目标一致：都要求培养学生分析问题与解决问题的能力，培养学生实地调查能力，培养学生自主学习、查阅文献能力，培养学生团队协作与沟通能力，培养学生语言表达能力。因此，以 CRA 为平台的"市场调查与预测"课程"赛教融合"改革模式是可行的。

2. 构建思路

基于"成果导向教育"理念，强调"学生中心、成果导向、持续改进"，项目以"市场调查与预测"课程为改革对象，深入开展学科竞赛与课程建设研究与实践，以一个平台（市场调查与分析大赛）为牵动，开展线上线下两个课堂的混合式教学模式，达到知识目标、能力目标、素质目标的三阶段课程目标，实现四结合人才培养模式，打造"市场调查与预测"课程"一平台"、"两课堂"、"三阶段"、"四结合"的"赛教融合"教学改革体系（见图 12-1），构建复合型高素质市场营销人才培养模式。

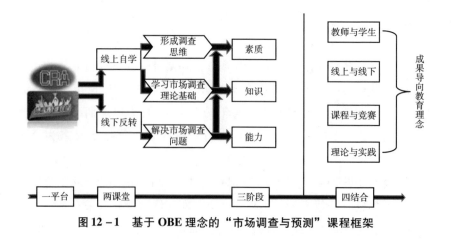

图 12-1　基于 OBE 理念的"市场调查与预测"课程框架

3. 创新与特色

本课程打造的"一平台""两课堂""三阶段""四结合"的教学改革体系不是片面的改革点,而是一个闭环循环系统,以"市场调查与分析"大赛的项目培育、参赛过程、成果转化等为主要过程进行横向联通和纵向延伸,使改革体系中的各元素有机结合、相互作用,打造以学生为中心、以成果为导向,最终实现立德树人,以赛育人,为培养实践能力强的高素质应用型人才提供新途径、新动能。

四、"市场调查与预测"课程"赛教融合"实施方案

1. 一平台

为强化课程教学中对学生应用能力的培养,将 CRA 与"市场调查与预测"课程教学有效融合,以大赛为导向,以大赛为目标,安排课程教学活动与教学内容,根据大赛要求,每个项目由 3~5 名学生组成团队,指定一名队长,整个教学过程都以团队为单位开展,要求每个团队按步骤完成一个调查项目,实现"边学边做""做中学,学中做",鼓励学生理论与实践对接,真正做到理论应用于实践,实践丰富理论,共同促进对市场调查全过程系统的掌握。

以大赛为导向,将大赛贯穿于全课程的教学模式激发了学生学习市场调查知识的热情,提高学习效果,学习不再是枯燥乏味,不再是无用功,真正体会到市场调查解决实际问题的能力。相对于传统教学模式,以大赛为导向的教学模式教学中心是学生,教师的角色主要是指导与引导,指导学生如何运用知识操作实践,解答疑惑,引导学生朝着正确的方向前进,学生有更广阔的自主学习机会,参与度很高,并且有为之奋斗的源源动力,对知识的渴望由被动变为主动构建,学生的应用能力与创新能力会大幅提高。

2. 两课堂

充分利用网络智慧教育资源的优势，开展线上自主学习和线下翻转课堂混合教学方式。线上课堂实施基于"速课网"移动教学应用工具平台，构建课程内容体系、课程载体应用、评价及管理学习过程等多维度的整体改革，完成以学生为中心的课程设计及移动教学资源的开发。利用移动教学云管理平台，进行基于过程性评价的学业管理方法，为"1+N"评价体系提供支持。通过线上自主学习与讨论、定期考核的方式完成对市场调查理论知识的传授，以解决学生对理论知识不感兴趣、不重视的问题。

线下翻转课堂采用"项目教学法"（见表 12-1），以完成一个市场调查实践项目，七个模块项目（1+7）为主线，经历团队建设、市场调研、项目设计实施、成果展示等全过程，老师指导学生边学边做，边做边讨论，逐步达成共识，学生思维能力、语言表达能力、执行能力、领导能力、团结协作能力等核心通用能力在实践中得到有效提升。

表 12-1   "市场调查与预测"项目教学任务表

总项目	模块项目	计划用时（周）	考核手段
市场调查	（1）确定调查项目、调查对象	1~3	以大赛评价体系为依据
	（2）制定调查方案，明确调查方式与方法	4~5	以提交的调查方案合理性为依据
	（3）设计调查问卷	6~7	以大赛评价体系为依据
	（4）抽样设计及样本量确定	8~9	以大赛评价体系为依据
	（5）实施调查，数据整理及分析	10~12	以回收的信息质量为依据
	（6）撰写市场调查报告	13~16	以大赛评价体系为依据
	（7）PPT 展示与答辩	17	以大赛评价体系为依据

3. 三阶段

通过自主学习、"赛教融合"、成果转化构成一条主线，系统地、分步地、逐级地达到知识、能力、素质三阶段课程目标。

第一阶段（知识目标）：使学生掌握市场调查与预测的基本理论和基本知识，包括市场调查的基本原理、步骤、方式方法、抽样设计技术、问卷设计，以及市场预测的基本原理，定性预测方法、回归预测方法以及时间序列预测方法等。

第二阶段（能力目标）：通过开展实际调查项目，使学生能运用市场调查知识体系，具备独立完成市场调查的实践能力，包括掌握 SPSS 统计软件的基本操作，能够对调查获取的数据进行简单的加工和处理，并且运用统计分析方法得到分析结果，撰写市场调查报告等。

第三阶段（素质目标）：通过理论与实践结合，使学生形成良好的数据分析思维和崇高的职业品德，以适应数字时代我国企业经济活动的市场信息收集和分析的需要，进而为市场营销决策提供服务。

4. 四结合

构建"线上与线下，教师与学生，课程与竞赛，理论与实践"四结合的"赛教融合"模式，线上自学与线下翻转相互配合，促进市场调查理论知识与实践技能共同提高，实现专业课与学科竞赛深入融合，形成以学生为中心，教师为指导的新型师生互动关系，达到培养应用型创新人才目标。

五、"市场调查与预测"课程"赛教融合"实施路径

1. 构建"赛教融合"深入循环体系

依据竞赛项目对教学体系进行合理改革和设置，基于竞赛要求对学生的专业知识、实践能力进行训练，实现学生的专业技能水平与专业实践能力的整体提高，最终达到学科竞赛与课程教学的有机、深度融合。以学科竞赛为载体，搭建学生创新平台，引领实践教学改革，开发实践教学方法和手段，以学科竞赛推动教改，提高教学质量，最终提高培养创新人才的质量，形成以学科竞赛为依托、以培养应用型创新人才为目标的实践教学体系。同时随着学科竞赛的开展，教师也可以在参与的过

程中改善自己教学方式和教学方法,从而推动教育教学改革,真正实现"以赛促学、以赛促教、以赛促创、以赛育人",有效促进专业课程建设和人才培养质量的提升(见图12-2)。

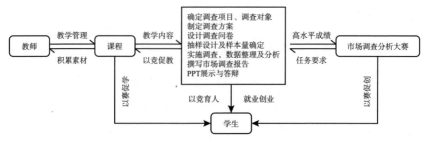

图12-2 "市场调查与预测"课程"赛教融合"循环体系

2. 打造"课程—市场调研—企业"的校企新合作模式

校企合作对于提升学生专业素养、增强学生实践能力,实现学生培养与行业需求、岗位要求相协调有重要意义。近年来,完成"市场调查与分析"大赛指定企业(正大食品)命题调查课题2项;同时与大连达利凯普科技有限公司、国家统计局大连调查队建立长期合作,参与企业委托命题3项;正在与沈阳云创未来科技有限公司签订深度协同合作协议,助力大连大学"市场调查与预测"课程改革,通过参与企业调研项目、联合开发实训课程等多种形式让学生获得高水平行家指导、高质量实践经历、高价值就业技能,促进市场调查项目成果转化,加深了学生与社会、行业的联系,培养学生的社会责任感、服务意识,创新精神和解决实际问题的能力,促进了人才培养供给侧和行业需求侧结构要素的融合。

3. 构建立体化、多维度课程评价体系

该课程采用线上线下混合式教学模式,注重学生学习的过程性评价,由线上学习与线下学习两部分成绩构成,总分100分(见表12-2)。

表 12 – 2　　　　　"市场调查与预测"课程考核标准

成绩构成	评价方式	评价依据
平时成绩 （40%）	线上学习结果 （40%）	根据线上微课件的学习完成情况（包含课件自学、作业、讨论等），根据速课平台所提供的每个学生完整的学习数据来评定线上自主学习部分的成绩
	课后作业 （50%）	主要考核学生对每章节知识点的复习、理解和掌握程度；每次作业单独评分
	出勤及课堂表现 （10%）	对学生的课堂活动评价，如参与讨论、发言的踊跃程度及正确率并结合出勤情况评分
上机 （10%）	课堂作业 （50%）	完成每章节知识点的作业任务，每次作业单独评分
	操作考核 （50%）	学生实验仪器使用及操作 SPSS 的熟练程度及准确性，分析问题准确性等
市场调查报告 （50%）	报告评阅 （70%）	考核学生独立实施市场调查全过程的水平，包括研究选题、文献研究、方案设计、调查实施、分析与结论，报告文本规范性等内容
	现场答辩 （30%）	考核学生 PPT 展示文件水平，清楚阐述问题与观点的能力，准确回答问题的素质能力

　　由于市场调查课程侧重实践性的特点，因此对学生进行过程式、综合性、多样化考核：一是打破传统期末闭卷考试的考核方式，改为开放考核方式。二是引入校内外同行专家、企业导师、学生同时评价，不再仅由任课教师一人评价，规避开放考试中任课教师的主观性评价问题。三是构建"1 + N"考核体系，即"一份市场调查报告 + N 元过程性评价"，其中 N 元过程性评价包括：线上学习结果（由网站平台提供完整个人学习成绩），阶段性模块项目评价结果（老师 + 学生共评），上机操作结果（老师评阅），课堂讨论及个人表现等。四是将大赛的评价机制纳入考核体系设计，市场调查报告评阅与"市场调查与分析大赛大连大学选拔赛"同时进行，以校级选拔赛成绩计入期末市场调查报告成绩；五是"团队 + 个人"同时考核，项目以团队赋分，个人按对项目

的贡献程度权重赋分，保证公平公正，有效解决"搭便车"行为，使学生都能充分发挥自己的才能。

六、"赛教融合"模式的实施效果

2018～2021 年，市场营销专业学生在"市场调查与预测"课程"赛教融合"模式下积极参加学科竞赛，取得"市场调查与分析大赛"国家一等奖 3 项，国家二等奖 2 项，国家三等奖 3 项的优异成绩，23 人获奖（见表 12-3）；同时在辽宁省"市场调查与分析大赛"中累计获得 20 余项省级奖项，共有 80 余名学生受益，近两年市场营销专业学生 100% 参赛。除了"市场调查与分析大赛"以外，学生们还在"互联网＋"创新创业大赛、挑战杯、农村经济建模大赛、节能减排大赛等重要学科竞赛上获得奖励。

表 12-3　　　2018～2021 年"市场调查与分析大赛"国家级获奖情况

作品名称	团队成员	奖项
大连市蓝莓苗木满意度调查	李曜菊、苏婷、王佳婧、黄玉霞	全国一等奖
为"胃"来，也为未来	蔡金霞、葛彦兵、丁郡、何艳柳	全国一等奖
如何"抖"出精彩——抖音用户满意度的调查研究	陶冶、赵利臣、郭泳麟、何湘宁	全国一等奖
"贝"遗忘的雕刻时光——大连贝雕文化调查	郑洋、李嘉慧、赵利臣	全国二等奖
线上之约，"新鲜感"到"新常态"	蔺娇阳	全国二等奖
"作茧不自缚"——个性化推送下微博用户"信息茧房"效应调查研究	杨一凡、孙蕾、陆雪、刘建军、马雯飞	全国三等奖

作品名称	团队成员	奖项
同心协力,一起战疫——大学生"新冠疫情"认知态度对生活方式的影响调查	陆雪、杜璇、樊宁馨、聂思文	全国三等奖
新能源,新未来——新能源汽车消费者购买意愿影响因素调查研究	杨一凡、孙蕾	全国三等奖

以学科竞赛为载体,一方面实现竞赛成果输出转化,近几年学校由"市场调查与分析大赛"转化形成 10 篇中英论文(见表 12 – 4),在国内外刊物发表,完成 2 项国家级大创项目,7 项省级大创项目,申请专利 1 项。另一方面通过参加学科竞赛充分培养了学生的组织协调、人际沟通、演讲与口才、文案写作及 PPT 制作等多方面能力,培养了学生自主创新、敢于竞争和自我挑战精神,实现了学生的实际应用和学以致用能力,提升了学生的创新、创业的综合素质。刘一凡等 6 人获得省级优秀毕业生,谢超等 7 人获得国家奖学金,李思奇、孙子茹获得"大连大学最美学生"称号,肖瑶等人考入理想的学校攻读研究生,学科竞赛为研究生复试及录取提供重要经历,为高质量就业创业提供保障。

表 12 – 4　　　　　　　　学科竞赛转化发表论文情况

论文题目	作者	发表刊物
退休老年人再就业问题调查研究——以大连市为例	刘一凡、郑毅敏	中国市场
基于民众视角的贝雕文化现状调查及保护路径探索——以大连市为研究对象	朱丽蒙、王爽	中国市场
大连市餐饮企业微信公众号运营及推广策略	刘一凡、王爽	全国流通经济
VR 视频产品的消费者偏好分析	杨晓东、郑毅敏	全国流通经济
基于模糊综合评价的网约车乘客满意度研究	陈秋婵、王爽	现代商业
第三方移动支付平台满意度及其影响因素分析——基于大连市居民的调查	孙琪、王爽	全国流通经济

论文题目	作者	发表刊物
大学生新冠疫情认知态度及对生活方式影响研究	陆雪、郑毅敏	中国教工
Empirical Study on Impact Factors of Short Video Information Credibility	王爽、毕于淇、李雁宙	ICIC Express Letters
Research on Tik Tok Users' Satisfaction Based on Fuzzy Comprehensive Evaluation	毕于淇、李雁宙、王爽	ICIC Express Letters
基于结构方程的短视频信息可信度影响因素研究	刘增慧、谢超、孙旭燕	传媒论坛

七、"赛教融合"成果展示

案例1　如何"抖"出精彩——抖音用户满意度调查报告

（2021年大学生市场调查与分析大赛全国一等奖）

学生：朱丽蒙　指导教师：王爽副教授

一、引言

"抖音""快手""火山"等是在互联网发展的红利时期催生出的短视频媒介。短视频成了信息传播成本最低、时效性最好的信息传播平台，这不仅打破了传统的用户定位观念同时也让商家开始从传统的宣传模式逐渐向自媒体和短视频传播靠拢。抖音App于2016年9月上线，是短视频领域的代表性产品，截至2020年1月，抖音日活跃用户数突破4亿。抖音以强大的用户基础以及独特的音乐传播文化，为流行赋予更多能量。抖音短视频这样的"流量老虎"在移动网络中的关注度和分享量产生了爆发性增长。碎片化的娱乐需求带来了信息源和媒体内容的"短精小"，短视频体积小承载信息丰富的优势在移动网络高速发展的时代，优势逐渐凸显，更直观、更多维、更立体的展示形式，满足大众的心理诉求，以至于很多专家学者开始投身于短视频传播的研究和探索。但抖音 App 仅靠单一的娱乐性短视频内容，很容易让用户产生审美疲劳，从而造成用户的大量流失。因此，抖音 App 需要发展规划，形成健康可持续发展的趋势，为了促进抖音短视频 App 的产品升级，给用户营造良好的使用体验，必须要正视并解决存在的问题。

二、调查方案策划

（一）调查目的

根据抖音及相关短视频平台产品开发、改进的要求，通过规范式的抽样调查，研究和分析抖音各方面的用户满意度，从而反映出其存在的优势和问题，为后续相关产品的开发、改进、加强提供依据，使其更好地满足用户需求。

（二）调查内容

1. 了解抖音短视频用户的基本特征，为抖音用户进行画像。

2. 调查用户对抖音短视频的使用习惯及偏好，掌握用户使用过程可能存在的问题和偏好，为改进平台不足之处和提升平台满意度提供参考。

3. 调查用户对抖音短视频的满意度。通过从感知视频内容、感知便捷性、感知电商、感知社交、感知服务质量、顾客期望、感知价值七个维度进行分析。调查用户对抖音各维度的满意情况，从而发现平台存在的不足，寻求解决方案，使抖音更贴合用户需求，提高市场竞争力。

（三）调查对象及范围

本次调查的范围在大连市开展；调查对象为大连市常住人口，考虑到抖音的受众群体以成年人为主，所以本调查也以抖音主流受众人群为主要调查对象。

（四）样本容量及计算

从实际情况出发，将抽样平均误差定在 5%。根据样本容量计算公式可得，所需样本容量为：$n = \dfrac{Nt^2\sigma^2}{N\Delta^2 + t^2\sigma^2}$，$N = 700$，由于在 95% 的置信区间要求下，$t = 1.96$，$\Delta = 0.05$，$\sigma^2 = 0.25$，得出 $n = 386$。考虑调查实际情况，可以将样本量提高到 800 份。

（五）抽样设计

第一部分：实地调查。

实地调查采用判断抽样 + 方便抽样 + 配额抽样方法。具体抽样过程如下。

首先，在抽样总体中，实地调查按照判断抽样方法抽选 5 个行政区：中山区、甘井子区、金州区、旅顺口区、高新园区。从大连繁荣的市中心中山区到发展较落后的郊区甘井子，再到面积最大最晚划分归大连的金州区。

其次，在每个行政区按照判断抽样方法各抽选 2 个调查地点，共计10 个调查地点：甘井子区大商新玛特商场、甘井子区公园；中山区劳动公园、青泥洼桥商圈；金州区安盛广场商圈、万达广场；旅顺口区瑞鑫购物商圈、大学城附近居民区；高新园区万达广场、锦辉购物广场。10 个地区样本比例为 12∶8∶10∶14∶10∶6∶7∶5∶8∶8。

最后，在每个调查地点按照方便抽样方法抽选市民。根据 Quest Mobile 2019 年 6 月短视频行业数据信息显示：抖音男性用户与女性用户占比约为 1∶1，"00 后"及以下的用户占 10%、"90 后"用户占 40%、"80 后"用户占 36.76%、"70 后"及以上的用户占 13.4%。根据用户特征显示具体配额设计如下。

按照男女比例 1∶1，年龄"00 后"及以下、"90 后"、"80 后"、"70 后"、"60 后"及以上比例约 10%、40%、35%、10%、5%，进行两变量交叉配额，样本计划构成如表 1 所示。

表 1　　　　　　　　　　　样本计划分配表　　　　　　　单位：人

性别	"00 后"及以下	"90 后"	"80 后"	"70 后"	"60 后"及以上	合计
男	40	160	140	40	20	400
女	40	160	140	40	20	400
合计	80	320	280	80	40	800

第二部分：网络调查。

项目组开展了网络调查进行问卷发放。项目组成员通过问卷星平台进行问卷发放，借助问卷星平台收集数据；此外，还在朋友圈、QQ 空间等社交媒体向周围亲属、朋友、同学等进行问卷发放，再进一步通过朋友们向身边人进行问卷的二次发放（见图 1）。

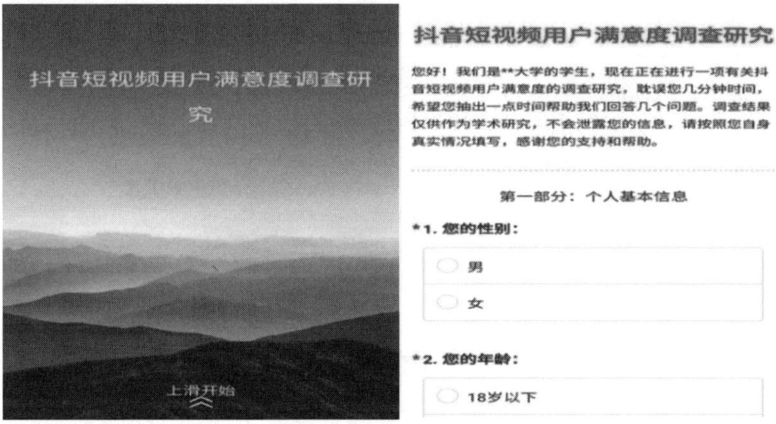

图 1　网络调查截图

（六）调查方法

项目调查方法采用街头拦截式访问、网络调查法。项目过程历时四周，利用周末和工作日下午为主要调查时间，分成两小组，共收回纸质版问卷 440 份。在问卷星以及微信朋友圈、QQ 空间等社交媒体发放电子问卷，共收回电子问卷 360 份。

三、抖音用户的描述统计分析

本调查回收 800 份，有效问卷 776 份。其中实地调查回收 440 份，有效 427 份，有效回收率 97.05%；网络调查回收 360 份，有效 349 份，有效回收率 96.94%。对回收的 776 份数据进行整理，分析被调查样本的人口统计特征及使用抖音 App 的分布情况。

（一）抖音用户的基本特征

在使用抖音的被调查者中，女性占 52.06%，男性占 47.94%，见

图2（a），因为不同性别的人群对新鲜事物的接受程度不同，另外考虑到参与抖音使用的群体中，女性使用的可能性略高于男性。由于在潮流时尚方面女性的接触度更高，女性更加愿意进行自我展示，拍摄或者发布视频，因此在选取调查对象时女性略高于男性。此外，参与调查的年轻人和部分中年人是主要使用人群，见图2（b）。

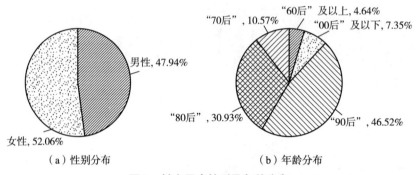

（a）性别分布　　　　　　　　（b）年龄分布

图2　抖音用户性别及年龄分布

在使用抖音的被调查者中，大学、大专学历的比例占据了49.48%，研究生及以上学历占据了16.49%，高中、中专占29.64%，初中及以下为4.38%（见图3）。随着学历的提高，人们接触网络并使用网络的比例在逐渐升高，接触新鲜事物的能力越强，因此更乐于填写问卷。

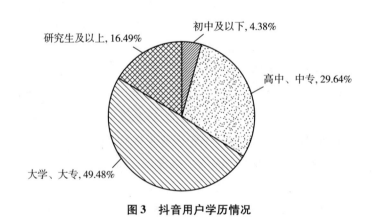

图3　抖音用户学历情况

（二）抖音用户的使用行为调查

通过调查使用者每天使用抖音情况发现，每天使用 30~60 分钟的人数最多占 35.35%，每天使用 60~90 分钟占 24.02%，而 120 分钟以上仅有 7.23%。抖音 App 大部分视频的时间在 30~60 秒之内，用户群体每天刷视频都是在较为零散的时间，刷视频总时间也不会太长（见图 4）。

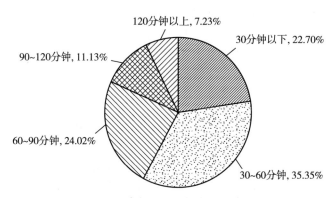

图 4　用户每天使用抖音时长情况

1. 年龄对使用抖音时长有显著差异

对用户年龄与每天使用抖音时长进行交叉分析，根据表 2 数据显示："00 后"及以下被访者每天使用抖音 30 分钟以内最多占 36.4%，60% 的"00 后"以下被访者每天使用抖音的时间小于 1 小时，"90 后""80 后""70 后"被访者每天使用抖音 30~60 分钟最多，此年龄段约有 50% 的被访者每天使用抖音小于 1 小时，通过卡方检验的结果：年龄与每天使用时长的 Pearson 卡方 0.000<0.05，拒绝原假设，说明年龄与每天使用时长具有相关性。出现这一现象的原因是"00 后"及以下的被访者学业负担重，课余时间较少。"90 后""80 后""70 后"被访者由于学习压力或工作压力大，空余时间较少，而退休人员较多，空余时间丰富，使用抖音时间较多。

表2 　　　　　　　　　年龄与每天使用时长的卡方检验

项目	值	自由度	渐进显著性（双侧）
年龄与使用时长	67.332	20	0.000

2. 性别对使用抖音时长无显著差异

如图5所示，对用户性别与每天使用抖音时长进行交叉分析，根据表3数据显示：在被访者中男、女每天使用抖音时长结构相似。通过卡方检验的结果：性别与使用时长的 Pearson 卡方 0.06 > 0.05，支持原假设，说明性别与使用时长不具有相关性。性别对被访者每天使用抖音时长影响不大。

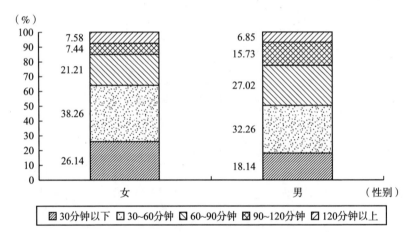

图5　抖音用户性别与每天使用时长

表3 　　　　　　　　　性别与使用时长的卡方检验

项目	值	自由度	渐进显著性（双侧）
性别与使用时长	16.130	5	0.06

（三）抖音用户经常观看的视频类型

抖音内容涵盖多个领域，通过调查被访者经常观看短视频的类型发现（见图6），有 61.52% 的人经常观看幽默搞笑类视频，列居第一位。观看医疗保健类最少有 7.23%，影视综艺剪辑、生活技能分享、网络红人/明星分享三者相差不多，在 38% 左右。

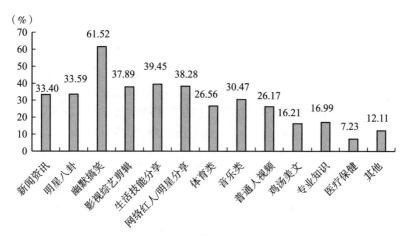

图6 抖音用户经常观看的视频类型

性别对经常观看的视频类型有显著差异。如图7所示，对用户性别与经常观看的视频类型进行交叉分析，通过表4卡方检验的结果：性别与经常观看的视频类型的 Pearson 卡方 $0.000 < 0.05$，拒绝原假设，说明性别与经常观看的视频类型具有相关性。这与女生更喜欢追求潮流时尚、追剧、关注娱乐圈信息，男性更喜欢体育运动、实际与生活相关的事物有关。

四、用户满意度的综合评价

（一）信度与效度检验

为了了解量表数据及内容是否合理、有效，利用 SPSS 对各维度分量表及总量表进行了信度与效度分析，得到了各量表及总量表的 Cronbach'α 系数与 KMO 值如表5所示。

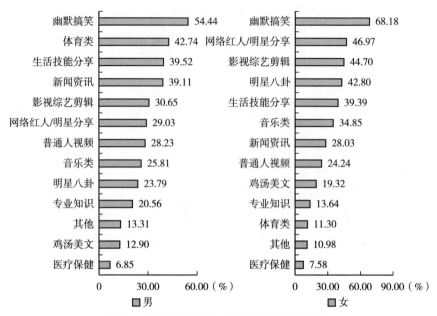

图7　抖音用户性别与经常观看的视频类型

表4　　　　　性别与经常观看视频类型的卡方检验

项目	值	自由度	渐进显著性（双侧）
性别与经常观看的视频类型	97.112	12	0.000

表5　　　　　各维度量表及总量表信度分析表

变量	题项	Cronbach's α 系数	KOM 值
总量表	29	0.999	0.911
感知视频内容	4	0.862	0.872
感知便捷性	5	0.876	0.746
感知电商	4	0.835	0.837
感知社交	3	0.845	0.735
感知服务质量	7	0.867	0.781

续表

变量	题项	Cronbach's α 系数	KOM 值
顾客期望	4	0.884	0.715
感知价值	2	0.857	0.869

由表 5 可知：无论是分量表还是总量表，其 Cronbach's α 系数值都超过了 0.8、KOM 值均超过了 0.7，表明文章所用的调查问卷内部一致性良好，具有良好的信度和效度。

（二）模糊综合评价过程

首先，对数据进行归一化处理，最终得到抖音用户满意度指标隶属度统计表。其次，利用层次分析法计算一级指标与二级指标的主观权重 W_i，再利用熵值法计算二级指标的熵值并对熵值进行归一化处理得到了一级指标的熵值 W_i'，最后利用层次分析法和熵值法的集合方法根据公式（1）计算得到了各二级指标的权重与一级指标的综合权重。

$$W_i'' = 0.5(W + W_i') \tag{1}$$

其中一级指标的权重如表 6 所示。

表6　　　　　　　　　各一级指标的权重

指标	权重
感知视频内容	0.150
感知便捷性	0.054
感知电商	0.068
感知社交	0.035
感知服务质量	0.116
顾客期望	0.219
感知价值	0.358

Likert 5 级量表作为测评指标的判断集，再通过矩阵合成运算法中

加权平均型中的 M($\cdot$, $\oplus$) 计算出各指标的综合评价值 V_j。最后使用公式 (2) 计算出了总体满意度为 3.543，介于一般和比较满意之间，可以说明抖音的满意度总体呈现较满意的状态。

$$V_{\text{总}} = \sum_{j=1}^{n} b_j v_j \qquad (2)$$

其中，v_j 表示综合评价值，b_j 表示评价等级。

根据公式 (2) 计算出各一级指标的满意度值如表 7 所示。

表 7　　　　　　　　　　各一级指标的满意度

指标	满意度
感知视频内容	3.6316
感知便捷性	3.2627
感知电商	3.5404
感知社交	3.2626
感知服务质量	3.3696
顾客期望	3.6261
感知价值	3.5813

五、结论及建议

(一) 主要结论

通过对大连市民的调查研究，运用 Excel、SPSS 和 Matlab 软件对调查数据进行分析处理，综合运用描述性统计分析、交叉分析、相关因素分析、层次分析法等方法进行研究，主要得出以下结论。

1. 抖音满足主流所需

抖音视频内容丰富，涵盖范围广。视频内容碎片化，符合时代潮流。

2. 用户使用习惯存在差异

通过对被访者使用抖音的行为习惯进行调查，年龄对使用时长有显著影响。性别、年龄对观看的视频类型存在显著影响，女生更喜欢追求潮流时尚、追剧等视频内容。男性更喜欢体育运动、实际与生活相关的内容。

3. 用户特征影响满意度评价

年龄在五六十岁及以上的用户对感知社交的满意度偏低；男性对感知视频内容的满意度略低；公务员因为其职业素养更为严谨，对互联网上软件的要求更高，对感知社交、感知便捷性、感知服务质量、顾客期望、感知价值、感知电商的满意度较低。

4. 抖音各维度满意度存在差异

通过调查分析得出抖音用户的满意度数值为3.543；感知便捷性和感知社交两者满意度最低，满意度均为3.263；顾客期望满意度为3.626，感知价值为3.581，较高于平均指标值；感知电商和感知服务质量等指标低于平均指标水平。

5. 抖音电商处于初级阶段，电商品质与服务难以保障

调查发现，仅有20.51%的被访者使用过购物功能，13.6%的被访者对抖音交易过程中的安全性不满意，近50%用户对抖音商品售后服务不满意。

（二）提高抖音用户满意度的建议

1. 加强对视频内容和电子商务的管理

优化视频类型结构，根据不同年龄、职业、性别的用户对短视频内容的需求针对性推送。使用全面监督方式，设置方便用户举报的链接。开拓专属播放区，落实网购保护政策。同时加大管制力度，对私下售卖的店家进行处理。建立信用评价体系，对商家进行进一步监督。

2. 简化操作流程，加强用户体验感受

为简化视频内容分享程序，可与其他社交平台或社交软件达成合作，获取其他软件许可，插入小程序，简化分享过程。推出多种选择解决用户流量问题，进一步提高抖音平台的流畅性。

3. 强化抖音短视频的社交功能

首先增加奖励机制，培养用户习惯。其次发展"网红经济"，增强平台黏性。此外，还应寻找热门话题，吸引用户关注参与发布视频，并

且设立讨论板块，增加参与度。

六、参赛体会

第十届全国大学生市场调查与分析大赛终于落下帷幕，历时 10 个月的比赛画上了圆满的句号。即使追梦的过程满是艰辛，但这段经历是我最美好的回忆。

从设计问卷、发放问卷、录入问卷、数据分析、撰写调查报告到制作展示 PPT 及视频，从对选题知之甚少到能侃侃而谈，最终实现了共同进步。同样我们也遇到许多困难以及瓶颈期，第一个困难是不会用统计软件，我们找视频自学 Matlab、SPSS，攻克难关。第二个困难是很多高级统计学的知识不能充分理解，报告撰写不够深入，我们就一边翻书自学、一边咨询老师，在老师的指导下，我们能熟练地应用卡方检验、T检验、方差分析等。由于疫情原因，省赛及国赛的展示环节从线下路演变为线上视频展示。为了达到最好的录制效果，我们用家里的蓝色卡纸、窗帘、蓝布、枕头做背景，用手机支架防抖，虽然效果差强人意，但我们已尽最大努力。

市场调查比赛是我大学中最宝贵的一段经历，在这里我学会了SPSS、统计分析、制作 PPT、文稿等等，从不敢上台说话到站在国赛的现场演讲，我收获到的不仅仅是比赛的证书，更是自我的提升。回眸过往，无比感谢那时勇往直前的自己，并肩作战的队友，还有恩师的细心教导。

案例 2 大连市蓝莓苗木市场需求调查报告

(2018 年大学生市场调查与分析大赛全国一等奖)

学生：李耀菊　　指导教师：王爽副教授

一、引言

蓝莓果实内所特有的蓝莓花青素等物质具有提高视力、抗衰老、防癌、治疗心血管和泌尿系统疾病等功效，被誉为"21 世纪功能性保健浆果"和"水果中的皇后"。虽然我国蓝莓产业化起步较晚，但得益于国际和国内市场存在巨大潜力，蓝莓已经成为我国发展最快的新型果品产业。据 2017 年 2 月中国蓝莓产业年度报告显示，2001～2007 年，我国蓝莓种植面积从 24 公顷增加到 1414 公顷，产量达到了 390 吨，蓝莓栽培面积年平均增长率为 95.5%，产量年平均增长率为 208.7%。其中辽宁省气候和土壤条件适宜，已成为我国蓝莓产业发展最为迅速的地区之一，其 2015 年的栽培面积已达 4000 公顷，位于全国第三位。由于蓝莓种植户的大量增加，蓝莓苗木的市场需求快速增加，但是整体蓝莓苗木市场混杂，竞争加剧。种植户究竟需要的是什么特征的蓝莓苗木，在大连这个滨海城市究竟什么样的蓝莓苗木更容易生长等问题仍未解决，文章综合运用多种统计分析方法，结合宏观社会背景与微观数据分析，从目前种植户对蓝莓苗木的需求出发，分析种植户对蓝莓苗木看重的需求特征。

二、调查方案策划

（一）调查目的

本次调查目的旨在通过市场调查了解种植户对于蓝莓苗木的真正需求，一方面可以为蓝莓苗木品种研发、市场推广提供建议；另一方面可以为促进大连蓝莓产业健康发展提供参考，为东北地区实施乡村振兴战略贡献一己之力。

（二）调查内容

本次调查主要内容有以下几点：

（1）了解种植户种植蓝莓的基本情况；

（2）掌握种植户购买蓝莓苗木的渠道、方式等相关问题；

（3）了解种植户对蓝莓产业的未来期望与发展建议；

（4）通过调查种植户购买蓝莓苗木的需求因素入手，收集种植户对蓝莓苗木的市场需求特征，并运用因子分析方法分类并解释这些需求特征。

（三）调查对象及范围

1. 调查对象

本次调查的对象是大连市蓝莓种植户总体。

2. 抽样总体

选取大连市蓝莓种植面积排名前三位的地区，分别是庄河市、瓦房店市、金州区，作为本次调查的抽样总体，进行入户访问调查。

（四）样本容量及计算

在对魏家村种植户进行预调查时，调查结果显示，种植蓝莓的种植户占 72%，没有种植蓝莓的种植户占 28%。置信区间为 95%，根据样本容量计算公式可得，所需样本容量为：$n = \dfrac{Z_{\frac{\alpha}{2}}^2 S^2}{e^2}$，由于 $S^2 = p(1-p)$，因为样本方差 S 是总体方差的无偏估计量，得出 n = 342.76。考虑到回答率和误差的问题，将样本量提高到 345 份。具体样本分布状况为庄河市 187 份，金州区 79 份，瓦房店市 79 份。

（五）抽样设计

本次调查在大连市蓝莓种植的重点地区展开，调查共分为四个阶段。

第一阶段，按大连地区蓝莓种植面积做参考，使用重点调查方式选取调查地区。因此大连市抽样地区为：庄河市、瓦房店市、金州三个蓝莓种植面积前三位的地区，这样更具代表性。并且拟定每个地区抽取样本不同，样本抽取采用三个地区按比例分配，根据 2017 年中国蓝莓产业年度报告、大连蓝莓产业报告资料显示大连市蓝莓种植户数约为 897户，其中庄河市约有 485 户，瓦房店市约有 206 户，金州区约有 206户。然后每个地区的样本量按该地区蓝莓种植户数所占大连市整体蓝莓种植户数的比例分配（见表 1）。

表 1　　　　　　　　第一阶段：各地区样本结构分配表

抽样地区	比例（%）
瓦房店市	23
金州区	24
庄河市	53

第二阶段，根据现有文献资料整理，在每个地区，抽选三个蓝莓种植最具有代表性的乡镇，抽样方法采用判断抽样方法，如表 2 所示。

表2	第二阶段：样本乡镇分配表
抽样地区	抽样乡镇
庄河市	大营镇
	桂云花乡
	吴炉镇
金州区	得胜镇
	杏树街道
	登沙河街道
瓦房店市	谢屯镇
	张屯村
	复州城镇

第三阶段，在每个乡镇，抽选最有代表性的三个村进行调查，由于缺少准确乡镇的种植面积所占总体比例数，但又要保证每个村样本数额与总体规模近似相同，同时为调查方便，因此采用判断抽样方式进行比例分配，调查实施采用面访调查中的居民入户访问。

第四阶段，在每个村内，采用方便抽样，根据调查者方便选取村民，以集中、便捷、村民相互推荐为主要方式，入户进行访问调查，样本结构见表3。

表3	样本结构分配表		单位：户
抽样地区	抽样乡镇	抽样村	样本量
庄河市 （187）	大营镇	马家屯	25
		东方身	25
		关家沟	27
	桂云花乡	和尚岭	22
		北山	19
		下庙	17

抽样地区	抽样乡镇	抽样村	样本量
庄河市 (187)	吴炉镇	长岭子	20
		崔屯村	15
		高家堡	17
金州区 (79)	得胜镇	魏家村	19
		杏树街道	13
		登沙河街道	7
	登沙河街道	东后村	5
		安乐屯	3
		庙沟	5
	杏树街道	杏树街道	27
瓦房店市 (79)	谢屯镇	前进村	16
		左屯	13
		莲花村	12
	张屯村	张屯村	19
	复州城镇	龙河村	6
		曹屯	4
		北村	9

（六）调查方法

考虑到所需调查的内容的特殊性以及调查人员的时间、精力、调查费用等因素，因此采取多阶段抽样的方式，根据调查对象的特征，调查方法是面访调查中的居民入户访问，进行调查获取数据。

三、问卷数据描述性统计分析

考虑到所需调查的内容的特殊性以及被调查者能更好地理解问卷内容，采取面访调查中的居民入户访问调查。本次调查发放 360 份问卷，收回有效问卷 345 份，回收率 95.83%，通过对该样本数据分析，得出以下分析结果。

（一）种植基本情况

由图 1 可见，在此次调查中，蓝莓种植面积在 10 亩以下的有 64 户，所占比例为 18.55%；蓝莓种植面积在 10~20 亩范围的有 141 户，所占比例为 40.87%，蓝莓种植面积在 20~30 亩范围的有 105 户，所占比例为 30.43%；蓝莓种植面积在 30 亩以上的有 35 户，所占比例为 10.15%。其中，根据调查得知，种植户蓝莓种植密度在每亩 350 株左右。

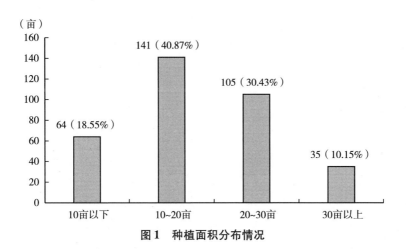

图 1 种植面积分布情况

如图 2 所示，种植户的蓝莓种植年限在 5 年以上的占大多数，共有 179 户，所占比例为 51.88%；其次是蓝莓种植年限在 2~5 年范围的有 136 户，所占比例为 39.42%；最少的是蓝莓种植年限在 2 年以下范围的，有 30 户，所占比例为 8.70%；在种植蓝莓年限上可以看出大多数种植户种植蓝莓达 5 年以上，占整体的 51.88%，其原因是近五年内蓝莓成为当代流行水果，市场需求大，很多种植户开始种植蓝莓，但蓝莓苗木种植后要 3 年才能结果，所以目前大多数有经验的蓝莓种植户都已经种植蓝莓 5 年左右。

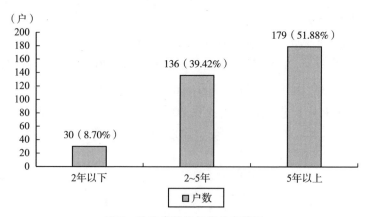

图 2　种植户种植年限分布情况

（二）种植户购买蓝莓苗木价格情况

在本次调查收回的问卷中，如图 3 所示，种植户购买蓝莓苗木价格 6 元/株以下的有 32 户，占整个问卷比例的 9.27%；购买蓝莓苗木价格 7～8 元/株的有 241 户，占整个问卷比例 69.86%；购买蓝莓苗木价格 8～10 元/株的有 52 户，占整个问卷比例的 15.07%；购买蓝莓苗木价格 10 元/株以上的有 20 户，占整个问卷比例的 5.80%。由于不同价格的蓝莓苗在苗木品种、纯度、质量、特性、存活率、果实质量优劣以及研发成本的高低等方面都有所不同，显然，质量越好的蓝莓苗价格越高。所以，种植户们都会在综合其所需蓝莓苗木特质以及苗木栽种成本和最终果实收益等方面各方面因素的前提下进行蓝莓苗木的选择，因此处于中等的 7～8 元/株苗木收到了种植户们的广泛认可。

（三）种植户购买蓝莓苗木最常用的渠道情况

在本次调查中（见图 4），种植户购买蓝莓苗木最常用的渠道是直接联系厂商取货，共有 220 户，占 63.77%；被访种植户普遍表示会受同村其他种植户推荐与影响，出现相同村镇一般会选择同一家蓝莓苗木销售企业的情况。使用零售或者批发渠道的种植户较少，分别是 48 户和 77 户，分别占调查样本总量的 13.91% 和 22.32%。

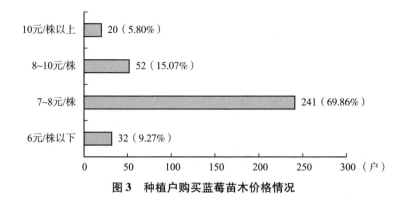

图3 种植户购买蓝莓苗木价格情况

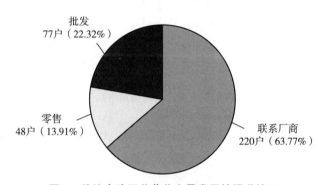

图4 种植户购买蓝莓苗木最常用的渠道情况

（四）种植户最看重的蓝莓苗木品质情况

本次调查发现（见图5），种植户在购买蓝莓苗木时最看重的品质是蓝莓果实大和果实甜度高两种特性，分别有107户和113户，占比31.01%和32.75%，因为这两种特性是最直接的关系和影响种植户蓝莓销量及销售额的因素。

（五）种植户对所购买蓝莓苗木特点了解程度

由图6可知，大部分种植户对其所购买的蓝莓苗木特点是有所了解的，共占调查样本的68.12%，只是了解程度有所不同，其中非常了解的种植户有58户，占调查样本的16.81%，了解的有105户，占30.44%，一般了解的有72户，占20.87%；小部分种植户对其所购买的蓝莓苗木特点是不太了解或者完全不了解，分别有 62 户和 48 户，分别占样本的 17.97% 和 13.91%。

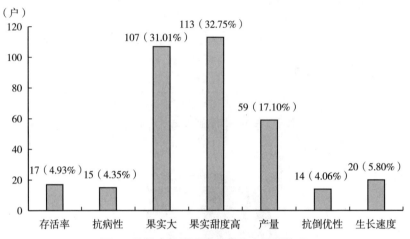

图 5 种植户最看重的蓝莓苗木品质情况

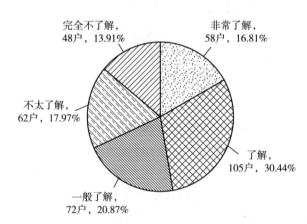

图 6 种植户对所购买蓝莓苗木特点了解程度

（六）种植户希望蓝莓苗木供货商增加服务项目情况

调查表明（见图 7），种植户对蓝莓供应商的服务情况有如下看法。希望供应商增加送货上门服务的有 220 户，占比 63.76%；希望供应商增加前期技术培训的有 92 户，占比 26.67%；希望供应商增加售后跟踪指导服务的有33户，占比9.57%。由此可见，种植户们对于蓝莓苗木种植前后期的技术指导以及售后服务等方面问题的重视程度不够。

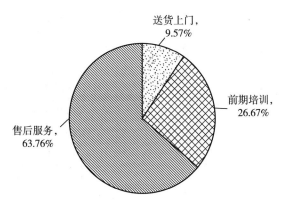

图7　种植户希望蓝莓苗木供货商增加服务项目情况

四、蓝莓苗木需求因素的因子分析

（一）因子分析

运用SPSS软件对量表中数据进行加工处理，进行因子提取及命名，确定成分矩阵，再根据成分矩阵分析数据特征，筛选出准确指标。在问卷设计的过程中项目选取了16个具有代表性的子指标，用来对蓝莓种植户的苗木需求进行因子分析，具体指标见表4。

表4　　　　　　　　　种植户对蓝莓苗木需求体系

项目	需求因素指标
您购买蓝莓苗木时更看重的要素	价格
	生长速度
	存活率
	抗病能力
	纯度
	产量

项目	需求因素指标
您购买蓝莓苗木时更看重的要素	口感
	饱满度
	大小
	成色
	种植过程中的技术支持
	种植前技术培训
	种植后期技术指导
	重定期回访
	供货商有效解答难题
	售后

1. 因子提取

（1）可行性检验。

首先考察收集到的原有变量之间是否存在一定的线性关系，是否适合采用因子分析方法提取因子，首先对其检验。

原假设 H：变量间相关系数矩阵与单位矩阵有显著差异

表5 是变量之间的相关性 KMO 和 Bartlett 检验，用来判断这些变量是否适合进行因子分析。通过表5 可看出这里的 KMO 统计量的值为 0.840，P 值为 0.000，应该拒绝原假设，即原始变量之间存在相关性，也说明了此数据适合进行因子分析。

表5   **KMO 和 Bartlett 的检验**

取样足够度的 Kaiser – Meyer – Olkin 度量		0.840
Bartlett 的球形度检验	近似卡方	2081.186
	自由度	344
	P 值	0.000

（2）提取公因子。

表6中反映了各因子能够解释原始变量总方差的情况。根据提取公因子的特征值大于1的原则，从中提取了四个公因子，其特征值的最初值分别为1.440、1.301、1.272、1.175，四个公因子共解释了原始变量总方差的72.512%，而经过因子旋转之后，可以从表中看出因子旋转前后公因子对原始变量解释的总方差并没有改变，所提取的四个公因子只解释了16个原始变量的72.512%的信息，得出的结果是因子分析效果还算理想。

表6 解释的总方差

成分	初始特征值			提取平方和载入			旋转平方和载入		
	合计	方差的%	累积%	合计	方差的%	累积%	合计	方差的%	累积%
1	1.440	20.187	20.187	1.440	20.187	20.187	1.335	20.187	20.187
2	1.301	18.163	38.350	1.301	18.163	38.350	1.301	18.163	38.350
3	1.272	17.758	56.108	1.272	17.758	56.108	1.285	17.758	56.108
4	1.175	16.404	72.512	1.175	16.404	72.512	1.268	16.404	72.512

2. 使用体验因子命名

（1）确定因子载荷矩阵。

表7是未旋转的因子载荷矩阵，从中可以看出各个公因子从每一个变量中提取的信息量，而且还可以得出在特殊因子忽略不计时的因子模型。但此时因子载荷值之间的差距不是十分明显，对因子命名的说服力也不是很强，而且不能够对所有未旋转的公因子的实际意义作出很好的解释，因此本报告对公因子进行方差最大化的正交旋转。

（2）因子旋转。

由于各个载荷值之间的差距不是很明显，为了使因子分析达到比较好的效果，本报告采用因子旋转的方法（见表8），使因子载荷值出现两极分化，经过旋转后的因子更有实际意义。

表7　　　　　　　　　　　　　　成分矩阵

评价指标	成分			
	1	2	3	4
价格	−0.458	0.075	0.053	0.029
存活率	−0.026	0.199	0.157	0.073
抗病能力	−0.176	0.041	−0.190	0.025
产量	0.162	0.368	0.067	−0.199
纯度	0.236	0.247	0.125	0.025
生长速度	0.092	0.357	−0.413	−0.222
结果口感	0.061	−0.035	0.330	−0.289
结果大小	0.090	0.493	0.507	0.040
结果成色	0.081	0.348	0.611	0.044
结果饱满度	−0.100	0.171	0.449	0.354
种植过程中的技术支持	0.246	−0.189	−0.067	−0.026
种植前技术培训	0.462	0.281	0.083	0.419
种植后技术指导	0.367	0.180	0.107	−0.288
定期回访	0.429	−0.178	0.007	0.541
解答问题	0.113	0.190	0.231	0.319
售后	0.335	0.091	−0.318	0.400

表8　　　　　　　　　　　　　　旋转成分矩阵

评价指标	成分			
	1	2	3	4
价格	0.446	0.091	−0.318	0.400
存活率	0.462	−0.368	0.067	−0.199
抗病能力	0.462	0.281	0.083	0.419
产量	0.458	0.075	0.053	0.029
纯度	0.439	−0.178	0.007	−0.341

评价指标	成分			
	1	2	3	4
生长速度	0.467	0.180	0.107	−0.288
结果口感	0.246	0.489	−0.067	−0.026
结果大小	0.113	0.477	0.231	−0.319
结果成色	0.090	0.493	−0.407	0.040
结果饱满度	0.081	0.448	0.611	0.044
种植过程中的技术支持	0.092	0.357	0.413	−0.222
种植前技术培训	0.061	−0.035	0.380	−0.289
种植后技术指导	−0.026	0.199	0.457	0.073
定期回访	0.236	−0.247	0.125	0.365
解答问题	−0.100	0.171	0.249	0.354
售后	−0.176	0.041	−0.190	0.379
因子命名	技术指导	苗木品质	果实品质	售后服务

采用方差最大正交旋转得到载荷阵如表8所示，根据种植户蓝莓苗木种植的特点，结合旋转结果可以得出"种植过程中的技术支持""种植前技术培训""种植后技术指导"这三个变量可以归为第一类，将其命名为技术指导因子；"价格""存活率""抗病能力""产量""纯度""生长速度"这六个变量可以归为第二类，将其命名为苗木品质因子；"结果口感""结果大小""结果成色""结果饱满度"这四个变量可以归为第三类，将其命名为果实品质因子；"定期回访""解答问题""售后"这三个变量可以归为第四类，将其命名为售后服务因子。

（二）因子解释

1. 蓝莓苗木技术指导指标分析

对技术指导指标做进一步的分析（见图8），以便了解种植户对蓝莓种植技术的需求状况，"种植过程中的技术支持""种植前技术培训""种植后技术指导"构成了技术指导指标，对于种植前后及种植过程中

80%以上的种植户并不倾向于厂家的技术指导，更愿意依靠自己的种植技术。

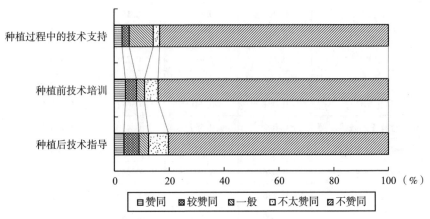

图8　蓝莓苗木技术指导指标调查数据分布

2. 蓝莓苗木品质指标分析

如图9所示，"价格""存活率""抗病能力""产量""纯度""生长速度"构成了苗木品质因子，通过对苗木品质因子进一步分析，发现85.80%的种植户十分关心苗木的价格，苗木的价格直接关系到其种植成本。79.71%的种植户关心苗木的纯度，仅有2.03%的种植户对其不关心，这说明苗木的纯度对于种植苗木十分重要。

3. 蓝莓果实品质指标分析

如图10所示，"结果口感""结果大小""结果成色""结果饱满度"构成了果实品质因子，通过对果实品质因子的进一步分析，发现79.13%、80.67%的种植户都十分关注蓝莓果的大小和口感，这说明这直接影响到蓝莓的销量。对于蓝莓果实的饱满度和成色种植户持一般及不太赞同的占多数，赞同的仅占4%左右。

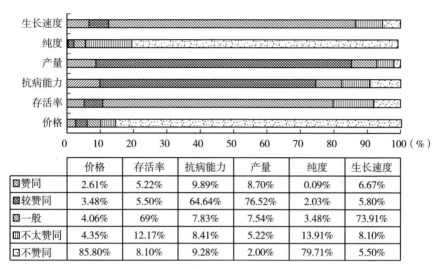

	价格	存活率	抗病能力	产量	纯度	生长速度
赞同	2.61%	5.22%	9.89%	8.70%	0.09%	6.67%
较赞同	3.48%	5.50%	64.64%	76.52%	2.03%	5.80%
一般	4.06%	69%	7.83%	7.54%	3.48%	73.91%
不太赞同	4.35%	12.17%	8.41%	5.22%	13.91%	8.10%
不赞同	85.80%	8.10%	9.28%	2.00%	79.71%	5.50%

图9　蓝莓苗木品质指标调查数据分布

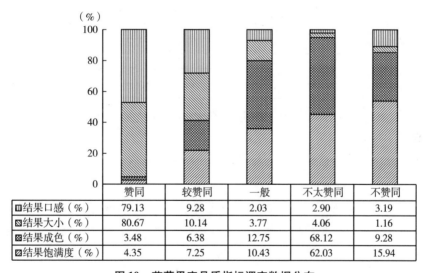

	赞同	较赞同	一般	不太赞同	不赞同
结果口感（%）	79.13	9.28	2.03	2.90	3.19
结果大小（%）	80.67	10.14	3.77	4.06	1.16
结果成色（%）	3.48	6.38	12.75	68.12	9.28
结果饱满度（%）	4.35	7.25	10.43	62.03	15.94

图10　蓝莓果实品质指标调查数据分布

4. 售后服务指标分析

如图11所示，"定期回访""解答问题""售后"构成了售后服务因子，分析发现种植户对于蓝莓苗木的售后并不看重，77.97%不赞同售后回访，仅有2.61%种植户赞同。对于售后服务仅有2.32%种植户表示明确需要，71.30%并不需要售后，22.32%表示不太赞同。这说明厂家可以把更多资金投放在开发苗木品质上，为种植户提供更多优质苗木，淡化售后。

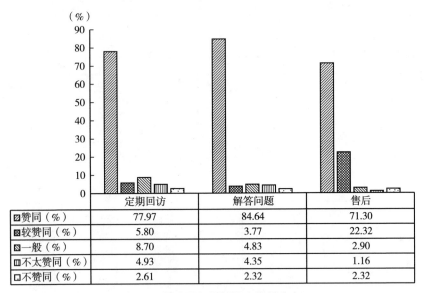

	定期回访	解答问题	售后
赞同（%）	77.97	84.64	71.30
较赞同（%）	5.80	3.77	22.32
一般（%）	8.70	4.83	2.90
不太赞同（%）	4.93	4.35	1.16
不赞同（%）	2.61	2.32	2.32

图 11　售后服务指标调查数据分布

五、大连市蓝莓苗木市场需求调研结论与建议

（一）调研结论

通过对大连市蓝莓种植户的调查研究，运用 Excel 和 SPSS 软件对调查数据进行分析处理，综合运用描述性统计分析、交叉分析、多重响应分析和因子分析等方法进行研究，主要得出以下结论：

1. 种植户对所购买蓝莓苗木特点了解程度一般

种植户只有在种植前了解了苗木的特点才能在种植过程中避免苗木生长过程中出现的诸多问题，才能在出售过程中依据苗木所结果特点更好地推销产品，与其他蓝莓果作出区分以获得高额利润。

2. 种植户的种植体验将影响到周边种户的选购

比起电视、网络等宣传的影响，对于从事农耕的种植户来说他们更依赖于亲身的体验或周边可信赖人的推荐。

3. 种植户更看重蓝莓苗木的价格、口感、大小及纯度

种植户对蓝莓苗木的价格、口感、大小及纯度均十分看重，绝大部分种植户因希望所购买蓝莓苗木为高品质苗木故更看重苗木的纯度，考虑到种植的成本故更看重苗木的价格，为便于出售故更看重苗木所结果的口感和大小。

4. 蓝莓苗木的抗病能力、存活率、生长速度对种植户蓝莓苗木的需求无影响

蓝莓苗木自身具有驱虫的特质，有较强的抗病虫害能力，一般情况下危害并不严重，在整个生长期基本是不使用化学农药。并且在调查中据种植户的描述，各个不同品种的蓝莓苗在种植过程中其存活率基本是相同的，蓝莓苗木从扦插到结果需三年时间的栽培，故其生长速度也是并无明显差别的。因此种植户并不看重蓝莓苗木的抗病能力、存活率、生长速度等因素。

（二）对策建议

1. 对蓝莓种植户的建议

（1）深度了解所购蓝莓苗木特点。

根据调查表明种植户对所购买蓝莓苗木特点了解程度低，也就说在蓝莓苗木特点的了解程度上绝大多数种植户是比较欠缺的。种植户在了解苗木特点的情况下可提前预防苗木的病害，提高苗木的成活率。

（2）加强种植反馈。

种植户可将种植过程中的种植意见及时反馈给基地，基地可根据种植户反馈对所出售苗木种类、新品种培育方向等作出调整，公司可及时收集种植户信息，这样不仅能帮助种植户解决种植过程中的疑惑，也在无形中为基地树立了良好形象，达到双赢。

（3）提高种植技术方面重视程度。

种植户可以多与基地技术人员保持联系，可以接受定期的技术培训，加强对新型蓝莓苗木种植技术的了解和掌握，以提高自身的种植技术能力，达到产量最大化，果实质量最优，从而达到蓝莓种植的利益最大化。

2. 对农业基地的建议

（1）多与客户沟通，加强对种植户需求的了解。

销售企业业务员应加强与客户的沟通，增强客户回访和满意度调查的力度，以达到及时了解顾客内心想法和客户需求的变化。销售企业应充分了解影响种植户蓝莓苗木选择的关键性因素，以迎合顾客需求，达到顾客满意度达到最大化。

（2）培育高品质蓝莓苗木。

越来越多的消费者购买蓝莓时不再仅看重蓝莓抗衰老等功效上，更看重其口感，而作为蓝莓出售方的种植户也更是在意消费者的需求，故也更看重苗木所结果的口感、大小等因素。

（3）根据因子分子中关于售后服务指标的分析，发现种植户对于蓝莓苗木的售后并不看重。这说明基地可以把更多资金投放在开发苗木品质上，为种植户提供更多优质苗木，稍微淡化售后。

六、参赛体会

在调研实践的过程中，我们收获的不只是奖杯和知识，还有最为宝贵的友谊和团队精神。虽然我们五人都不是统计学专业的学生，但我们靠自学，查缺补漏，通过不懈努力做到了专业的水平。从选题到实地调研、发放问卷时的重重困难到分析数据时的难解的公式，我们都从未气馁。但很欣慰的是，我们总是保持乐观和笑脸相迎，最终完成了问卷的发放。通过这次比赛，将我们在课本中学到的"沧海一粟"的知识真正做到了学以致用，并且积累了宝贵的实践经验。

接下来的处理数据也并非易事，对于分析软件不够熟悉的我们，彻夜查阅资料、与指导老师视频连线辅导都是常事，每天晚上都能在图书馆看到我们团队的身影。在我看来，要发挥出团队的最大优势必须尊重成员的建议，选择最佳方案则是队长的职责。我要带领队员们心往一处想，劲往一处使，尽管比赛的时候有过意见交融，但从未针锋相对。与伙伴们齐心协力为同一个目标努力，给我极大的幸福感，一点点探索，一次次实验，都是值得怀念的时光。

第四篇 "互联网+"大赛案例篇

第十三章

高教主赛道

一、高教主赛道：本科生创意组案例

案例1　普生分子——国产心衰试剂盒革新者

学生：孙湘浩　指导教师：丁宁博士

一、项目简介

（一）项目摘要

项目成立于 2017 年 4 月，由大连大学蛋白质工程实验室和"连大众创空间"共同孵化，实现了国内首个利用分泌型大肠杆菌高效、低成本生产高灵敏、高稳定的 N - 糖基化抗原标准品——脑钠肽前体 N 端抗原替代物。团队成员成功研发大肠杆菌胞外分泌重组蛋白、类弹性蛋白展示等关键技术。指导教师胡学军教授为国家自然科学基金等项目评审专家，从事蛋白质工程技术工作 30 余年，经验丰富。

人脑钠肽前体蛋白是临床评价心功能稳定的一个指标。为打破目前人脑钠肽国产检测试剂盒市场份额低（仅 2%）、灵敏度低、产量低的困境，项目团队成功研发出"普生人脑钠肽抗原替代物检测试剂盒"。4 代同学潜心研究四年，先后发表 4 篇相关论文，成功申请 4 项专利，产品已成功通过实验室检测、第三方检测及临床检测。数据表明，较现有国产技术，本产品产量提高6~8倍，检测灵敏度提高50%（见图1）。

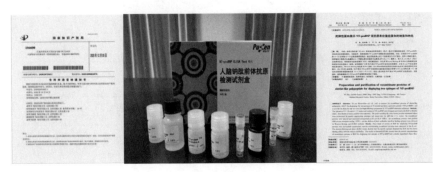

图1 核心产品

团队已于2021年5月底获批营业执照，拟出让10%股权融资350万元。公司将采用"轻资产重运营"的商业模式，主要负责技术研发、生产监督。与大连东方雍和生物科技发展有限公司达成合作，并获得大连医科大学附属第一医院意向订单。预计未来一年纯利润达128万元。公司成立三年内预计提供就业岗位140余个。

（二）所获奖项

第二届大连市"科协杯"大学生创新创业大赛金奖。

第六届辽宁省"互联网＋"大学生创新创业大赛银奖。

2020年"挑战杯"辽宁省大学生创业计划大赛银奖。

第七届辽宁省"互联网＋"大学生创新创业大赛金奖。

二、项目计划书

（一）项目背景

1. 产业背景

2019年中国医学科学院阜外医院高润霖院士、王增武教授等在《欧洲心衰》上发表的最新调查结果显示中国成人心衰患病率为1.3%。《中国循环杂志》上发表的由国家心血管病中心组织编撰的《中国心血管健康与疾病报告2019》概要显示心血管病现患病人数3.3亿，因心血管疾病死亡的原因占我国居民死亡原因之首，每5例死亡中就有2例死于心血管疾病，其中心力衰竭、冠心病等慢性病为主要病因。2019年国家卫健委启动心血管疾病患者早期干预计划，旨在提高心血管病患者早期发现率。

NT – proBNP 是检测心脏功能障碍的敏感指标，新型的人脑钠肽试剂盒可以将早期诊断准确率提升至 97%，死亡率降低约 30 个百分点。由此可见，心力衰竭的早期诊断和避免病情恶化是降低心力衰竭死亡率的关键，因此把握我国心衰流行病学的特点并进行有效防控是该团队现在和将来的工作重点，越早确诊、早治疗，对患者的病情越有益。

2. 市场痛点

通过上述市场及行业分析，可以看出我国心衰检测试剂盒的市场还存在以下两个痛点：

（1）国产产品价格便宜但质量参差不齐：国产产品价格普遍在3000~4000 元之间，但产品质量还存在一定缺陷，产品稳定性差，不易保存。

（2）进口产品质量虽优但价格昂贵：进口产品的价格一般在 4000~7000 元之间不等，几乎是国产产品两倍的价格。

3. 解决方案

为解决以上两个市场痛点，满足不同年龄段、不同条件人群的心衰检测问题，大连市普生分子生物科技有限公司自主研发了人脑钠肽试剂盒，结合骨架蛋白展示的技术和改造的大肠杆菌敲除胞膜 lpp 基因技术及封闭分离装置，包括 96 孔板、96 孔板覆膜、人脑钠肽前体抗原替代物，以及显色剂 A 液、显色剂 B 液、酶标试剂、浓洗涤液、标准品稀释液、样品稀释液、终止液等主要试剂。实现以中国产品的价格达到欧美产品的品质，让人们可以降低价格使用高品质的心衰检测试剂盒，并成为中国居家心衰检测试剂盒的革新者。

（二）产品与服务

1. 产品介绍

公司利用大肠埃希菌分泌表达系统高效表达出 FN3 融合线性表位肽前体氨基酸序列的蛋白，解决了目前临床检测标准品制备不稳定，分离和纯化难度大，半衰期短、成本高等问题，为制备免疫学检测标准品提供了有效途径。本研究利用敲除 lpp 基因后的大肠埃希菌胞外表达基于人纤维连接蛋白Ⅲ型结构域（FN3）展示脑钠肽前体 N 端抗原表位制备抗原替代物，以寻求能够高效表达 NT - proBNP 的方法。通过此方法，可解决 NT - proBNP 不稳定难以制备的缺点，并能够将抗原替代物大量高效生产。

2. 核心技术

目前本产品主要应用了两项核心技术：

（1）N 糖基化，骨架蛋白展示技术。

将人源骨架蛋白与脑钠肽前体抗原双表位融合，并使用糖链修饰蛋白末端，极大地增加了检测灵敏度和抗原稳定性，产品保质期提高约2.5 倍，经过科技查新报告确认为国内首创。

（2）使用特殊的工程菌株生产产品。

大肠埃希菌重组蛋白的胞外分泌表达提供了一种有效的解决策略，具有减轻菌体代谢压力，提高产物稳定性，简化下游处理工艺等优点。构建遗传渗漏菌株是将重组蛋白分泌到培养基中的首选方法。项目团队前期实验证实大肠埃希菌 W3110ΔWecA 菌株敲除 lpp 可以通过增加外膜的通透性来提高重组蛋白的产量。经过测算，通过使用敲除 lpp 基因的大肠杆菌，NT - proBNP 抗原标准品蛋白总产量提高 6 ~ 8 倍。

通过上述两种技术的应用，普生分子产品与 Biosite 等公司对比，在特异性、回收率及线性精密度等八个指标方面均优于国内外同类产品，同时通过简化生产流程以及方法，本产品生产成本低、价格优惠。具体如下所述。

①生产成本低。产品是利用改造过的大肠埃希菌进行胞外生产。在蛋白纯化的步骤中，相比利用天然大肠埃希菌生产时需纯化质周腔的成分，纯化上清液的成分可以简化实验步骤，节省实验用品，节约成本。

②产品产量高。近几年来，在大肠埃希菌胞外生产重组蛋白的技术已逐渐成形，有研究表明，通过组合敲除 mrcA 基因、mrcB 基因、pal 基因和 lpp 基因等不同基因，可提高大肠埃希菌胞外生产重组蛋白的含

量。其中，敲除 lpp 基因效果最为显著。胞外分泌表达蛋白可大大提高蛋白质的产量，在蛋白质工程中也是不小的突破。

③产品稳定性高。目前临床上 NT－proBNP 的标准品大多都依赖于进口，但由于其保存时间短，稳定性不高且易降解，给 NT－proBNP 标准品的制备带来了很大的难题，同时也是很好的机遇。

3. 应用成效

经上海微谱检测技术有限公司检测，结果显示本产品 8 项关键指标均达到先进国内水平。公司已向大连市食品药品监督管理局提交注册申请，且已经通过产品检测，生产批号待批。产品还通过了伦理审核。根据国家药品监督管理总局通告（2019）规定，人脑钠肽试剂盒第二类医疗器械中可免于进行临床实验的体外诊断试剂，团队仍坚持完成 136 例临床实验，检测的灵敏度与准确度媲美进口同类产品，稳定性优于国产同类产品，本产品拥有临床协议，可在多家医院临床检测使用。

（三）市场营销

1. 商业模式

大连市普生分子生物科技有限公司在产品研发方面与大连大学附属中山医院等三甲医院及诸多高校合作，以促进研发生产；采用"轻资产运营"的商业模式，公司以技术入股与大连东方雍和生物公司合作生产；在宣传和销售方面，通过参加医学专业学术会议，做主题交流经验、汇报论文等方式，提升产品的知名度。

2. 盈利模式

公司与大连东方雍和生物公司合作，技术入股占比 40% 的方式。公司每年以股权方式分得产品销售利润的 40%。

3. 销售渠道

公司主要的经营范围是国内大型医疗机构以及一些初级医疗机构。通过第一代产品——人脑钠肽试剂盒来积累客户群，树立品牌口碑；通过推出第二代产品，在原有产品基础上进行创新，利用前期积累的客户群进行盈利。同时，积极参与多项科研讨论会认证药物安全有效性，通过学术期刊、互联网宣传等进行产品的相关介绍，并借此推广公司产品、提升公司企业形象，增加公众对心衰的认识，加大对心衰的关注度；其次，建立完善的管理机构，高效率的销售措施，采取线上线下结合的销售模式，线上采用网站和公众号的宣传，线下采取人员推销，主要在各级医疗单位以及各级生物医药会议会场进行宣传推广。

4. 运营成效

2021 年 5 月，公司注册成立。生产批号将于今年审批完成。

（四）团队管理

1. 公司介绍

公司秉持着创新、科学、团结、优质的宗旨。以"立足临床，服务患者"为口号，专注于蛋白质工程的研发和产业化，专注于医药行业的前沿和发展，专注于药物产品的改善创新，并努力提升药品功能和质量，使患者在治疗过程中的生活质量得以提升。

2. 团队主要成员

孙湘皓，团队负责人，大连大学 2018 级临床医学专业本科生，大连大学医学生物技术创新工作室负责人，发表相关论文 2 篇、发明专利 1 项。曾获第七届辽宁省"互联网＋"大学生创新创业大赛金奖、第五届全国大学生生命科学技术创新创业大赛一等奖、第六届辽宁省"互联网＋"大学生创新创业大赛银奖、第十五届"挑战杯"辽宁省大学生课外科技作品比赛二等奖。曾担任医学院第二十一届团委学生会主席，多次获得大连大学优秀学生奖学金、优秀学生干部奖学金。

陆龙臻，公司法人代表，大连大学 2019 级临床医学专业本科生，大连大学医学生物技术创新工作室负责人，曾获第六届辽宁省"互联网＋"大学生创新创业大赛银奖、2020 年大连市"科协杯"大学生创新创业大赛金奖、第十五届"挑战杯"辽宁省大学生课外科技作品比赛二等奖，现任医学院第二十二届团委学生会主席。

佟思缇，大连大学 2017 级临床医学专业本科生，大连大学医学生物技术创新工作室核心成员，主要负责项目的技术工作，曾获第六届辽宁省"互联网＋"大学生创新创业大赛银奖，第五届全国大学生生命科学技术创新创业大赛一等奖，医学院第二十届团委学生会主席。

（五）财务分析与预测

1. 股权结构

普生分子主营业务为销售心衰检测试剂盒。经过市场分析，普生分子在未来该业务有着较大的发展空间，盈利状况很可观。在成本方面，普生分子的主要成本来源于设备、人员、租金，且无外债，相对支出项目较小，成本控制比较容易。综上所述，在收入有着合理预期的涨幅且成本较低的情况下，本公司的净利润有着可观的预测。股权结构：项目负责人占股51%，其他成员占股49%。

2. 融资计划

公司拟首轮融资300万元，出让股份10%，主要用于人才引进、设备购置和心衰检测试剂盒品牌宣传等方面。

3. 发展规划

公司主要的经营范围是国内各级医疗机构以及有需要的科研单位。公司在2021年8月获得生产许可证，9月份完成首批意向订单。预计2021年底试剂盒销售额达90万元。在2022年，公司产品在大连市内销售，同时完善第二代产品——心衰居家检测金试纸，试剂盒销售额可达1200万元。在2023年，预计试剂盒销售额达到2100万元，将第二代产品投入市场，同时公司将形成完善的商业模式和营销体系。再利用二到三年将公司产品及业务范围拓展至东北三省并占据大部分市场份额，之后在第十至十五年成为国内知名药物公司。

首先，我公司将通过参与多项科研讨论会认证药物安全有效性，通过学术期刊、互联网宣传等进行产品的相关介绍，并借此推广公司产品、提升公司企业形象，增加公众对心衰的认识，加大对心衰的关注度；其次，建立完善的管理机构，高效率的销售措施，采取线上线下结合的销售模式，线上采用网站和公众号的宣传，线下采取人员推销，主要在各级医疗单位以及各级生物医药会议会场进行宣传推广。

三、经验体会

在我刚进到实验室的时候，面对实验设备、药品上的英文很是头疼。这些英文让我觉得国外的产品离我们很遥远，我们国家的产品相较国外比较落后，我国的民众只能通过高昂的进口来满足医疗上的需求。因此，我想要通过自己所学，改善国内产品落后的现状。在学习一段时间后，我便与学长学姐，以及同年级的同学一起讨论、商议，最后在脑钠肽的领域找到一个可以突破的机会，想在药品生产方式以及核心标准品的合成方式上进行创新研究，打破传统的思维模式，应用实验室的优势技术，做出一些创新性的成果。

在初次参加比赛时，比赛成果并不尽如人意，跟优秀的项目有着不小的差距。去年我们继续完善，但比赛的成果依然有些遗憾。因此今年我引入了几位有着专业知识的新同学，在实验中增加了新的技术成果，终于通过我们团队的不懈努力，在第七届辽宁省"互联网+"大学生创新创业大赛中取得一等奖的好成绩。

我们的团队氛围不仅提高了我们工作效率，而且还提高了我们对于产品质量的追求；新加入的同学也为我们工作提供了新的思路和见解，我们在讨论中进步、在辩论中升华，这对于我们是很宝贵的人生经验。在这一个月里我们为同一个目标努力付出，这样的感觉让我们很充实、很积极。

四、指导教师点评

作为本科生创意组项目，"普生分子"项目具有原始创新和技术突破，团队成员发表了相关专利和中文核心论文，得到三甲医院检验医师的认可。团队还成立了大连市普生分子生物科技有限公司，直接带动了团队大学生的就业。技术入股大连东方雍和科技有限公司后，增加多条生产线，为更多人才提供就业岗位，对社会有突出贡献。

普生分子项目的商业模式设计完整、可行，产品成熟度、服务成熟度及市场认可度较高。项目负责人和团队成员跨校跨专业合作，在团结创新、追求卓越的工作精神指引下，能够做到分工协作和能力优势互补。普生分子项目团队自主研发的人脑钠肽检测试剂盒市场前景广阔，企业持续盈利能力较强，可带动区域经济发展，未来有很大的成长空间。

二、高教主赛道：研究生创意组案例

案例 2 绿创科技——国内首创单组分萃取脱硫新工艺

学生：许雯晴 指导教师：尹静梅教授

一、项目简介

（一）项目摘要

绿创科技项目团队于 2018 年 10 月正式成立，打造了国内首创单组分萃取脱硫技术体系，自主研发了高效燃油脱硫宝（DES）、连续型分级式高效萃取装置等核心产品。创始人掌握核心技术开发能力，作为第一完成人获得技术专利 1 项；项目成员发表学术论文 5 篇，其中包括 1 篇 SCI 一区绿色化学杂志封面论文，累计引用次数高达 200 余次。项目技术研发团队现由一位博士及三位硕士共同组成，并聘请国内资深燃油脱硫专家尹静梅教授作为技术顾问。

2020 年国际海事组织（IMO）在全球范围实施史上最严苛的限硫令，船用燃油硫含量由 3.5% 降至 0.1%。在近 30 个国家明令禁止使用替代性燃料和脱硫装置的情况下，低硫船燃油料将成为未来市场的唯一选择。

项目团队自主研发的 DES 产品突破了业内最高水平，首次达到 99.999% 的脱硫率，甚至得到无硫燃油，相较传统技术提升效率 40%，降低能耗 80%，减少有机物排放 70%，且再生性能优良，处理成本降幅达 75%。目前已与中海油、远大弘元等多家企业建立长期合作关系。

项目自成立以来，累计收入突破 900 万元。预计未来 3 年间，销售额将达 7000 万元以上，带动直接、间接就业岗位 300～400 人。公司计划融资 1000 万元，出让 10% 的股份，用于设备升级、科研投入和人才引进。项目团队开辟了多种营销渠道，入驻中国材料网等多家 B2B 平台，并参展东三省青创博览会。

绿创科技，立足国内低硫燃油市场最前沿，致力以自主研发打破国外技术垄断的困局，为我国燃油净化行业提供一站式解决方案，在未来将成为国家燃油净化行业发展转型最强助力。

（二）所获奖项

1. 获奖项目

（1）第五届建行杯辽宁省"互联网＋"大学生创新创业大赛金奖。

（2）第六届中国国际"互联网＋"大学生创新创业大赛国赛铜奖。

（3）第十二届"挑战杯"中国大学生创业计划竞赛国赛银奖。

（4）第七届辽宁省"互联网＋"大学生创新创业大赛金奖。

2. 专利

（1）基于深共融溶剂掺杂的纳米纤维膜及其应用，ZL201510481501.0。

（2）一种二苯并噻吩的萃取方法，ZL201510431172.9。

（3）一种苯并噻吩的萃取方法，ZL201310217029.0。

（4）一种深共融溶剂支撑液膜及其制备方法和应用，ZL201310216493.8。

（5）一种苯并噻吩萃取脱除的方法，申请号：CN201710448163v。

（6）一种连续型分级式高效萃取设备，申请号：CN201911072163.x。

二、项目计划书

（一）项目背景

1. 产业背景

随着现代化城市的高速发展，机动车的数量以指数级增长，而机动车排放的所有污染物水平与油品中的硫含量密切相关。燃油中硫化物燃烧后生成的硫氧化物是形成雾霾、酸雨等的重要原因，引起了全世界的关注。为了保护环境，世界各国相继颁布了越来越严格的轻质油品含硫量标准。自 2006 年以来，最新环保法规定限制，美国柴油中的硫含量为 15ppm，欧盟小于 10ppm，在中国北京、上海自 2019 年以来要求硫含量小于 10ppm，截至 2007 年 9 月，在美国出售的柴油（超低硫柴油）中的硫不到 15ppm，对于汽油而言，美国环境保护署（EPA）近来提出一个新规定：到 2017 年，含硫量将从 30ppm 减少到 10ppm，预计未来有更严格的限制。目前我国大量进口高硫原油致使国产汽油中硫含量较高，所以脱除燃料油中的硫化物显得极其重要，尤其是有机硫化物的深度脱除是目前脱硫研究领域的重点。

2. 解决方案

目前，工业中常用的脱硫方法是加氢脱硫（HDS），然而这种传统的脱硫方法需要高温高压，操作条件要求相对严格，燃油的辛烷值虽然会大幅度降低，但很难有效除去噻吩（T）、苯并噻吩（BT）和二苯并噻吩（DBT）及其衍生物等稠环有机硫化物，因此研究新的能够有效除去稠环有机硫化物，以获得超低硫燃油的方法是非常必要的。非加氢脱硫技术因无须高温高压已成为现阶段研究的热点之一，如生物脱硫、吸附脱硫、氧化脱硫及萃取脱硫等。其中，萃取脱硫因操作条件温和、工艺相对简单、耗能低、且不改变油品的化学成分等优势，被认为是最有前景的脱硫技术之一。

（二）产品与服务

1. 产品介绍

项目组对深共融溶剂（DESs）脱硫进行了深入的研究，取得了非常好的研究结果，为深入探讨更科学合理的新方法及新工艺提供了第一手的资料，也为脱硫的创新思维和新工艺提供了沃土。

产品服务——设计合成了一系列的深共融溶剂（DESs），采用核磁共振质谱仪对深共融溶剂进行了表征。基于深共融原理，系统地研究了各因素，如萃取时间、温度、转速、初始浓度、质量比等对脱硫效率的影响，对多次萃取以及重复使用性能、回收再使用也进行了相关的研究。采用深共融溶剂直接萃取法，对燃油中混合有机硫化物噻吩（T）、苯并噻吩（BT）等的脱除进行了研究。

2. 核心技术

目前本产品主要应用了两项核心技术：

（1）脱硫新技术。

使用绿色环保、环境友好、价格低廉、且可循环再生的二组分或三组分深共融溶剂（DESs），或具有深共融溶剂同等效力的单组分绿色萃取剂进行脱硫，可以根据脱除不同的稠环硫化合物，如噻吩（T）、苯并噻吩（BT）、二苯并噻吩（DBT）等。同时可以考虑企业本身或地域的差别选择不同的萃取剂，进行多次脱硫，得到超低硫燃油，并通过萃取剂的再生和循环再利用，降低成本，提高经济效益，实现绿色环保的脱硫过程。

（2）新工艺——连续型分级式高效脱硫萃取装置。

连续型分级式高效脱硫萃取装置可以实现在一个装置内、连续、多次，分级在短时间之内一次性完成脱硫步骤，最大的优势就是可以根据不同类型的深共融溶剂和不同的硫化物脱硫情况的差异性来决定连续型分级的级数，组装简便，可量身定制，达到了精准脱硫，并且可以方便回收萃取剂进行再生。该装置还有一个更大的优点，就是可以将其尺寸放大，改变材质，应用于化工厂，石油石化企业的大型油品脱硫，或拓展到其他需要多次萃取分离的相关化学化工领域，应用范围十分广泛，极具商业量产转化价值。根据设计示意图制作完成了一套玻璃材质的连续性分级式萃取装置，如图 1 所示。

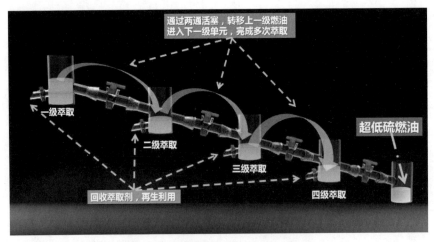

图1　连续型分级式脱硫装置示意图

3. 应用成效

深共融溶剂（DESs）的部分脱硫实验结果显示，DMCEAP/TBAC组成的DESs效果最好，脱硫效率随深共融溶剂用量的增加而显著增加。当深共融溶剂与燃油质量比为 4：1，DMCEAP/TBAC 对噻吩和苯并噻吩的萃取率分别为85.12%、93.76%；燃油中硫含量随萃取次数的增加迅速降低，可得到超低硫甚至无硫燃油。对不同 DESs、不同硫化物和不同的因素，研究表明转速对萃取效果基本没有影响；温度的影响也不大，从降低能耗的角度而言，通常室温即可；萃取在 30 分钟即可达到平衡；随着深共融溶剂用量的增加，脱硫效率显著提高；深共融溶剂可通过乙醚洗涤进行回收，且回收后脱硫效果基本保持不变。通过核磁共振（NMR）和傅立叶红外（IR）对深共融溶剂（DESs）的脱硫机理进行了初步探讨，发现高效脱硫的机理是噻吩（T）、苯并噻吩（BT）等稠环硫化物中的硫原子与深共融溶剂（DESs）中的活泼氢形成了氢键。

（三）市场营销

1. 商业模式

当前社会上的脱硫技术研究的方向较多，主要分为两种方向：处理废气和燃油脱硫。处理废气大类上来讲包括干法、半干法和湿法。目前市场基本选择了湿法，而干法由于接触率低，脱硫率远低于湿法；半干法同样受困于脱硫效率的问题，不适合大容量的燃烧设备，两者都有一定的问题和困难，技术方面并不完全成熟，尚需技术突破。而现行的燃油脱硫的各种方式也无法满足人们对经济和环保绿色的追求。故该团队提出的脱硫方法具有操作条件温和、工艺相对简单、耗能低等优点，在整个中国的脱硫技术上是一个大突破。

项目的技术具有原料绿色环保、廉价易得、结构可设计、合成工艺简单、合成过程不需要引入其他有机溶剂等优点，且合成的DESs的原子经济性为100%，被认为是比 IL 更具有前景的"绿色溶剂"。近年来，科研工作者合成了一系列不同的DESs，并对燃油中有机硫化物进行了萃取脱硫和氧化/萃取脱硫研究，已取得了理想的脱硫效果，实现了燃油中有机硫化物的"绿色"脱除，为燃油脱硫技术研究提供了一种新的方法。目前在市面上是最好，价格最低，性价比最高，故目前对于替代品威胁较少。

2. 盈利模式

项目营销模式主要分为线上和线下两部分：

（1）线上入驻了中华石油化工网、中国材料网、中国燃料油网等众多 B2B 平台，以及 YALAB2B 中东贸易平台、环球资源网等国际电商贸易平台，以最高新的燃油脱硫技术敲开国际交易平台的大门，通过与潜在的客户建立网上商务关系，覆盖原来难以通过传统渠道覆盖的市场，增加市场机会，再以技术搭建长远的交易关系，形成良性的国际国内 B2B 市场交易链，扩大影响力和知名度进一步吸引其他客户。

（2）线下实行高校企业产学研究，并积极寻求与各大企业进行合作，目前已与远大弘元、中国海油等燃油龙头企业定点合作，与中远海运集团支持投资的舟山东北亚保税燃料油供应中心达成意向合作，并在积极探寻与中国石化、上海石化、金陵石化、海南炼化等低硫燃油供应企业的合作关系。

3. 运营成效

（1）产品生产。

深共融溶剂（DESs）合成的原料均是由山东、广东等地的大型化工厂提供，可以在保证货源质量和供货时限的同时，降低来自不同地域的企业的运输成本。在对技术的质量把控和升级创新上，立足于高校的研究环境，确保技术革新与需求增长保持同步，甚至超前于市场。

（2）技术能力。

核心技术包括：设计高萃取率的 DESs 和精确优化不同的 DESs 对应的萃取条件；还发明了配套的连续型分级式脱硫装置。该装置的设计为初步想法，在后续的实验和生产中，还会根据需求进一步改进装置，以满足不同的场景，提高萃取率并降低成本。

（3）品质把控。

绿色化学实验室拥有很多精准优质的大型仪器，以确保在实验研究阶段，所有数据的准确性。组内还引入梅特勒—托利多公司的在线红外监测萃取过程中的实时数据，以便可以更加深度地了解 DESs 萃取脱硫过程中的作用机理，为后续的 DESs 设计提供更加坚实的理论基础。

（4）生产工艺与流程。

①合成 DESs：DESs 一般由两种或三种绿色、廉价的组分彼此间通过氢键结合而形成的共融物。目前还发现了单组分的 DESs，性能也较为高效，也免去合成的步骤，降低了人力成本和设备成本。

②连续型分级式高效脱硫萃取装置：连续型分级式高效脱硫萃取装置可以实现在一个装置内，连续、多次、分级在短时间之内一次性完成脱硫步骤，最大的优势就是可以根据不同类型的深共融溶剂和不同的硫化物脱硫情况的差异性来决定连续型分级的级数，组装简便，可量身定制，达到了精准脱硫，并且可以方便回收萃取剂，并进行再生。该装置还有一个更大的优点，就是可以将其尺寸放大，改变材质，应用于化工厂，石油石化企业的大型油品脱硫，或拓展到其他需要多次萃取分离的相关化学化工领域，应用范围十分广泛，极具商业量产转化价值。根据设计示意图制作完成一套玻璃材质的连续性分级式萃取装置。

（四）团队管理

许雯晴，研究生团队负责人；中共党员，大连大学环境与化学工程学院硕士研究生，研究方向燃油脱硫。曾是"中海油""远大弘远"等合作项目技术负责人，核心工艺技术第一发明人，SCI2 区论文第一作者；曾多次获得校一等奖学金、校长奖学金、大连市青年马克思主义者优秀学员，优秀团干部等荣誉；曾担任校学生会副主席，大型活动运营中心主任等职务；她积极参加导师的科研创新创业项目，积累了丰富的实践经验。

（五）财务分析与预测

1. 财务情况

项目已经累计投入资金 1100 万元，其中 650 万元投入技术研究，380 万元花费在经营所需的费用如管理费用、销售费用，70 万元留作流动资产以货币资金的形式应对日常需要。自项目成立以来，实现销售额总计 900 万元。

2. 融资计划

项目计划融资 1000 万元，出让 10% 的股份，用于产品研发，人才引进和市场推广。预计在 2021～2023 年，实现销售收入 6000 万元以上，为社会提供直接就业岗位 50 个左右，间接就业岗位 200 个左右。

3. 发展规划

项目秉承着"用国人自主研发技术打破国外垄断壁垒"的理念，励志打造国内首屈一指的燃油净化品牌。团队基于化工行业的独有营销渠道，向有客户出售定制化产品及技术，采用直销、技术入股、产品利润抽成等盈利模式获取收入；团队还会根据出售的产品及客户需求，提供个性化多元化服务体系（向客户提供培训、技术支持、迭代更新等服务）；未来也将开展高校企业产学合作研究，加速产品研发，共享产品利润。

2023～2025 年，随着项目整体规模的逐渐壮大成熟，提供直接就业岗位 90 个，带动间接就业 400 人。项目组将始终坚持以科技强国，创新兴业的理念为动力，确保绿创科技成为燃油净化行业发展转型的最强助力，并创造出巨大的经济、生态和社会效益。绿水青山就是金山银山，绿创科技成就碧水蓝天。

三、经验体会

本项目由以具有创新意识、拥有共同目标、有着不同专业知识背景的朝气蓬勃的研究生为核心组成。我们致力于深共融溶剂（DESs）的绿色高效性萃取脱硫新方法和新工艺的研发并设计制造多种适用脱硫等其他有关分离技术的装置产品，并实现批量化生产，解决了当下石油化工行业经常遇到的脱硫效率低、质量差，成本高，存在安全隐患、环保不达标等问题。在本项目的研发过程中，我们还衍生出了适用其他更加广泛的萃取分离装置，为后期创业发展提供了更广阔的空间。

今后我们将发挥所学的专业优势，根据客户需求，定制不同尺寸、不同材质、不同加料方式和不同搅拌方式的连续型分级式分离萃取装置；并不断研发新的绿色溶剂和完善分离萃取装置，不断升级改造脱硫方法和工艺，做好售前、售后服务，为客户的需求"量体裁衣"，做好差异性服务，提高客户的经济效益，以保持与客户的长久合作。在新方法和新工艺推广过程中，不断吸引相关专业（化学、化工、机械、经管等）的有志青年一起进行创业，吸引更多的老师来参与研发，实现不断的升级改造，实现产、学、研、创业融合的发展新模式。

四、指导教师点评

该研究生团队设计出高效萃取剂——深共融溶剂（DESs），优化萃取条件，实现高效绿色脱硫的技术突破；同时发明了配套的连续型分级式脱硫装置，该装置还可以根据需求进一步改进，以满足不同的场景，提高萃取率并降低成本，取得多项发明专利和高质量研究论文等创新成果。

项目在燃油脱硫装置设计和应用领域具有较强的创新性、示范性、科技性和良好市场前景，在商业模式、产品服务、管理运营、市场营销、工艺流程、应用场景等方面取得突破和创新。项目展示出研究生的科研能力，通过"专业"带动"创业"，实现教科融合的人才培养目标，体现多学科交叉、专创融合、产学研协同创新等发展模式，提高了学生自身的创新和创业能力，也区域经济发展、产业转型升级注入新的力量。

项目负责人许雯晴和团队成员的创新意识、思维、能力和所学专业、实践背景、价值观念等方面均符合项目要求，体现团队成员解决复杂问题的能力。因各方面的综合能力出色，目前许雯晴已被浙江理工大学学工部录用。

案例3　快解癌——开启癌症检测及个体化治疗新时代
学生：康秀芝　　指导教师：朗明非教授

一、引言

2021年7月28日，"建行杯"辽宁省第七届"互联网＋"大学生创新创业大赛暨第七届中国国际"互联网＋"大学生创新创业大赛辽宁赛区以网络视频形式落幕。"快解癌——开启癌症检测及个体化治疗新时代"项目，获得省赛金奖和国赛铜奖的优异成绩。团队在过去基础上作出了更新和延伸，为使用者提供了更优良的服务。以"一切为了肿瘤患者康复"为宗旨和理念，本着"团结、进取、开拓、创新"的企业精神，发扬艰苦创业、服务于客户的工作作风同时有着强烈的社会担当，致力于为广大癌症患者谋福祉，为祖国精准医疗事业做贡献，为人民群众的身体健康保驾护航。

二、点亮创造之灯

康秀芝，大连大学医学院生物学研究生，热爱生物领域的科学研究。在微流控领域已学习三年，有着丰富的研究经验。她说过："失败的团队没有成功者，成功的团队成就每一个人！凝聚团队，聚焦目标，为梦想创造无限可能！"她诚实开朗，勤奋务实；有扎实的医学基础知识及有良好的沟通能力和团队合作精神；热爱科研，实事求是，探索求知，崇尚真理，勇于创新。康秀芝在本科期间就已走进实验室跟着她的学长学姐学习实验技术以及微流控的知识，参加多届"互联网＋"比赛。接触"互联网＋"后，她发现它是融合了云计算、大数据等新一代信息技术的互联网发展新形态，通过互联网提高三大产业创新、合作、与营销等能力，以信息流带动物质流，推动整体产业发展。

得益于在大连大学创新创业学院浓厚的创新氛围的和医学院卓越的导师团队，康秀芝在学业上取得优异成绩的同时，还在学术领域得到广泛认可，主要研究微流控芯片技术获授权专利《一种基于微流控芯片精准分析细胞周期的方法》等3项，发表《一种联合药物的筛选方法》等SCI论文2篇。

经过多年在微流控方向的探索与研究，康秀芝于2015年带领第一批团队建设公司、完善产品，同时拓展新市场、进行临床试验。创业初期，艰难险阻并不少，但康秀芝勇于面对问题并解决问题，她始终坚守初心，砥砺前行。

康秀芝在平时的工作和学习的过程中总能严格要求自己，尽可能把每件事都做到最好。当医疗遇上"互联网＋"，相信她带领的团队一定会擦出不一般的火花。

三、打开机会之窗

创新，就是继承前人，又不因循守旧；借鉴别人，又有所独创；努力做到观察形势有新视角，解决问题有新办法，使各项工作体现时代性，把握规律性，富于创造性。深谙此道的康秀芝，在国家政策和市场需求的双轮驱动下，在癌症早筛和治疗领域快速发展的情况下，带领自己的团队投身于将微流控芯片技术应用于癌症早期筛查和用药治疗的研究当中。她牢牢抓住此次机会，通过多次的创新与研究，找到了更有效的检测癌症的方法。

目前市场上采用的筛选癌症药物的方法，如单细胞体外培养法、PDX模型法、胶原凝胶包埋培养法、微组织块培养等，其筛药方法复杂、成功率低、实验时间长，有很大的局限性。正因为如此，康秀芝用独特的眼光，大胆创新，运用微流控技术在单细胞水平上，使用非常少量的细胞，可同时测量多种蛋白的表达，一个样本多个检测，节约检测时间及耗材。在国内，微流控技术经历了二十几年的发展，现在正是重要的产业化阶段。而具备微流控芯片批量生产能力的中国企业，只有北京华凯瑞微流控芯片科技有限责任公司、上海汶昌芯片科技有限公司、苏州汶颢芯片科技有限公司等20家左右。结合2016年下半年微流控芯片供应紧张情况，受制于新线稼动的制约，2017年整个微流控芯片行业预计出现供不应求的局面。高通量的药物筛选，近年来已成为医疗健康产业热门领域之一。在医疗行业中，利用微流控芯片筛药是市场较大、发展较快的重要细分领域。随着对高通量筛选研究的不断深入，随着对筛选模型的评价标准、新的药物作用靶点的发现以及筛选模型的新颖性和实用性的统一，微流控芯片高通量筛选技术必将在未来的药物研究中发挥越来越重要的作用。

四、踏上创业之路

中国癌症形势严重，据世界卫生组织国际癌症研究机构统计可知，2020年中国癌症的发病率、死亡率均列全球首位。而癌症早期筛查和早期治疗可以大大降低癌症死亡率和治疗费用。同时近年来我国微流控芯片研究取得了突破性进展，各种相关的创业机会也随之而来。如何设计操作简单、灵敏度和特异度高的癌症早期筛查工具，如何更精确地筛选治疗癌症的最佳药物，以便发展更可精准的、更安全、成本效益高的治疗方法，建立癌症早诊早治体系，成为当下癌症领域的市场热点。微流控芯片分析是当前的科技前沿领域之一，已被列入 21 世纪最为重要的前沿技术之一。从微流控器件（如检测芯片、药物输送器件和微分配芯片等）到基于微流控的产品（如诊断应用的试剂、疫苗和储药器等）都在面向终端用户提供多种服务。凭借其样品及试剂消耗少、分析速度快、效率高、操作模式灵活多变，以及可在生理环境或接近生理环境下运行等优点，为大规模高通量药物筛选提供了绝佳的实验和检测技术平台。微流控芯片是最有可能满足高通量药物筛选要求的新兴技术平台之一。

项目创始人确定了自己的战略设想和发展目标，即建立具有健全管理机制的、具有可持续发展能力的以及具有自己特色理念的现代化生物高技术企业，进而为人类的健康事业作出贡献。创业梦想得益于大学期间踏过的道路、积累的经验、开拓的眼界。充分考虑了该行业的风险和回报，在科学论证的基础上，使项目的发展设想具有前瞻性及可持续发展性。同时，通过参与互联网＋大赛，成立了自己的团队。

创业的历程一定是艰辛的，但团队成立之初就有坚定的理想目标："成功的道路并不拥挤，因为坚持的人不多""我坚信，不是每件事都注定会成功，但是每件事都值得一试"。同时，团队也不畏惧失败："没有平日的失败，就没有最终的成功。重要的是分析失败原因并吸取教训""真正勇敢的人是接受现实的残酷后，依然勇敢地前行的人。"

加强微流控技术新产品与新技术研究与开发，充分重视人类基因、生物信息学及组合化学和高效筛选技术的应用，研究新的生物芯片；充分重视已有生物技术产品的深层次开发，如增加基因芯片的种类和应用范围、开发基因工程药物新剂型和扩大适应证等。不断改进生产技术与工艺，提高产品质量，降低产品成本，进一步增强产品的市场竞争能力。通过规范的生产经营管理不断提高经济效益和社会效益，树立行业的龙头地位。

初期（第一年）：项目运营初期采用内部发展战略。是指通过建立自己的内部资源，核心能力，市场经验来发展自己。第 1 ~ 3 个月为项目筹建期，同时应开始联系客户；第 3～6 个月，开始生产产品，主要客户为沈阳第一制药厂；第 6～12 个月为项目的正式生产期，维持试运期所建立的客户源，并在这些地区进一步开发新客户，在这段时间内站稳大连的脚跟。争取 6 个月内产量达到 5 万个，在这些地区的市场占有率达到 40%。

中期（第二年）：项目在产品生产和开发市场方面都积累了一定的经验，项目的运作逐步走向成熟化。由于产品的技术含量高，初期的"发展自己产品"的战略可直接获得核心能力和竞争机会。不断开拓东三省的市场，争取在达到 300 万个的产量，市场占有率逼近 50%。打造品牌忠诚度，项目要把降成本与提质量两者并举，以此击垮竞争对手及阻击新竞争者进入市场。

后期（第三、四年）：将产品在全国范围内推广，保证一年 10 亿元的产值，同时开发新产品并到第五年末逐步代替现有产品以保持项目进一步成长的态势。此时，生产技术部起着决定性的作用，将核心能力与研究发展紧密相连，在研究和发展上投入巨资，同时要分析和理解客户需求的变化。

创业团队所占股权为 75%；其中创始人康秀芝占股 55%；风险投资方占 25%，其中第一阶段融资让出股份 10%、第二阶段融资让出股份 10%、第三阶段融资让出股份 5%。

五、用创新照亮未来

那些从人类工商历史中脱颖而出的伟大企业，无不专注于技术创新。他们获取持续竞争力的途径，正是不断强化自主创新能力。曾几何时，中国企业技术创新长期掣肘于自主核心技术，陷入不断引进先进技术、又不断被先进技术落下的尴尬局面。曾经，一批批肩负复兴使命的民族企业首当其冲，直面技术壁垒和研发投入高、回报周期长的压力；今天，快解癌团队像勇于迎难而上的伟大企业学习，决心利用大连大学医学院的优秀科研资源，发展核心技术，自主创新，开启癌症检测及个体化治疗新时代。

随着人们生活方式及周边环境的变化，中国癌症患者数量近年来急剧增加，随之癌症早期筛查和癌症用药领域的市场规模日益扩大。如何设计操作简单、灵敏度和特异度高的癌症早期筛查工具，如何更精确地筛选治疗癌症的最佳药物，以便发展更可精准的、更安全、成本效益高的治疗方法，建立癌症早诊早治体系，成为当下癌症领域的市场热点。而目前市场上癌症早筛方面的缺陷明显，操作复杂的同时灵敏度和特异度较低。现有癌症体外筛药其细胞存活率低，筛选价格昂贵并且会造成药物的大量浪费，筛选药物种类也有很大局限性。

快解癌项目针对目前癌症早筛和治疗领域存在的短板，研发出了新型微流控芯片、检测试剂盒以及自动进样工作站等相关产品来实现癌症早期的快速筛查以及通过药物筛选实现精准治疗。该产品运用微流控技术在单细胞水平上，使用非常少量的细胞，可同时测量多种蛋白的表达，一个样本多个检测，节约检测时间及耗材。同时可需要选择不同药物剂量及组合方式，除此之外还可测试药物载体及官能团的效果，适合大批量筛药的同时及快速检测，同时药物的多重组合及优化也显著降低了药物的细胞毒性，为选出治疗患者癌症的最佳药物，使持续药效测量（用针刺活检样品检测）成为可能。

团队利用单细胞信息采集及多通路蛋白同时分析技术，包括先进的微流控影像计数技术用于定量测定单个细胞中的多种信号分子，采用自组织映射图用于系统的病理分析，利用计算机算法进行多蛋白的同时分析减少数据处理步骤。实现一张芯片多种蛋白的同时检测，将原本的细胞三分期精准为细胞五分期，经试验显示将精准度提高40%。项目利用多种蛋白的同时检测、细胞周期五分期的原理，在微流控平台上实现联合药物筛选。成功将药物浓度降低至单独药物的60倍，降低药物毒副作用，减少对患者的损伤。

作为新型微流控癌症蛋白检测技术，快解癌项目的操作流程简单且大幅度提高检测效率。全过程总共耗时13小时30分钟左右，用于代替耗时两周的传统筛药技术以及其他癌症检测手段。

与国际知名癌症检测产品相比，该产品具有更小的损伤、更优惠的价格、更快的检测等显著优势。

快解癌作为国内微流控筛药技术的前沿团队，具有独立开发的知识产权。国内外至今没有相关的产品，所以将来占有国内外市场份额的比例很大，因此，项目具有完全的竞争力。更能精准地找到治疗癌症的最佳药物，减少药品的浪费和细胞的使用，以实现精准医疗。未来将成为行业公认的下一代癌症问题解决方案。目前团队已发表 SCI 相关论文 6 篇，5 项发明专利申请正在受理。并在部分医院开展 190 例临床试验，灵敏度高达 85% 特异度高达 80% 与目前癌细胞检测的产品相比提高了 18%。

本研究所采用的微流控平台属于世界上科研和技术开发的前沿领域，对各种癌症细胞的多蛋白表达的同时测量、药物筛选、药物测量也属于世界科研的前沿。项目不论是所采用的技术平台，还是所解决的生物医学难题，都属于未来科研发展的方向。

项目的特色和创新之处：

（1）少样本。用非常少量的细胞，在单细胞水平上，同时检测多种蛋白的表达，并成功筛选出治疗癌症的最佳药物。建立了一个经济实用并且高效的癌症细胞体外给药测试平台。

（2）低成本。大大降低了筛药的成本和用药毒性反应，只需要很少量的细胞和较低药物浓度，达到相似的药物作用效果，使持续药效检测（用针刺活检样品检测）成为可能，同时降低药物浓度也减少了毒性反应。

（3）易操作。应用微流控的平台，解决了抗癌药物筛选进行常规实验时遇到的难题，使一些难以实施的实验成为可能。

（4）高通量。建立了可以同时测量多种蛋白质表达从而进行药物筛选的高通量实验平台。

（5）精准化。建立癌症细胞蛋白组数据库，为更精准地进行抗癌药物筛选，以及推进精准医疗实现个性化治疗奠定基础。

六、站上产业链之巅

从 1995 年首家微流控技术公司诞生开始，微流控芯片正式开启了商业化、产业化之路，芯片的快速模板复制法 PDMS、芯片的软光刻微阀/微泵被相继提出，首台微流控芯片商品化仪器在 1999 年被安捷伦公司和 Galiper 公司联合推出，被应用于生物分析和临床分析领域。

在国外已经发展了十年的微流控技术，直到 21 世纪初才正式进入中国，伴随着体外诊断（IVD）产业在中国的逐步兴起，微流控芯片在近几年才逐步被人熟知。目前具备微流控芯片批量生产能力的中国企业，只有北京华凯瑞微流控芯片科技有限责任公司、上海汶昌芯片科技有限公司、苏州汶颢芯片科技有限公司等 20 家左右。可以说，微流控芯片以及相关技术和设备的国产化是一个艰难的过程，国内企业在微流控芯片领域的沉淀时间相对较短，技术相对落后，国产微流控芯片的配套缺口仍在 70% 以上，国内微流控市场仍处于起步阶段，初具规模化，增速极快。

药物筛选领域，也是国外发展较为成熟，美国 DiscoveRX 是目前世界上最专业的药筛服务公司之一，达麦迪生物是中国大陆的独家代理商，而国内市场呈现出基数小、增速快的特点，但是企业普遍规模小、品种少。目前国内市场上采用的筛选癌症药物的方法，如单细胞体外培养法，PDX 模型法，胶原凝胶包埋培养法，微组织块培养等，其筛药方法复杂、成功率低、实验时间长，有很大的局限性。

"无论是微流控芯片的技术还是它在体外诊断和筛药领域的应用，都是国外发展得更为成熟，但是乘着新时代的浪潮，我觉得有机会，也有信心去做国产自主的微流控芯片的研发和应用。"康秀芝说，作为新一代医疗人，应该有担当、有使命、有勇气去根除这一痛点。

快解癌团队利用微流控技术在单细胞水平上，使用非常少量的细胞，同时测量多种癌症蛋白的表达，一个样本多个检测，节约检测时间及耗材。与传统癌症检测相比，所需细胞数减少了 10^3 个，产品价格至少降低了 20%，检测时间缩短了 6 天。同时在筛药领域，还可按需要选择不同药物剂量及组合方式，并测试药物载体及官能团的效果，适合大批量筛药的同时及快速检测，同时药物的多重组合及优化也显著降低了药物的细胞毒性，为选出治疗患者癌症的最佳药物，使持续药效测量（用针刺活检样品检测）成为可能，解决了癌症药物筛选进行常规实验时遇到的难题，大大降低筛药的成本，使一些难以实施的实验成为可能。

作为一支创新型团队，快解癌团队既关注当下微流控芯片技术的商业化，也将很大的精力投入面向市场的打造中以满足国内癌症早期诊断和高通量药物筛选、精准医疗的需要，通过创新链赋能产业链。目前，拟融资400万元，并已和大连大学附属中山医院、大连大学附属新华医院等多家医院达成合作意向，预计在2021年底，将取得营业收入300万元，净利润150万元。

微流控技术经历了二十几年的发展，现在正是重要的产业化阶段。而芯云科技的成长经历了大约10年的时间，目前技术较为成熟，产品小巧简单，检测方法稳定快速，是由研发产物向产品转型的重要阶段。同时高通量的药物筛选，近年来已成为医疗健康产业热门领域之一，随着对高通量筛选研究的不断深入，随着对筛选模型的评价标准、新的药物作用靶点的发现以及筛选模型的新颖性和实用性的统一，微流控芯片高通量筛选技术必将在未来的药物研究中发挥越来越重要的作用。

展望未来，快解癌将瞄准高端产业链，在技术创新的广度、深度和精度上打造更多的硬科技产品，以非凡的企业家精神助力我国的精准医疗事业！

三、高教主赛道：创组案例

案例4 吉帕陶瓷——打造纳米陶瓷刀具的国之精刀

学生：杨晨 指导教师：王兴安博士

一、项目简介

（一）项目摘要

大连吉帕陶瓷科技有限公司是一家于2020年成立的高新技术公司，是国内独家纳米陶瓷刀具的生产供应商。公司经过多年的产品设计与技术攻关，研制的纳米陶瓷刀具处于世界领先水平，打破了国外品牌对国内刀具市场的垄断。到目前为止，授权国家发明专利 5 项，发表高质量论文 30 余篇，获国家级奖励 1 项，省级奖励 2 项。

项目组拥有强大的科研与技术团队，聘请了多位教授、高级工程师进行技术指导。项目在多体系的陶瓷刀具实现了技术突破，在全球首次设计并大批量生产出具有自主知识产权的高性能纳米陶瓷刀具，独家实现"难切削材料"的精密加工。与传统合金刀具相比，使用寿命提高 5～10 倍，1200 度以上仍可长时间高速切削，并可实现无切削液干式绿色切削。

公司自成立以来累计营收 5700 万元，预计 2021 年营收达到 7000 万元，2022 年预计突破亿元大关。公司计划融资 3000 万元，出让 10% 股份，用于产品研发、人才引进、设备升级等。公司未来 3 年将直接带动就业 200 人以上，间接带动就业超过 500 人。

公司目前已经完成刀具的技术论证及生产工艺落地，合作企业有沈阳黎明航空发动机集团、哈尔滨第一工具厂等，为企业创造经济效益超过 1.4 亿元。预计未来 10 年，公司将占据国内刀具市场份额的 50%，并将引领刀具行业。

（二）所获奖项

第五届辽宁省"互联网＋"大学生创新创业大赛银奖。

第六届中国国际"互联网＋"大学生创新创业大赛国赛铜奖。

第六届辽宁省"互联网＋"大学生创新创业大赛金奖。

第七届辽宁省"互联网＋"大学生创新创业大赛金奖。

二、项目计划书

（一）项目背景

1. 产业背景

除航天航空领域外，汽车工业是专用刀具应用最多的行业，也是衡量一个国家或一个刀具公司技术水平高低的标志。我国汽车生产线，特别是轿车生产线大部分是从国外引进的，而刀具均是随设备进口时定的。目前，国内的汽车生产线有美国型、欧洲型、日型、韩型以及以欧洲设备为主的自主型，这些公司几乎填满了市场空间。在一些大型汽车制造厂，国产化刀具可能只占总项目的 10% 左右。据有关资料显示，2007 年我国共进口各类刀具产品 23364 件，比上年增加 64%；进口刀具购置费高达 28516 万美元，比上年增加 87%。这些数字说明，国产刀具还远远赶不上机床主机的发展。在汽车刀具领域，进口产品占据市场主导，越是高档高效高性能刀具，国外刀具所占份额越高。相关统计显示，我国汽车加工用高性能刀具 80% 以上的市场份额被国外工具厂商占有。在市场经济全球化趋势愈加显著的今天，明确与国际先进水平的差距，找准刀具制造界的发展趋势并迎头赶上，对于国产数控装备的推广使用，提升我国的机械制造工艺水平都具有十分重要的意义。

随着航空发动机制造技术以及汽车制造技术的快速发展，特别是各种先进材料的不断涌现，对零件的加工效率和加工精度提出了更高的要求。由于使用陶瓷刀具可以改变传统的机械加工工艺，解决各行业难加工材料的切削加工问题，提高加工效率，节约生产硬质合金刀具所需的大量贵重金属（如 W、Co、Ti 等），因此，在国外陶瓷刀具的应用越来越广泛，并且大量应用于数控机床。在美国，陶瓷刀具占全部刀具市场份额的 3%～4%，在日本该份额为 8%～10%，在德国约为 12%。在一些特殊加工过程中，陶瓷刀具所占比例更大。据估计，今后陶瓷刀具占整个刀具市场的份额可能增加到 15%～20%。

2. 痛点分析

针对上面对市场的现状以及需求分析，可以看出我国刀具市场存在以下四个痛点：

（1）高精尖材料的切削：传统刀具无法满足高精尖材料的切削，高精尖材料中硬度比较大的材料的切削需要硬度更大的刀具。

（2）切削液污染：金属刀具切削的过程中加入切削液起到降温和润滑的作用，而切削液一般是有机溶剂，严重威胁健康，污染环境。

（3）刀具的使用寿命短：传统刀具易磨损，普通陶瓷刀具材料脆性大，易崩刀，使用寿命短。

（4）超硬刀具市场被国外垄断：我国的刀具市场 85% 以上都被国外品牌占领，国内品牌不足 15%。

3. 解决方案

为解决以上三个市场痛点，满足我国现代化机械加工业的需求，大连吉帕陶瓷科技有限公司开发具有自主知识产权的新一代 Al_2O_3 - $Ti(C，N)$ - $TiNi$、Al_2O_3 - ZrO_2、Si_3N_4 - $Ti(C，N)$ 等系列纳米陶瓷复合材料高性能化技术，以及纳米复合材料刀具的制备技术和"高性能切削难加工材料"技术。不仅提高了加工的速度和质量，刀具的服役寿命也提高了 40% ~ 50%，同时实现了无切削液干式绿色切削，而且实现全自动化加工、切削效率和精度大幅度提高。实现以最优的性能，用实惠的价格使用高品质的纳米陶瓷刀具，打破我国超硬刀具市场被国外垄断的格局，成为中国纳米陶瓷刀具行业中的佼佼者。

（二）产品与服务

1. 产品介绍

大连吉帕陶瓷科技有限公司自主研发纳米陶瓷复合材料主要包括：Al_2O_3 - ZrO_2 纳米陶瓷复合材料；Al_2O_3 - $Ti(C，N)$ - $TiNi$ 纳米陶瓷复合材料；Si_3N_4 - $Ti(C，N)$ 纳米陶瓷复合材料；从而解决：高精尖材料中硬度比较大的材料的切削需要硬度更大的刀具；在金属刀具切削的过程中加入切削液起到降温和润滑的作用，而切削液一般是有机溶剂，严重威胁健康；普通陶瓷刀具使用寿命短，材料脆性大，易崩刀；金属刀具所用的部分金属矿产资源紧缺等问题。

2. 核心技术

（1）Al_2O_3 - ZrO_2 纳米陶瓷复合材料刀具的制备技术路线（见图1）。

（2）Al_2O_3 - $Ti(C，N)$ - $TiNi$ 纳米陶瓷复合材料刀具的制备技术路线（见图2）。

（3）Si_3N_4 - $Ti(C，N)$ 纳米陶瓷复合材料刀具的制备技术路线：Si_3N_4 - $Ti(C，N)$ 纳米陶瓷复合材料刀具制备的技术路线与 Al_2O_3 - $Ti(C，N)$ - $TiNi$ 体系相似。

（4）纳米陶瓷复合材料刀具的制备技术流程（见图3）。

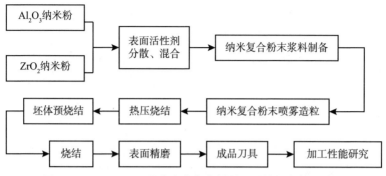

图 1 Al$_2$O$_3$ – ZrO$_2$ 纳米陶瓷复合材料刀具的制备技术路线

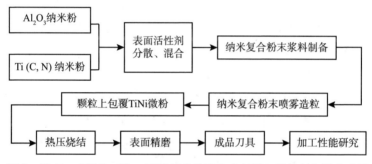

图 2 Al$_2$O$_3$ – Ti(C，N) – TiNi 纳米陶瓷复合材料刀具的制备技术路线

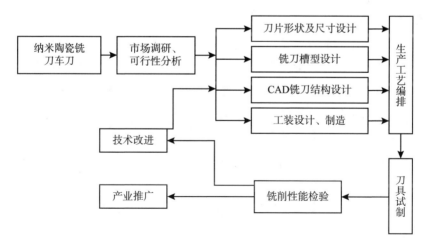

图 3 Si$_3$N$_4$ – Ti(C，N) 纳米陶瓷复合材料刀具的制备技术路线

在项目的研究中实施 CAD 应用工程，采用先进的 CAD 计算程序进行纳米陶瓷的结构优化设计，产业化系列开发适用于发动机等难加工材料的铣刀和车刀。通过技术改造计划，新增关键技术设备、仪器并消化吸收，提高关键加工工序及产品检测的工艺水平和装备水平，为研发产品产业化提供保证。

3. 应用成效

大连吉帕陶瓷科技有限公司研发的纳米陶瓷刀具已经通过实验室性能测定、形式检验、工厂实地检测、工厂大规模使用反馈，产品都取得了很好的成绩。产品已经在多家公司应用，经用户反馈新增产值约 15500 万元，创造效益近 1.4 亿元，减少磨削费用支出约 2862 万元，节省成本约 2941 万元。

(三) 市场营销

1. 商业模式

项目确定的商业模式从 B2C 商业模式稳步过度为 B2B 商业模式并进一步发展为 B2B2C 的商业模式。当前项目的商业模式以 B2B 模式为主。面向合作厂商客户，基于纳米陶瓷刀具技术服务，提升数控机床切割效率和质量。面向普通厂商用户，提供质量安全、绿色环保的产品，节省厂商制造成本。

2. 盈利模式

吉帕纳米陶瓷刀具盈利路径主要有两个：一是为合作厂商提供纳米陶瓷刀具技术服务，助力数控机床的精密切割，向合作厂商按照盈利百分比收取服务和技术费，后期通过与各大公司的合作，巩固自己的技术，自主研发以纳米陶瓷刀具为材料的新型产品，打开产品销售渠道，做到原材料与成品及技术销售一体；二是寻求代工厂制造陶瓷刀片直接面向市场销售实现营收。

3. 营销策略

大连吉帕陶瓷科技有限公司采取线上＋线下混合的营销策略。总经理负责公司战略管理，并拟订公司的总目标及执行计划，准备董事会议事程序，出席董事会及股东会，接受咨询，将决议事项转达给所属人员并负责决议的监督和控制。副总经理主要负责人事管理及公司产品制造和工厂管理等事务。财政总监负责公司财务会计、管理会计、成本会计、财务保管及资金融通等事务。调研部总监主要负责根据调查制定相关调研问卷，调研数据汇总与分析，新市场的开拓，同时负责已有市场的潜在开发和对目前市场的竞争分析。媒体总监主要负责公司社会化媒体的运营与推广以及厂商使用技术后的数字化跟踪与记录、产品的电子模式宣传，与公司其他部门及团队融洽合作，开拓线上营销部分，与线下营销相互结合。

（四）团队管理

1. 公司框架及公司介绍

（1）公司框架。

团队在初期发展阶段采用直线式组织形式，有利于团队的职权集中，有利于团队高速有效运转。直线式组织形式会随着团队发展显露出不可避免的缺点，之后团队会进行组织形式优化。

（2）公司介绍。

大连吉帕陶瓷科技有限公司是一家于2020年成立的高新技术公司，是国内独家纳米陶瓷刀具的生产供应商。公司经过多年的产品设计与技术攻关，研制的纳米陶瓷刀具处于世界领先水平，打破了国外品牌对国内刀具市场的垄断。到目前为止，授权国家发明专利5项，培养高质量博士生8名，归国学者6名。其中中国颗粒学会理事、国家杰青、国家新世纪百千万人才孙旭东教授与全国刀具复杂刀具理事、全国刀具技术协会副理事长于继龙研究员担任公司核心专家。

2. 团队主要成员介绍

杨晨，项目负责人，大连市吉帕陶瓷科技有限公司法人代表，首席执行官。大连大学研究生学院化学专业2019级学生。曾带领"纳米陶瓷刀具"项目团队获得第七届辽宁省"互联网＋"创新创业大赛金奖、第六届中国"互联网＋"创新创业大赛国赛铜奖、第六届辽宁省"互联网＋"创新创业大赛金奖以及2020年"挑战杯"辽宁省大学生创业计划竞赛银奖。

3. 专家顾问

孙旭东，教授、博士生导师导。入选国家杰出青年基金计划、国家首届新世纪百千万人才工程、教育部创新团队发展计划、教育部跨世纪优秀人才培养计划、辽宁省百千万人才工程百人计划等。长期从事纳米粉体合成、光学陶瓷、陶瓷复合材料、贵金属材料的研究。承担和完成国家自然科学基金重大项目子课题、国家"863"计划、教育部创新团队发展计划等30余项目。获得国家发明专利授权10项，省部级科研奖励7项。

（五）财务分析与预测

1. 股本结构

创业团队共占比65%，技术持有人占比35%。

2. 融资计划

公司自成立以来累计营收7000万元，预计2022年营收破亿，2023年达到1.4亿元，稳步增长。公司计划融资4000万元，出让10%股份，用于产品研发、人才引进、设备升级。公司未来3年将直接带动就业300人以上，间接带动就业超过500人。

3. 发展规划

自2019年成功研发国产纳米陶瓷刀具初涉超硬刀具至今，生产和销售自主研发、获得生产许可、具有世界领先水平的纳米陶瓷产品，产品市场已经逐渐从辽宁扩展到了东三省地区。预计2023年营收破亿元，三到五年内将产品推广至全国，借助产品性能优势与各大跨国企业竞争国内市场。

未来10年将继续以市场需求为导向制定公司营销策略，提高纳米陶瓷刀具的性能与质量，进一步增强产品的市场竞争力，减少产品成本，提高产品质量。通过规范化的生产经营管理，提高自身硬实力，努力提高自身的经济效益与社会效益。预计公司将占据国内刀具市场份额的50%，并将引领刀具行业的全面革新，成为具有国际影响力的品牌企业。

三、经验体会

2020 年，我初次作为项目负责人带领团队参加"互联网＋"大赛，2021 年再次参与比赛，历时近一年，获得了国家级铜奖、省赛金奖的好成绩，并拥有了自己的公司——大连吉帕陶瓷科技有限公司。对于我个人而言，这一年不仅仅是参加了一个比赛，更是对我自身综合实力的一个锻炼和提升。

首先，我的研究方向是高性能陶瓷，在调查项目背景时，受制于国外技术的困难更激发了我对专业探索的欲望和热情。其次，研发新型纳米陶瓷刀具的过程，是我的专业知识的考查，更是巩固和提升；再次，我们团队在比赛过程中，参加培训，写计划书，做 PPT，参加现场赛，大家各司其职，分工合作，我在这个过程中，逐渐具备了领导团队的能力。语言表达能力、人际交往能力、心理素质等也都得到提升；最后，在学校政策的扶持和老师的帮助下我的公司从零到逐渐步入正轨，这个过程让我真实地体会到了创业的艰辛与快乐。

我相信只要我们秉承"打破垄断，砥砺前行"的工匠精神，目标打破国外垄断，改变世界加工制造格局、拓展国际市场、让中国"智"造成为民族复兴的强劲动力。我们年轻，但是充满着活力、富有创新并深感责任与使命，相信我们一定能为大连大学学生就业创业作出重要贡献。

四、指导教师点评

作为初创组项目，项目组致力于开发出性能高价格低的纳米陶瓷刀具，打破国外品牌对国内刀具市场的垄断。"吉帕陶瓷"项目独家实现了"难切削材料"的精密加工，使用寿命提高 5～10 倍，并可实现无切削液干式绿色切削。项目具有原始创新和技术突破，并取得一定数量的专利和完成纳米陶瓷刀具的中试，对助力区域经济发展、陶瓷刀具产业转型升级起到积极作用。

项目采用轻资产运营模式，一方面售卖技术服务，按照盈利比收取服务费和技术费，另一方面产品服务、管理运营、市场营销、工艺流程、应用场景等方面取得突破和创新。自公司正式成立以来，不仅实现了项目的运营和创收，更带动了直接或间接就业。"吉帕陶瓷"项目商业模式设计完整、可行，产品成熟度及市场认可度较高，项目负责人和团队成员的专业知识作为支撑，充分体现多学科交叉，能够做到分工协作和能力优势互补。目前，公司已经与多家企业合作，企业利润和持续盈利能力较强，项目目标市场容量及可扩展性广阔，未来具有可持续成长的空间。团队创新创业精神与实践起到了正向带动和示范作用。

案例5　数智云创——打造国内首款全新功能
创新创业管理平台

学生：吕家兴　指导教师：王谢勇教授

一、引言

2021年，大连大学创新创业学院和"连大"众创空间共同孵化出数智云创项目，该项目在创新创业类大赛中斩获多项大奖。其中，在中国国际"互联网＋"大学生创新创业大赛获得省级铜奖，在全国大学生电子商务"创新、创意及创业"挑战赛中获得省级银奖，在"创青春"全国大学生创业大赛、iCAN创新创业大赛成功入围国赛，受到大连市团委、大连市青年创新创业协会的高度关注、高度支持、高度评价。数智云创团队扎实发展，如同一盏航向灯，正逐步成为未来中国高校创新创业信息管理平台行业的引航者。

二、点亮创造之灯

吕家兴、崔祚源，工商管理专业出身，大连大学本科优秀创新组织相关负责人，现任大连学乐云公司执行董事、总经理。刚刚步入大学校园时，他们便意识到大学生发展的核心在于提升自身的创新能力。经过一年的学习生活，二人发现目前高校的创新创业信息填报、汇总、分析存在着许多问题，结合自身所学的专业，他们开始对高校创新创业系统做了系统的调研。在多次讨论后，决定成立一家以管理创新创业信息平台为主的大连学乐云公司，以自身的实际行动突破高校缺乏信息化、流程化管理平台的现状。

项目成立初期，团队缺少资金、人力资源以及专业的指导，在大连大学创新学院老师们的帮助下，项目内容逐渐成熟、项目框架逐渐清晰、项目团队逐步扩大，目前团队有本科学生5人、硕士1人，博士1人，导师团队有教授1人、博士硕士各1人。在指导老师的帮助下，项目设计构思不断丰富细致，相关的软件设计与技术也得到了国内该领域专家的认可，申请相关软件著作专利8项。

团队秉承着"推动'双创'教育高质量、智能化发展"的初心，旨在解决中国双创教育管理弊端，搭建全生命周期的创新创业信息管理平台，改变当下双创教育成果统计方式，全面拓宽市场，为中国双创教育发展贡献自己的力量。

经过两年的磨砺，两位创始人也从稚嫩的大学生转变为富有创新创业意识的青年企业家，这条路上有鲜花和掌声，也有荆棘和诱惑。在别人看来二人已经取得了相当多的荣誉，但是他们的初心仍然不变，荣誉对两人来说只是路边的风景，真正的目标在于不断突破自己，两人带领着企业团队不断地努力，不断攀登更高的山峰。

三、打开机会之窗

郁义鸿曾经说过：创业是一个发现机会和捕捉机会并由此创造出新颖的产品或服务，实现其潜在价值的方式。创新、创业的过程，本质上就是一个改革，突破过去与陈旧的过程，成功的创新创业者善于发现旧的、错的事物和方法，并找到提出新的、更优的解决策略。

通过查阅资料发现，早在2015年教育部就已发布文件，明确要求各高校设置创新创业学分；党的十九大强调"创新是引领发展的第一动力"，要求各高校要设置合理的创新创业学分，建立创新创业学分积累与转换制度，设立创新创业奖学金。

据不完全统计，全国普通高等院校2595所，应用系统的全国不足70所，市场前景宽广。国家相关教育政策出台后，高校迫切需要一款能够提供学分管理、创新创业活动管理等服务的智能创新创业平台，仅按每年平台租赁年费3万元计算，市场规模已经超过7700万元，若按平台购买费用50万元计算，市场规模已经超过1.2亿元，前景广阔。

四、踏上创业之路

大连学乐云有限公司的两位创始人没有想到，大学期间的创业会成为高校信息管理平台行业的巨大突破。创业的征途绝非平坦，公司的成功创办得益于两人丰富的社会经验，通过实习发现经营公司要亲自完成募资、拉赞助、建设团队、建章立制、技术研发、生产制造、宣传推广等各类繁杂的事务。并且通过参与创新创业大赛，让他们结识了一群志同道合的挚友，后来也成为他们一起创业的伙伴。

2020 年 8 月 28 日，公司成功注册，注册资本 5 万元。

2021 年 4 月 12 日，数智云创项目正式开展并稳步运作，截至目前，累计投入 400 万元，初期估值约 5000 万元。项目目前为 46 所高校及相关教育部门，超过 517 万学生及指导老师提供服务。

截至 2021 年 6 月 23 日，已确认收入 654.3 万元。在未来，项目还将不断发展，力争抢占中国双创信息管理平台市场超过 30%份额，全面引领行业革新。

五、用创新照亮未来

全球创新创业发展史表明，那些受人尊敬的伟大企业，无不专注于技术创新，通过不断强化自主创新能力，获取持续竞争优势，为人类境遇的改善提供源源不断的动力和启示。企业缺乏自主核心技术是多年来制约中国科技与社会经济发展的重要问题。面临技术壁垒和研发投入高、回报周期长的压力，数智云创团队将利用大连大学创新创业学院相关的学科研究和人才优势，发展核心技术，自主创新，成为新时代中国创新创业教育行业发展新势力。

高校创新创业协同平台市场尚处于初级阶段，大多平台缺乏系统化管理，距离创新型创业信息管理要求所需要的专业化程度还有相当的差距。校企协同满意度也较低，不管是"科技成果转化"，还是"企业项目让学生参与"，整体都存在不足。就目前整体情况而言，发现主要的市场痛点如下：

（1）高校缺乏系统化管理平台。全国大部分高校的创新信息系统功能较为落后。很多大学生虽然积极参与到各项活动中，但缺乏完整记录的系统、成熟的分析手段。

（2）学生真实数据呈现多维度，统计困难。学校掌握的学生在校经历信息呈现单一化、不全面，综合化评价困难，且内在能力的呈现度较差，影响企业对人才的判断选择。

（3）学生缺乏权威有效的就业引领。高校学生面对的信息较多，个人社会实践经历不足，对双创教育认识程度较低且来源较为庞杂，筛选困难，缺乏切实有效的就业引导和创业帮助。

数智云创项目，建立了一套面向高校师生的创新创业项目信息展示、项目管理以及孵化的全程管理管理平台，满足高校师生在创新创业活动中的信息与资源获取，项目全流程信息采集与管理，以及项目成果转化与创业孵化的要求。使创新创业项目来源于真实的商业需求，实现创新创业项目立项申请、过程监控以及结题考核与评价的全流程管理，实时展现学生的学分获取、教师的工作业绩以及院系的项目开展情况等，同时，平台将辅助完成师生的创新成果转化与创业项目孵化工作（见图1）。

基于 Sass 模式的高校创新教育数字化建设系统通过云计算对目标数据进行处理，通过 Sass 模式实现无硬件部署系统，并根据需求变化优化更新。平台采用前后端单独并行开发的技术，即前后端分别部署在不同的服务器，后端主要提供数据接口，前端请求数据接口渲染页面。

用户端界面基于 Node 环境，Vue 框架构建项目，Vue. js 脚手架搭建环境，Dom 作为内部虚拟，提升了页面加载和刷新速度，Sass 和 Less 对页面的样式进行美化。Vue 框架是 MVVM 架构，依据数据更新视图。使用 Axios 进行前后端数据交互，发送数据，请求后台数据接口。

后端采用 SpringBoot 框架，整合了 Spring、SpringMVC、MyBatis 框架，后端采用 MySQL 数据库进行数据存取，Redis 进行数据内存的高速缓存，进而实现整个网站的开发。该系统的建设实现高校创新教育数字化建设，促进高校创新教育体系智能化、数字化（见图2）。

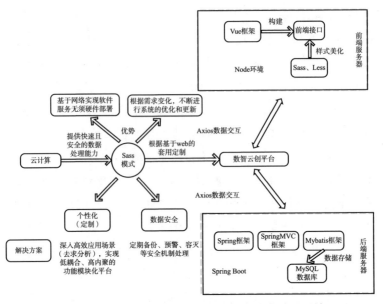

图1 基于 Sass 模式的高校创新教育数字化建设系统

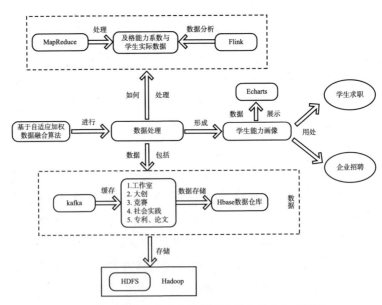

图2 基于学分模块动态数据融合的自适应加权算法

基于学分模块动态数据融合的自适应加权算法采用格罗贝斯判据剔除测量数据中的疏失误差。基于算数平均值与分批估计的融合算法对余下的数据进行预处理，在总均方误差最小的最优条件下，采用自适应加权融合算法对数据进行融合处理。从而使大量数据融合为最接近真实情况的数据。

数据模块采用大数据技术对学分动态数据进行存储和分析。针对大创、竞赛、社会实践等数据量大的问题，采用 Kafka 系统作为数据仓库进行数据存储，存储于 HaDoop 和 HDFS。针对数据分析处理问题，采用 MapReduce 对学生及格系数和学生实际数据进行分析处理。针对求职数据参数多的问题，采用 Flink 对数据分析工作，提高数据与用户匹配精确度。针对数据可视化问题，采用 Echarts 对学生能力画像数据的抽象展示，提高用户使用友好度。

采用大数据技术不仅解决学分动态数据庞大的数据信息，还可以对这些含有意义的数据进行专业化处理，将结果进行可视化分析，使用户在处理数据的过程中更加直观、便捷、快速和高效。

六、站上产业链之巅

在谈及未来的发展时，两位负责人说："在今后项目逐步发展中，我们将结合高校学生的个人实际在校经历，着重打造与企业人才招聘方面的对接情况。在实现打印创新创业成绩单、完善学生综合素质能力画像的基础上，进一步提供可视化的学生能力展示方式。通过学分成绩单，完整记录学生的竞赛获奖、社会实践、参与科研等情况，并累计创新创业学分。学生个人可以通过学分了解到自己的能力是否有提升，企业也可以择优为学生安排实习，就业的机会。未来系统将会开设企业端口，企业可从个人成就的积分榜上直接调取学生个人成就情况，从而完成招人才的工作。这一功能后期计划研发设置为双向应用，即学生也可以通过系统发布就业、创业需求，寻找志同道合的创业队友及心仪的企业、投资人。"

两位负责人希望：搭建一个创新创业教育闭环，对接企业及投资人，实现项目孵化、学生对口就业。完成从学生创建项目、参加比赛、教师指导、学分兑换、企业投资，项目孵化的创新创业全过程。将高校双创管理系统发展为有数据支撑的第二份大学成绩单，实时记录学生参与创新创业情况，具有高效性、即时性、权威性。

未来发展目标分为三步：首先发展我国北方重视双创教育地区的重点大学；其次通过第一批高校的合作，可以对平台产品进行更加全面的预估和判断修正；最后开阔南方市场与北方非重点大学市场，保证在全国高校和教育部门市场的高占有率。

采用"设计＋生产＋销售型"经营模式，根据市场需求，开发出市场上需要的产品，同时对以往的产品进行改造。以大连学乐云公司——沈阳云创未来公司为中心，辐射各个学校，教育部门分区的创新性"总部→分区（市场拓展）→部分特色服务"结构，既有利于公司在经营上达到良性扩张，良性盈利，又满足了消费者，即高校差异化发展的需求与实际产品的高使用率。对于所销售的分区，我方公司会派出相关人员协助，所派出人员即可大致分为分区平台研发人员——平台日常维护开发人员——平台后期调研人员模式，这是基于项目组在大连大学实践探索可以推广普及的商业经营模式。并且，由于高校的需求具有一定的相似性，项目的基本产品将更容易向其他高校推广。

四、高教主赛道：成长组案例

案例6　民悦农超

学生：田祎梦　指导教师：王爽副教授

一、项目简介

（一）项目摘要

"民悦农超"是在2015年6月响应政府"5个1"工程兴建的一家标准化市场，致力于打造服务周边百姓衣食住行、休闲娱乐、带动就业的新业态生活社区，目前已发展为"零售＋批发"新模式，以"农超对接"为依托开展"农餐对接"，未来还将全力推进"农校对接""场店对接"。

创始人刘禹玮自2015年大学毕业后，怀揣创业梦想回到家乡，成立"甘井子区棠梨祥悦综合商店"，助力乡村振兴，与来自财务、营销、管理等领域的有丰富经验的8人共同组建团队，让青春激情在希望的田野绽放。

"民悦农超"依靠自有资源优势，成立农贸商会，采用"超市＋合作社＋农户"和"超市＋农户"并存模式，对农户包地种植，订单式供应，降低农户的种植风险、提高收入，实现生鲜农产品直供直销。近三年，项目已累计投入730万元，销售额从2017年的565.3万元增长到2019年的922.18万元，已签约专业合作社4家，农业基地10余家，惠及农民2104人，合作餐饮企业46家。与三所大学合作，为农户提供全国优质的农产品种苗、生产规范及技术指导。

三年来，"民悦农超"不忘初心，始终秉承"悦民、悦农、悦己"的宗旨，深入开展扶贫助残、带动就业及家乡环境建设。截至2019年底，累计扶贫52户，直接带动76人就业，间接带动900余人就业。因社会贡献突出，"民悦农超"于2015年被大连市甘井子区政府列为重点民生工程，2017年获得甘井子区菜篮子工程挂牌，且获得该项目鼓励金。未来3年将扩大投入，用于开设分店、与网络销售平台合作，扩大农产品采购半径，覆盖全国主要农产品地理标识，增加学校企事业单位合作，构建东北区知名农超品牌，2020年预计销售收入达到950万元，2021年预计收入超过1300万元，民悦矢志不渝地探索鲜活农产品交易难困境，促进农业产业优化。

（二）所获奖项

第四届辽宁省"互联网＋"大赛大学生创新创业大赛银奖。

第五届中国"互联网＋"大赛大学生创新创业大赛国赛铜奖。

第五届辽宁省"互联网＋"大赛大学生创新创业大赛金奖。

第六届辽宁省"互联网＋"大赛大学生创新创业大赛银奖。

二、项目计划书

(一) 项目背景

1. 产业背景

自2008年，商务部、农业部联合推行"农超对接"试点工作以来，国家大力支持这一新型模式，相继出台了多项相关政策。2017年底，"农超对接"在全国各省市广泛开展，使得农产品流通成本降低了10%～15%，实现农民年均增收4000多元。"农超对接"模式是我国超市发展的第三次革命，受到政府、社会，特别是消费者的高度关注。"农超对接"在减少农产品中间流通环节、降低流通成本等多方面发挥着积极的作用。

2. 市场机会

农超是中国农产品流通的主要市场之一，果蔬进农超销售占整体销售的60%。当前批发市场的体系庞大，中间环节较多，大部分农产品从采摘到包装过程缺少标准化的管理，现阶段的餐饮服务行业对农超市场有更高的要求。

"农超对接"模式在农产品流通市场中占比不到20%，市场上大部分农产品生鲜超市进货渠道仍以集散中心批发为主。"农超对接"模式的市场需求大，发展空间大，并且"农超对接"模式节省流通成本，保证农产品新鲜健康，迅速便利，农户增收显著，又有国家层面鼓励推行，"农超对接"模式发展前景良好。

3. 解决方案

民悦采用的主要流通模式为"直采直销"模式，该模式价格相对比较低，奠定了价格优势。同时民悦采用对接模式为包地模式，在提高生产率的同时增强产品效益规模，具有市场优势。农超对接（农商对接）极大地压缩了中间商的利益，大大降低了果蔬采购成本，比同类市场价格降低接近20%，形成民悦价格优势。

(二) 产品与服务

1. 产品介绍

"民悦农超"是在2015年6月响应政府"5个1"工程兴建的一家

标准化市场。民悦农超是棠梨地区唯一一家标准化市场，周围辐射范围内有大小工厂70余家。以农超对接、绿色健康、经济便利、精准扶贫和公益助残等作为发展目标，致力于打造服务周边百姓衣食住行、休闲娱乐、带动就业的新业态生活社区。"民悦农超"的经营模式是以农超对接为主（如图1所示），实现农超、农户、消费者之间的三方共赢。

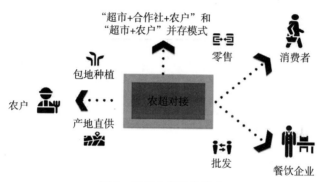

图1　民悦农超运营模式

2. 技术优势

（1）资源优势。

农超位于城乡结合区域，菜农直接将果蔬运送到农超，农产品运输便捷，保证了其新鲜度，避免中间商任意抬高市价，使销售渠道更加稳固。

（2）服务优势。

以优良的技术，与大学的合作为依托，提供优质的种苗资源。同时定期对员工培训，打造高质的服务优势。采用专业透明化的农药残留检测手段，果蔬更新鲜。

（3）产品价格优势。

通过农超对接，能够减少流通中间环节，降低采购成本，奠定价格优势。

3. 应用成效

近三年，"民悦农超"已累计投入730万元，年均销售额近750万元，民悦农超所采用的果蔬均为绿色健康、无污染农作物，由云端数据监测质量，有效地保护农户的土地资源，推动了蔬菜基地的生态环境建设。已累计帮扶52户贫困户，已累计捐助69人次、助残13人次。同时，主动为当地低收入或残疾人口提供就业岗位，年平均从业人员约70人次。

（三）市场营销

1. 商业模式

"民悦农超"采用包地种植的方式，通过"超市＋合作社＋农户"和"超市＋农户"并存模式，农户果蔬由产地直供民悦农超果蔬自营店，由民悦农超将一部分零售给消费者，一部分批发至餐饮企业，搭建长期合作伙伴关系后，由农户直供餐饮企业，实现农商对接。

2. 盈利模式

（1）标准化市场。

出租店铺。在市场内部，有一定的面积对外出租，包含门头店铺18家，大小摊位22处，2018年租金收入34.13万元。

加盟超市。民悦内包含一个加盟超市——"好又多"生活超市，加盟超市2018年带来收入40.32万元左右。

自营果蔬农超。民悦主营业务为果蔬超市，以农超对接形式经营，民悦果蔬农超2018年销售额达532.66万元。

（2）批发直供餐饮企业。

"民悦农超"将农户果蔬对接餐饮企业，实现农户、农超、企业三方共赢。2018年收入315.07万元。

3. 营销策略

（1）分析客户需求。

通过统计店内收款机每日数据，确定单品销量，根据时令季节选择时令当地果蔬作物，类比往年同阶段销售数据分析。对周边社区、餐饮企业进行问询调查，来了解大众对各种果蔬产品需求度。

（2）以销定产。

调查周边及当地地区已有大棚种植情况，提前预判果蔬品类。在后期经营阶段，可根据近期市场受欢迎的果蔬情况进行种植，将普通与特殊产品适当分离，以满足更多消费人群的喜好。

（3）线上、线下相结合。

以民悦农超为平台，连接农户与商家，开展电商营销新方式，与具有知名度的电商平台合作。后期将结合微信公众号或小程序实现线上交易，并推出个性化定制服务。同时拓展采摘种植等体验类活动，进一步提高了企业知名度和客户信任度。

4. 运营成效

民悦已与 2104 户农民签订合作协议，合作土地面积约 38500 余亩，覆盖到辽宁省、山东省、黑龙江省。加入商户同盟后，与大学合作，享有专业的农业科技资源。同时积累了充实的货源与合作商，已与瑞安八珍、咯咯哒、麦花食品等公司展开合作，预计未来将对接更多农业基地、企业及品牌。未来 3 年将扩大经营，用于开设分店、建设网络销售平台，构建周边的居民及企事业单位配送新鲜绿色生鲜网络。预计 2020 年销售额将突破 950 万元，带动 2300 户人均年收入增加 5500 元，经营情况如表 1 所示。

表1　　　　　　　　　项目经营情况　　　　　　　单位：万元

项目	2017 年	2018 年	2019 年
市场定位	标准化市场	农超对接标准化市场	农超对接标准化市场零售＋批发
投入额	180	240	320
销售额	565.3	709.51	922.18

"民悦农超"项目主动承担社会责任，将公益活动贯穿始终，进一步弘扬中华民族"扶弱助残"的传统美德，每年制订详细的公益助残实施方案。比如：每年九月进行"金秋送温暖，真情惠民生"活动；每年五月第三个星期日的全国助残日，在社区内举办助残活动；每年中秋节，前往爱心小学，对残障儿童给予捐赠（见表2）。

表 2   **2017~2019 年公益助残情况**

项目	2017 年	2018 年	2019 年	累计
受捐人数（人）	19	24	26	69
助残人数（人）	3	4	6	13
公益金额（元）	1100	2000	2400	5500

（四）团队管理

1. 公司介绍

公司内设立了采购部门、运营部门、市场部门、财务部门、行政部门、后勤部门、新媒体部，分别负责公司的产品采购、农超日常营业事项、开拓市场等工作，分工明确，以保障公司的高效工作。

2. 团队主要成员介绍

刘禹玮，总经理，占股 100%。毕业于大连大学旅游学院。2015 年创业成立"甘井子区棠梨祥悦综合商店"，开展"民悦农超"建设项目。被评为 2015~2016 年度辽宁省大学生创新创业标兵。

田祎梦，市场部负责人。旅游管理专业，有两年自主创业经验，具有较强的市场推广能力及产品销售经验，现任职"民悦农超"市场部负责人。

曹鹤雯，扶贫对接专员。旅游管理专业，国家级大学生创新创业大赛项目负责人，利用寒暑假期间及课余时间，主要负责秋季、冬季扶贫对接活动。

（五）财务分析与预测

1. 财务情况

2018 年企业的运营成本为 1060.86 万元，其中主营业务成本为 767.43 万元，占比 72.34%，实现净利润 434.74 万元；2019 年收入 922.18 万元，净利润 343.79 万元；2020 年上半年收入 370.32 万元，预计 2020 年全年收入不低于 900 万元。公司注册资本 1500 万元，初期外部融资 300 万元，初期创始人投资 700 万元，团队内部投资 500 万元，分别占比10%、55%和35%。

2. 融资计划

计划融资225万元，出让股份15%，用于开设连锁农超、农超日常运营、保底采购、员工薪资支付等。

3. 发展规划

未来3年将扩大经营，用于开设分店、建设网络销售平台，构建周边的居民及企事业单位配送新鲜绿色生鲜网络。预计累计销售额将突破5000万元，带动2300户人均年收入增加5500元。

三、经验体会

民悦农超积极响应政府政策，致力于打造服务周边新业态生活社区。创始人刘禹玮大学毕业后，不忘父辈的辛酸，怀揣创业梦想回到家乡，始终不忘初心，秉承"悦民、悦农、悦己"的宗旨，深入开展扶贫助残、带动就业及家乡环境建设，矢志不渝地探索鲜活农产品交易难困境的解决之道，促进农业产业优化。

项目创业团队由创始人及7位来自不同专业的大学生、两位指导教师、两位企业导师共同组建，通过专业知识教学与农超经营具体实践相结合，利用市场营销、工商管理、会计学等多方面知识，具体分析民悦市场定位、分析优势，及时制定策略，利用管理学知识，对公司内部员工合理分配任务，公司会计人员财务报表等数据，专创融合，打造民悦品牌；通过数据报表的往年分析，切实体会行业经营动态变化，并根据往年数据，预测未来几年经营状况，提升大学生专业素养的同时，也提高了农超的技术服务；通过路演PPT，策划书具体书写，切实回顾民悦农超多年的经营成果及状况。

四、指导教师点评

作为成长组项目，"民悦农超"项目贴合政府"5个1"工程，致力于为周边百姓提供更便捷服务。以"超市＋农户"并存的创新营业模式，与周边农户合作，对农户包地种植，订单式供应，不仅实现了项目的运营和创收，更带动了周边社区的发展，降低了农户的生产种植风险，帮助他们提高收入，带动就业和家乡环境建设，对社会有突出贡献。项目商业模式设计完整、可行，产品或服务成熟度及市场认可度；项目负责人和团队成员的教育和工作背景、创新能力、价值观念符合项目要求，能够做到分工协作和能力优势互补；2018 年至 2020 年连续三年的营业收入稳步提高，企业利润和持续盈利能力较强，项目目标市场容量及可扩展性尚可，未来具有可持续成长的空间。

五、高教主赛道：师生同创组案例

案例 7 新粒量放射性粒子近距离治疗系统

学生：栗丽 指导教师：王若雨教授

一、项目简介

（一）项目摘要

"新粒量"放射性粒子近距离治疗系统项目团队成立于 2019 年，致力于优化粒子植入治疗的全新智能诊疗系统，经过多年的技术积累，团队首创多针穿刺，穿刺精度 0.55mm，达到世界领先地位。拥有发明专利 40 项；实用新型专利 110 项，获得授权 27 项。

项目组拥有强大的导师团队和技术核心团队，由两位国内知名肿瘤放射治疗学专家、高校本硕博学生及业内知名软件工程师共同组成。现已完成全部技术研发和整体生产工艺开发，并拥有成套的生产装备。该项目在投入市场试运营后，反馈良好，已签约合作单位包括北京大学肿瘤医院、北医三院、陆军军医大学西南医院，覆盖了全国二十多个省市。

项目累计获得 3500 万元研发投资，初期估值 1 亿元，预计 3 年累计收入突破 1 亿元。公司拟出让 5% 的股份，融资 500 万元，用于后续产品研发，注册准证及团队扩容。项目团队秉持"纵向做深，横向做宽"的研发理念，致力于重塑微创诊疗流程，开启粒子植入时代，让国产医疗器械冲出国门，走向世界。

（二）所获奖项

第七届辽宁省"互联网＋"大学生创新创业大赛金奖。

第七届中国"互联网＋"大学生创新创业大赛全国银奖。

二、项目计划书

（一）项目背景

1. 产业背景

恶性肿瘤是严重威胁人类健康的一大类疾病。肿瘤放射治疗（放疗）参与了 70% 肿瘤病人的全程治疗。放疗根据照射方式分为外照射和内照射。内照射又称近距离放疗，是指把具有放射活性的籽源放置到靶区（主要指肿瘤）内或靠近靶区实现精准放疗一种方法。19 世纪初，居里夫人利用镭针治疗皮肤癌，拉开了近距离放疗历史的序幕。放射性粒子植入治疗（以下简称"粒子治疗"）是近距离治疗的一个分支，因其局部控制率高、临床疗效好，主要应用于前列腺癌、肝癌、肺癌、食管癌及转移瘤。目前，全国约有 700 家医院及 3000 名医师从事放射性粒子植入治疗工作。

我国粒子植入治疗仅占肿瘤全部治疗方式的约 3%，癌症死亡率居高不下，粒子植入治疗应用在癌症治疗中迫在眉睫，而目前市场上对粒子的治疗没有较系统的流程，且使用的粒子治疗系统并不标准统一，该团队产品的出现不仅打破了这种几乎行业垄断的现象，为粒子治疗系统提供了新市场，而且还重新规划了粒子治疗的流程，塑造粒子治疗流程新方向。

2. 痛点分析

传统放射性粒子植入治疗系统面临术前计划时间长、操作以人工为主体、疗效评价以经验为向导等问题。各阶段问题如表 1 所示。

表1　　　　　传统放射性粒子植入治疗系统各阶段问题

术前	术中	术后
人工靶区勾画 计划耗时长 智能化程度低	缺乏即时准确穿刺路径剂量控制难 精度掌握差 辐射防护差	术后复查疗效评估经验化 评估定量指标缺乏 剂量场变化断续

3. 解决方案

（1）通过人工智能技术解决靶区、危及器官自动识别分割、剂量布源、穿刺针道规划问题；

（2）通过具有主从控制功能、等中心结构的机械自动化技术解决穿刺不准、不稳的问题；

（3）通过人工智能结合主从控制系统改善粒子近距离治疗体系同质化问题。

（二）产品描述

1. 产品介绍

"新粒量"放射性粒子近距离治疗系统结合人工智能粒子治疗计划规划算法、图像多模态融合算法、交互式主从控制辅助机器人系统等技术构建完整粒子近距离治疗体系，形成便于临床应用推广的粒子植入近距离计划、穿刺精准导航及质控系统。可实现术前靶区剂量准确化、术中穿刺路径精准化、术后疗效评估定量化，重新塑造粒子治疗整体流程。

2. 核心技术

（1）智能勾画：首次提出基于人工智能全卷积网络的自动分割勾画算法，提高放射性粒子近距离治疗中靶区和危及器官自动勾画的精度、缩短靶区勾画的时间。

（2）剂量准确：首创智能粒子剂量模拟算法开发，提升剂量布源和穿刺针道规划的运算效率和精度，首提基于人工智能全卷积网络的自动分割勾画算法、治疗计划制定仅需5min，时间为原来的1/4。

（3）精准穿刺：首次利用影像增强技术进行靶区和周围组织三维全要素的可视化，辅助医生进行更准确高效的手术规划和术中引导，提高了粒子植入的准确性和安全性。其定位精度达到0.55mm有效避免肿瘤破裂、大血管出血等并发症，患者和医生辐射剂量减少为原来的70%。

项目研发累计获得了国家及省级科研基金2200万元。核心技术已经获得了发明专利40项，实用性新型专利110项；在国内外发表相关学术论文数十篇，参编放射性粒子中国专家共识 6 部。

3. 竞品分析

相比较国内外同类产品，新粒量首创多针穿刺，覆盖多种脏器，使患者住院成本降低 50%，定位精度较平均水平提高 2 倍，定位精度、手术规划技术领先行业 5 年，最重要的是完全实现国产化，打造自主研发新局面。

4. 产品应用成效

新粒量治疗系统为 Ⅱ 类医疗器械 2020 年 1 月份通过国家市场监督管理总局机构认证，是国内唯一通过认证的医疗器械产品。在辽宁大多数城市各级医院进行临床科研课题合作，目前应用的医院有北医三院、北京肿瘤医院、大连大学附属中山医院等，覆盖全国 20 多个省市三甲医院，主要科室为肿瘤介入科等。目前已完成临床应用 100 多例，局部控制率增加 8%，未出现严重治疗相关毒副反应，2021 年 7 月 5 日团队刚刚完成一例宫颈癌脑转移术后、放化疗后复发、局部立体定向放疗后再复发患者的颅内转移瘤粒子植入术，术后复查患者肿瘤有明显缩小迹象。

（三）市场营销

1. 商业模式

商业方面采用轻资产运营模式，以技术入股方式与沈阳东软医疗系统有限公司共同研发生产，通过中间公司——沈阳东软医疗系统有限公司对客户进行销售与服务。项目分得设备销售利润 40%。

2. 盈利模式

盈利主要来源于科研服务、设备销售、技术服务。

（1）与专业领域内的临床医生共同申请基金课题，参照课题标书内的任务分工合作，以及合理合规取得相对应的报酬；面对中青年骨干临床医生的临床科研需求，合理分配科研成果。

（2）智能规划软件、手术导航设备、手术机器人的销售。

（3）为二级甲等以上医院肿瘤介入手术提供精准、安全、高效的手术导航设备。

3. 营销模式及推广计划

通过市场分析，锁定各地区二甲以上医院从事放射介入相关方面的治疗为主要销售对象，营销模式主要以医院为主的集中采购模式。其次为学术推广，通过专家团队影响力、参加专业研讨会、会展以及举办专业技术培训班进行产品推广与销售。

4. 应用成效

目前已销售五台机器，其关键性结构激光引导穿刺机已经在北医三院、北大肿瘤医院等多家三甲医院进行临床应用。

（四）团队管理

1. 团队介绍

团队成员由两大部分组成：一部分是来自各高校的科研团队；另一部分来自辽宁省内三甲医院肿瘤学、放射介入学的临床专家团队。项目创始人王若雨教授，大连大学附属中山医院院长，博士生导师；是中国抗癌肿瘤微创治疗委员会粒子分会副主任委员，具有上千台肿瘤微创介入手术经验，从事粒子手术新技术研究 20 余年。核心团队主要来自国家级、省级重点实验室以及重点学科的研发中心；同时还与北京大学肿瘤医院、陆军军医大学西南医院等临床科室建立了以学术课题为导向的科研合作。

围绕项目的运营开展，建立了影像组学、医学影像智能计算、医学光电科学与技术、肿瘤学等专业的相关中高层次人才库，最终为解决实际的临床问题提供方案。

2. 核心成员

栗丽，大连大学 2019 级硕士研究生，临床医学肿瘤学专业。参与 5 项省级自然基金课题，大连大学附属中山医院分子病理与基因检测实验室成员，在团队中负责总体规划部署，具有较强的组织领导能力。

李闯，总经理。医学博士，副主任医师，硕士研究生导师；中国抗癌协会肝转移癌与转化治疗专业委员会委员；主持及参与国家、省、市级课题；获得大连市科技进步一等奖，辽宁省自然科学成果一等奖；拥有多年临床经验，对于手术医疗器械具备充分的了解与研究。

（五）财务分析与预测

1. 财务预测（见表 2）

表 2 **2021 ~ 2023 年度预计利润** 单位：万元

项目	第一年	第二年	第三年
营业收入	820	3500	5200
营业成本	300	1360	2100
销售费用	55	110	160
管理费用	90	120	150
营业利润	337	1862	2722
所得税费用	86	460	680
净利润	260	1400	2000

2. 融资计划

目前团队已与中山医院达成成果转化协议，中山医院以技术入股占比 10%。团队拟出让 5% 股份，向专业投资机构募资人民币 500 万元，用于人才引进、产品研发、宣传推广。

3. 发展规划

项目团队秉持"纵向做深，横向做宽"的研发理念，基于该技术平台，拓展更多应用场景。在 2021 年 9 月份完成公司注册，2021 年 12 月实现生产 8 台治疗系统，公司营业额 1230 万元；2023 年实现规模化生产，年生产 45 套机器，直接带动就业 50 余人。

三、经验与体会

新粒量放射性粒子近距离治疗项目是团队结合自身粒子近距离治疗早临床方面的优势，提出科学问题，会同人工智能交叉学科专家，结合申请团队近年来 16 项相关国家专利提出的原创性研究。项目创始人王若雨教授是中国抗癌肿瘤微创治疗委员会粒子分会副主任委员，具有上千台肿瘤微创介入手术经验，从事粒子手术新技术研究 20 余年。在学生团队方面，由来自肿瘤学、放射介入学、会计学的本硕博学生团队组成，做到了学科交叉，团队互融。

参加中国国际"互联网+"大学生创新创业大赛，从最初的紧张激动迷茫到从容淡定有方向的前行，对项目以及每个团队成员来说都是质的飞跃。就项目本身来说不单单是一个治疗系统，还包含着我们团队成员给予它的情感以及期望，期望它有一天能实现我们的初心，使广大癌症患者都有机会和经济能力得到精准有效的治疗。对项目成员来说，在老师们耐心的指导下，团队成员对项目有了更深的认识，比如产品研发的过程、粒子手术整体流程、产品未来的发展、申请注册公司需要的条件以及如何使我们的项目团队可持续发展的前提下处于领先地位。团队成员也从一开始只对自己领域擅长到全面发展。总的来说这个比赛对于我们来说不仅仅是得奖，还有心理素质、专业能力、创新能力等质的飞跃。

四、指导教师点评

作为师生同创组项目，"新粒量"项目贴合健康中国2030计划，致力于为癌症患者提供精准有效的治疗。项目通过医研企合作，致力于将高校科技成果转化，开展粒子植入治疗智能诊疗系统的研发和应用，具有原始创新和技术突破，取得丰硕数量和质量的创新成果，产品通过国家Ⅱ类医疗器械的认证，实现医疗器械国产化，打破国外垄断市场；与国内外同类产品比较，"新粒量"首创多针穿刺，覆盖多种脏器，定位精度较平均水平提高2倍，使患者住院成本降低50%。

项目采用轻资产运营模式，以技术入股方式与沈阳东软医疗系统有限公司共同研发生产，在产品服务、管理运营、市场营销、工艺流程、应用场景等方面取得创新；项目负责人和团队成员的教育和工作背景、创新能力、价值观念符合项目要求，能够做到分工协作和能力优势互补；项目充分体现专业教育与创新创业教育的结合，体现师生共同将所学专业知识和技能在项目和相关创新创业活动中的转化与应用。项目带动相关产业升级，目标市场容量及可扩展性广阔，未来三年的营业收入将稳定提高，企业利润和持续盈利能力较强，项目具有可持续成长的空间。

案例8 连大氢能——分布式氢源及集成技术开拓者

学生：李夺　指导教师：潘立卫教授

一、引言

辽宁连大能源科技有限公司是一家致力于民用氢源及集成技术研发和应用的高新技术企业。公司秉承"创新、协调、绿色、开放"的技术发展理念，在全国范围内首次将分布式制氢重整器与燃料电池进行结合，实现了燃料电池氢源的即产即用，为用户打造各层级热—电联供体系。

"连大氢能"项目依托于辽宁连大能源科技有限公司，荣获第七届中国国际"互联网＋"大学生创新创业大赛全国三等奖，"连大氢能"励志改变世界氢能格局，全面拓展国际市场，让中国氢能成为民族复兴的动力源。

二、脚踏实地，仰望星空

潘立卫，2005年获中国科学院大连化学物理研究所博士学位，自2014年起，从中科院大连化物所转移到大连大学，作为学科带头人担任环境与化学工程学院副院长，继续开展分布式制氢领域的工作。

时光回到1974年，江南小镇——宜兴高塍。也许冥冥之中，自有天意。就在潘立卫出生的当年，高塍成立了宜兴市第一家环保装备制造企业，标志着环保产业发展起步，高塍镇成为闻名全国的"环保之乡"。在家乡环保产业风生水起之际，环保，给潘立卫的少年时光烙下深刻的印记。这个当时并不起眼的小小少年心中的梦想也正在萌芽。"我以后也要办一家环保企业！"这一信念也深深地扎在他的心中。

潘立卫教授的履历，可谓一路高歌。1999年，中国科学院大连化物所总共招收了40名研究生，潘立卫以专业分第二的优异成绩考取硕博连读研究生；六年学成时，他凭借扎实的学分累积、专业论文和科研成果，在化工专业中首个获得了博士学位；2006年，他获得了旨在激励我国科研院所和高等院校石油加工领域博士研究生的侯祥麟石油加工科学技术奖；毕业后的又一个六年，2011年，他被破格晋升为研究员；

2013 年，他成为年轻的新生代博导；2014 年，他作为学科带头人被大连大学引进，并担任环境与化学工程学院副院长。

在科研领域，潘立卫作为项目负责人开展包括"863""973"及国际合作项目多项，更是创造了多个全国第一。他在国内首次将甲醇重整系统与燃料电池系统结合构建了 10kW 级的热电联供系统，并进行了 1000 小时以上的稳定示范运行。负责研制了国内第一台商用 2kW 级分布式天然气重整制氢样机并交付用户使用，系统无须任何外界电源提供能量而自热运行，在此技术研发的基础上已为用户单位提供了包括甲醇、天然气为原料的相关制氢系列产品样机 5 套。

二十年磨一剑，如今的潘立卫已经有了践行儿时梦想的能力和愈发强烈的信念。不同于他在科研实验方面的冷静和坚毅，他身上又有一种少年独有的真诚和热情，一颗小小的真实的梦想种子终将破土萌芽，成长、开花。

三、儿时一诺，一生实现

通往梦想的道路总是崎岖曲折，并非一帆风顺。

博士毕业工作之初，华中科技大学订购了一套燃料电池氢源设备，要求两个月之内就要交货。时间紧迫，潘立卫带领团队日夜赶制，甚至连续 48 小时不休息，泡在实验室里，反复实验调试，以期达到客户的各项具体要求。最后，华中科技大学邀请的台湾检测验收专家对潘立卫团队的产品连连竖起大拇指，赞叹不已。有一年冬天，要做大型的氢源—燃料电池联合发电实验，由于具有一定的气体燃爆危险，需要通风好、较宽敞的实验场地。有暖气的普通实验室肯定不行，潘立卫选中了化物所在山脚边的一间大车库，还在车库外搭起了简易棚。零下 10℃的低温几乎滴水成冰，狂风大作一度吹倒了简易棚，就在这样恶劣的环境中，潘立卫带领团队给实验仪器加上防冻带，大家也都裹上军大衣，同样也是连续几十个小时不休息，坚守在实验仪器前。最后，功夫不负有心人，通过实验，氢源—燃料电池系统的各项性能全部达到了项目的技术指标要求。

这样的例子还有很多，日复一日地面对冰冷的仪器、显示屏上跳动的数字、机器转动的嗡嗡声以及有时为了一个数据，需要重复实验的境况，潘立卫都不曾退缩，每当想起儿时的信念都会热血沸腾。十年饮冰，难凉热血！

2021年，辽宁连大能源科技有限公司终于成立。潘立卫说，无论他走过多少路，自己创办一家环保相关企业的梦想始终未变。之前在科研领域不断摸爬滚打，自身积累的技术和经验，为梦想提供了强有力的支撑。他还说在今后工作中，将更多地着眼于产学研结合，多注重实用技术的研发，掌握环保企业存在的技术需求，与企业共同商讨方案，解决关键性、行业性技术难题，突破环保产业发展瓶颈。

四、开启创业之旅

浪淘沙，千帆竞渡，勇者登巅峰。潘立卫教授早在二十多年前就开始关注氢能，潜心研究，励志开拓我国民用氢源的空白。拥有了梦想，选择了道路，便要做千百次愈挫愈勇的奋争。潘立卫教授团队针对我国氢能和燃料电池领域的多项技术空白与前瞻性学术问题，围绕小型分布式和便携式燃料电池涉及的氢源系统进行重大技术攻关和前沿技术探索。每一代产品呈现的背后都是潘立卫教授团队日复一日的精心打磨。

冰心说过："成功的花，人们只羡她现时的明艳。然而当初她的芽儿，沁透了奋斗的泪泉，洒遍了牺牲的血雨。"正是因为潘立卫教授团队通过对醇类、烃类重整制氢过程高活性纳米催化新材料的可控制备、系列整体结构催化剂制备及催化剂平台建设和高效微通道板翅式重整制氢反应器及催化燃烧蒸发器的工程设计，通过重整制氢体系物流的优化组合与能量的梯级利用技术设计完成了一系列不同功率的集成式制氢集成系统，才会取得了多项具有多项自主知识产权的创新成果，并在国内率先开发出5kW级和75kW级甲醇重整燃料电池氢源系统实用样机并与燃料电池进行成功对接，全面掌握了燃料重整氢源系统与重整氢燃料电池系统的控制策略和联试运行规律。并在国内首次实现了移动氢源和燃料电池的热电联供示范。

潘立卫教授说，无论他走过多少路，自己创办一家环保相关企业的梦想始终未变。也正是在科研领域不断摸爬滚打，积累自身的技术和经验，产学研结合，注重实用技术的研发，掌握环保企业存在的技术需求，潘立卫教授埋在心底的种子开出了花朵。

2021年3月15日，辽宁连大能源科技有限公司正式成立（核心技术 3D 模型见图1），注册资本100万元。截止到2021年10月，公司已落地实施项目12个，形成6套产品，累计金额达到2000余万元。预计在未来两个月意向订单4个，预计营收700余万元。

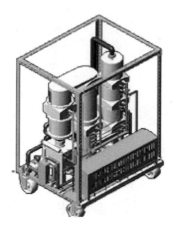

图1　意向订单设计 3D 模型

目前，通过团队持股平台和创业者一致认可，创始人潘立卫教授在公司享有60%的表决权，是辽宁连大能源科技有限公司的实际控股人。

五、用创新照亮未来

全球创新创业发展史表明，那些受人尊敬的伟大企业，无不专注于技术创新，通过不断强化自主创新能力，获取持续竞争优势，为人类境遇的改善提供源源不断的动力和启示。曾经，中国企业技术创新长期陷入"引进—落后—再引进—再落后"的恶性循环，企业缺乏自主核心技术是多年来制约中国科技与社会发展的重要问题。面临技术壁垒和研发投入高、回报周期长的压力，连大氢能像华为、浪潮等无数肩负中华民族伟大复兴的企业一样，早在20年前就已经进行了氢能技术的产业布局，借助大连大学、中科院化学物理研究所、山东大学的研究平台和人才优势，发展核心技术、自主创新，成为新时代中国氢能产业创新发展的新势力。

中国工程院院士、燃料电池专家衣保廉先生指出，燃料电池是未来能源发展的颠覆性方向，具有广阔的应用前景。大幅降低燃料电池成本和氢气的成本是目前必须要攻克的难点。传统的氢气瓶供氢方式对气瓶材质要求高、安全性差、充气慢、占地面积大、集成度低、扩展性差，难以满足输出较大的燃料电池电堆的用氢需求。在燃料电池基础技术和应用飞速发展的今天，在线制氢技术作为一种先进的氢源供应体系，解决了传统的燃料电池电堆对氢气瓶的依赖问题。

与此同时，团队开发出了既兼顾分子筛的孔道和骨架结构，又引入了铈基金属氧化物的储放氧特性的高稳定载体，并利用其与不同金属的耦合组装与协同催化效应，实现催化剂上活性中心的镶嵌，解决催化剂活性中心迁移和烧结等问题，增强了催化剂活性和高温稳定性。这一结果对突破整个小型分布式燃料重整制氢燃料电池氢源系统集成的技术瓶颈具有重要意义。同时，针对分布式制氢技术所涉及的燃烧蒸发、燃料催化重整、CO 水汽变换及 CO 选择性氧化等单元过程的特点，设计并开发了一系列完整的催化剂制备技术并拓展应用到实际的催化燃烧工程应用中。

六、站上产业链之巅

与燃料电池匹配的氢源技术门槛很高，其涉及的技术、经验、资源、资金方面都较为密集，创业难度非常大。传统的依赖气瓶供氢的思路将逐步被淘汰，加氢站、液氢、管道输氢等技术方案因成本和安全问题尚未大规模应用，在线制氢技术的提出和发展将是较长一段时间内较为主流的发展方向。而这正是连大氢能团队二十年如一日所做的事情。

在这二十年的发展中，连大氢能团队不仅夯实了扎实的理论基础，更是构筑了坚固的技术壁垒。项目组已完成催化剂、制氢反应器、燃料电池和控制系统等核心产品的技术研发，并经历六次产品的更新换代。截至目前，公司共申请发明专利 59 项，制定燃料电池国家标准 5 套，相关研究成果发表在 *Energy & Environmental Science*、*Advanced Material*

等多个国际顶级期刊上，被引次数超 3000 次（见图 2）。

图 2　燃料电池国家标准 5 套

　　作为一家创新型初创公司，公司既关注当下在线制氢技术的商业化，也将很多精力投入技术研发及迭代，通过创新链源头赋能产业链。公司已与潍柴动力、新奥集团等企业进行了技术交流及合作。此外，项目组同江西泰豪军工集团联合申报了国家重点研发项目，并已全面启动一期工作。项目组已累计投入研发经费超 6000 万元，预计公司成立 3 年内累计收入突破 1 亿元。公司拟释放 10% 的股份，计划融资 800 万元，用于项目全面拓展。公司预计未来 5 年，将抢占细分市场的份额，开拓我国民用氢源的空白，并引领我国民用氢源领域走向世界之巅。

　　目前公司已通过直接或间接方式带动就业超 2000 人次，未来随着公司规模的扩大，将持续提供更多的就业岗位。公司团队秉承"创新、协调、绿色、开放"的技术发展理念，预计用 10 年的时间，改变世界氢能格局，全面拓展国际市场，让中国氢能成为民族复兴的动力源！

第十四章

青年红色筑梦之旅赛道

一、青年红色筑梦之旅赛道：公益组案例

案例 9 《江姐》——传承红岩精神的时代赞歌

学生：金光辉　指导教师：许梅华副教授

一、项目简介

（一）项目摘要

大连大学版歌剧《江姐》团队成立于 2013 年 3 月，《江姐》取材长篇小说《红岩》，以"唱响红色歌曲，传承红色基因"为背景，致力于将江姐故事与现代歌剧艺术相结合，传承和弘扬红岩精神。九年间历经四代演员，用精湛的艺术表演力塑造"江姐"的光辉形象。

大连大学版歌剧《江姐》团队以大连大学为依托，主要由音乐学院各专业优秀学生组成，并聘请了原空政文工团著名导演、艺术教育家冷永铭来执导该剧。目前形成了《江姐》音乐会、《江姐》讲座、社区巡演、《江姐》研讨会、音乐党史课等特色形式。团队将项目内容与互联网相结合，以崭新的艺术理念、强大的演员阵容及一流的舞美制作，逐步实现了艺术表现的具象化和演绎科技的创新运用，第一次实现了在中国的音乐院校中靠自己的力量排演《江姐》。

团队目前实现了 10 余次版本更替，直接教学对象涵盖音乐学院全科目专业近千名师生，开展公益音乐会巡演 970 余场，被相关媒体报道 720 余次，相关视频线上线下累计观看人数 30 万余人，参加研讨会历届学生和参演人数 5000 余人，公益资金累计募集近 800 万元。

（二）所获奖项

第七届辽宁省"互联网 +"大学生创新创业大赛金奖。

二、项目计划书

（一）项目背景

1. 项目背景

1964 年中国人民解放军空军政治部文工团将小说《红岩》中有关江姐的故事搬上歌剧舞台，由空军司令员刘亚楼上将亲自指导完成歌剧《江姐》。以歌的音乐为主要素材，广泛吸取川剧、婺剧、越剧、杭滩、四川清音、京剧等音乐手法进行创作，既有强烈的戏剧性和鲜明的民族风格，又有优美流畅的歌唱性段落，深刻刻画了英雄人物形象，传承与弘扬了红岩精神。

大连大学音乐学院则以"传承红岩精神"为己任，致力于将江姐故事与现代歌剧艺术相结合，传承和弘扬红岩精神，于 2013 年 3 月成立大连大学版歌剧《江姐》团队，历经不同时期的五代演员，用精湛的艺术表演力塑造"江姐"的光辉形象。

2. 市场机会

2002 年 5 月江泽民同志指出了红岩精神的时代意义和对全党全社会的巨大作用，这是党中央对红岩精神的第一次阐述；2010 年 10 月胡锦涛同志强调"广大干部要继承和发扬伟大的红岩精神"；2018 年 3 月，习近平总书记深刻指出："我们要经常想一想红岩先烈们的凛然斗志、英雄气概，时刻用坚定理想信念补精神之钙。"

正是一代又一代国家领导人的高度重视，让红岩精神始终焕发新生活力，成为该团队在 21 世纪继续推进建设中国特色社会主义事业的强大精神力量。

但是目前，红岩精神宣传弘扬工作存在宣传不到位、传承方式单一的现象，缺乏具有简易性、时代性、创新性的新形式，不利于红岩精神这一革命传统精神的传承和弘扬。红岩精神传承弘扬形式有待丰富，有关政府部门、高等院校等支持力度有待加强。

通过上述市场与行业分析，可以发现红岩精神传承弘扬存在许多阻碍因素：

（1）宣传工作不到位、传承弘扬方式单一。

（2）高校、社区等群体未得到较高关注。

（3）创新难度大、缺乏创新团队。

3. 解决方案

大连大学版歌剧《江姐》项目自成立以来，不断开拓歌剧《江姐》表演方式，创新红岩精神传承弘扬形式，全面深化与各大高校、大连市政府、社区、企业的文化交流合作，不断引进新鲜血液，引导青年人才参与到项目建设中来，奠定项目创新基石，并抓住"建党百年、学习党史"这一重大机遇，创新提出音乐党史课等形式弘扬红岩精神。

（二）产品与服务

1. 核心内容

（1）实践演出系列：《江姐》的排演对于当下的大学生和青年们是一次难得爱国主义教育，意义重大。项目的实践演出以"红岩精神被你知我知，《江姐》歌剧进家家户户"为目标，更替不同版本以适应大中小剧场演出，以国内外高校巡演和社区巡演为主要方式开展红岩精神传承工作。

（2）培养传承系列：大连大学复排歌剧《江姐》演出团队自2013年起，每年都组织演职人员走进重庆渣滓洞、白公馆、朝天门码头等地，聆听英雄故事，探寻先烈的成长足迹，重温红岩精神，为更好继承发扬红岩精神做足准备。同时以学生为传承红岩精神的主体，公益发放连大《江姐》光盘，并为其他高校与有关培训机构开展相关工作提供指导服务。

（3）守正研讨系列：团队定期举办《江姐》——红岩精神党史研讨会研讨会、红岩精神学习教育周、赴外地支教讲座、参加国内教育部组织的重要研讨、会议等活动。研讨会汇聚研究参演江姐的教师团队、业内专家、行业带头人以及学生团队，催生出丰富创新的理论研究成果。

（4）音乐党史课系列：以"让更多师生党员干部和群众用音乐的形式感受党史的魅力"为目标。项目的音乐党史课在对观剧人员进行思想政治教育的同时，也开辟了党史教学的新模式、新方法，以歌剧的形式重现往昔岁月，让观众实现沉浸式感悟革命先辈们的艰苦卓绝和不屈不挠精神。

2. 项目优势

项目聘请了中国人民解放军空军政治部文工团冷永铭老师执导，用崭新、青春的新人演绎，连大版歌剧《江姐》的主创均为大连大学音乐学院师生。同时，保留了全部经典唱段，节奏紧凑、跌宕有致、紧扣心弦、看点不断，给观众带来了耳目一新的感受。

在场地布置和舞美设计方面，以实景再现，给观众们营造出了一个多层次的、运动的立体空间，震撼人心的光影幻境。同时联合美术学院借鉴优秀设计，充分运用多媒体手段，创造了简洁、明快、大气的艺术风格，获得了上佳的舞美效果。

主创人员"量体裁衣"，调动一切艺术资源以及前沿艺术手段，对乐队、合唱、舞美、灯光、服装等进行了全方位的设计与安排。道具设计由音乐学院和美术学院设计专业共同完成，歌剧中所有音乐部分均由大连大学交响乐团担任。

最后，项目创新传承弘扬形式。除传统歌剧演出外，项目实现了《江姐》音乐会、《江姐》讲座、社区巡演、线上观摩、艺术类联盟专题报告、《江姐》研讨会、音乐党史课等多种创新性形式。

3. 应用成效

目前，项目已完成版本更替 10 余次，开展全国高校巡演数百次，公益音乐会巡演 978 场；已累计培养人才近 3000 人；百余名演出者参加工作后，继续教学培育传递红岩精神；五十余名毕业生毕业后任教于当地中学、小学；开办培训学校，对百余家琴行教师培训、合唱排练江姐经典唱段；参加研讨会的历届学生和参演人数已达约5000人；大连市委宣传部全部党员参与了项目音乐党史课学习；同时在大连大学、长春大学、东北财经大学等高校组织学生进行音乐党史课教学；大连市委统战部组织各民主党派、工商联、无党派人士及统战系统机关干部近千人包场学习。

（三）公益服务模式与成效

1. 公益模式

项目主要采用语言与音乐相结合的形式传递红岩精神，借此衍生开拓多种演出形式，逐步形成了以在校师生为主要演出人员、多方资金提供援助、以项目团队为媒介、进而为政企校地赋能服务的"第三方付费＋社会性服务"公益模式，力求确保连大歌剧《江姐》能够做好红岩精神的传承工作。

项目主要通过以下模式开展红岩精神的公益宣传活动：

（1）以大连大学为主，以全国各大高校为辅开展《江姐》巡演，使学生们学习感悟红岩精神。

（2）通过部分唱段进社区演出，使群众深切体会。

（3）在中国艺术类高校联盟年会和各大研讨会上赠与歌剧《江姐》光盘、U盘，并组织观看歌剧《江姐》视频。

（4）开展大连文艺界代表赴大连大学复排歌剧《江姐》研讨会。

（5）创办导演冷永铭组织演员排练期间研讨会和许梅华线上、线下歌剧《江姐》研讨会。

（6）进行校企地联合，组织大连市党员、干部和各企业员工观看学习连大版《江姐》的全场演出、歌剧片段、歌剧唱段演出。

（7）此外，项目还通过歌剧《江姐》的演出，将红岩精神以音乐党史课的形式，对观剧人员进行生动形象的思想政治教育。

2. 运营成效

截至目前，项目已累计进行公益音乐会巡演970余场，其中社区巡演300余次，观众规模约8万人；被网易新闻、大连日报等相关媒体累计报道720余次；累计募集公益资金约800万元；相关音乐会线上线下累计观看人数 30 万余人；举办研讨会 20 余次，历届参与人数约 5000 人；累计培养 9 届学生，其中本科生约 4000 人，硕士研究生约 700 人，部分毕业生从事中学、小学音乐教学工作，培育学生约 3000 人；与大连市德泰控股等企业开展对接演出，累计为 7000 余名企业各级员工进行音乐党史教育演出，传播红岩精神。

项目的社会效应、对党史的宣扬、红岩精神的传承效应也获得了时任全国人大常委会副委员长韩启德、大连市副市长朱程清等领导的肯定，并被参与观看的各民主党派、工商联、无党派人士、统战系统机关干部、广大市民与大学生给予高度评价与认可。

（四）团队管理

1. 团队介绍

项目团队以大连大学音乐学院为依托，主要由专家顾问、指导教师和学生团队共同组成。其中专家顾问有原空军政治部文工团歌剧《江姐》导演冷永铭、国家一级指挥家刘凤德和大连大学党委书记王晋良。指导教师则由大连大学音乐学院副院长、项目第一代负责人徐梅华和大连大学音乐学院声乐艺术指导教师李治昊组成。学生团队由歌剧《江姐》的主演学生和主管运营的研究生成员组成，分别在项目的演出部、运营部、外联部、技术部和声乐部担任有关职务。

2. 团队主要成员介绍

孟文韬，项目负责人，大连大学音乐学院 2018 级学生，中共预备党员，曾获 2019 年校级一等、市政府奖学金，大连大学 2019 年度学习标兵，普通话一级乙等证书，暑期社会实践优秀团队、个人奖项，并且获得大学生创新创业项目国家级立项。

朱温蕊，项目演出部负责人，大连大学音乐学院声乐系学生，大连大学复排歌剧《江姐》第四代传承人之一，曾参加大连大学创新创业项目"关于疫情艺术类大学生创业针对性讨论"。

金光辉，项目运营部负责人，大连大学 2019 级研究生，中共预备党员，两次参加创新创业省级立项项目，参加市级研究课题一项，省级研究课题一项，获得辽宁省第十七届"挑战杯"大学生课外学术科技作品竞赛的省特等奖。

牛泽武，项目声乐部成员，大连大学音乐学院流行系学生，大连大学版歌剧《江姐》演出人员之一，2020年参与的"新媒体视阈下红色微剧目融入大学生思想政治教育的路径探究"获国家级项目评定。

（五）发展规划

项目短期内计划开展"建党百年、演出百场"活动，到全国各地展开《江姐》系列活动，并计划在红岩精神诞生地重庆举办"《江姐》重回重庆"系列活动和"唱支山歌给党听"主题快闪活动，进而真正理解革命叙事，并将这些精神带入歌剧《江姐》，作为参与演出和观看演出学生的思想启迪。项目还计划在未来三年内组织大连大学本科生、硕士研究生，完成大型清唱剧版本《江姐》排演，并展开全国巡演及社区演出。

大连大学版歌剧《江姐》团队抓住"建党百年、学习党史"这一重大机遇，开拓歌剧《江姐》表演方式，创新红岩精神传承弘扬形式，全面深化与各大高校、政府、社区、企业的文化交流合作，综合运用互联网力量，灵活使用歌剧演艺高新科技，将继续借助哔哩哔哩、抖音、微信公众号等新媒体平台，唱响红色歌曲，讲述红色故事，抒发爱党情怀，传承弘扬红岩精神。

三、经验体会

九年来，项目团队一直坚守、传承和创新歌剧《江姐》，把实践与教学紧密联系，对演出版本进行了十余次更替，项目已连续两年在文旅部主办的中国艺术博览会上成功演出，并获得"优秀成果展演奖"。今天成绩的取得来自学校的支持、领导的重视和团队的配合。

参加第七届辽宁省"互联网＋"大学生创新创业大赛并获金奖，不仅是对我们团队几个月备赛付出的最宝贵的回报，更是对我们一直以来秉承学习党史、唱响红色歌曲、传承红色基因的信念以及传承歌剧《江姐》实践成果的肯定。我们能取得今天的成绩，离不开导师的指导、团队成员之间的协作。同时，通过参加"互联网＋"创新创业大赛，经历了一次全方位的历练，也让我们更进一步地了解了当前项目存在的不足和明晰了未来改进的方向，使我们跨学科的专业知识运用及解决社会实际问题的综合实践能力显著增强。

未来我们会更加努力把红岩精神融入音乐党史实践教学体系之中，继续开展好"建党百年、演出百场《江姐》"活动，以音乐会、讲座、社区巡演、研讨会等形式传承红岩精神，让红色基因代代相传。

四、指导教师点评

"《江姐》——传承红岩精神的时代赞歌"项目团队，今年是第一次参加青年红色筑梦之旅活动。积极响应国家传承红色文化号召，项目取材长篇小说《红岩》，以"唱响红色歌曲，传承红色基因"为使命和价值导向，不以营利为目的，而以崭新的艺术理念、强大的演员阵容及一流的舞美制作，致力于将江姐故事与现代歌剧艺术相结合，传承和弘扬红岩精神。取得显著的公益成果，公益受众的覆盖面广。

孟文韬作为项目负责人，在学校支持下组建团队，成员的基本素质、专业能力、奉献意愿和价值观与项目需求相匹配。她将导师许梅华副教授的歌剧《江姐》表演经验进行总结与创新应用，使得项目内容成为培育音乐人才、引领思政教育和弘扬红岩精神的有效形式。项目采用"第三方付费＋社会性服务"的公益模式设计完整、可行，具有较强的可复制性、可推广性与成果示范性。且该项目已存续九年，持续生存性强，在内容创新、社区推广、资源整合等方面具有较好的社会基础和成长空间。

案例 10　益生康复——公益精神的实践与传播者

学生：王笑迪　指导教师：许卫国副教授

一、引言

将健康传递到师生手上，将爱心播撒到社会角落，他们就是大连大学医学康复工作室公益志愿者团队。大连大学医学康复工作室旗下的品牌项目也在实践的磨炼中不断成长，现已打造出"整脊到家""骨诊益生""益生康复""筑爱康复""康复益起来"等优质品牌。在赢得众多赞许的同时，也受到了广泛的关注。

2016 年《整脊到家》获"创青春"辽宁省大学生创业大赛银奖。

2018 年《"整脊到家·益生"公益康复养老项目》获"创青春"辽宁省大学生创业大赛铜奖。

2018 年《骨诊——摸骨诊病》获得辽宁省大学生电子商务创新创意创业挑战赛二等奖。

2019 年《整脊到家·益生》获得第九届全国大学生电子商务"创新、创业及创意"挑战赛辽宁省区省级选拔赛铜奖。

2019 年《"益生"康复养老》第五届辽宁省"互联网＋"大学生创新创业大赛铜奖。

2021 年《骨诊传奇——培养非遗骨诊的践行者和传播者》获辽宁省第七届"互联网＋"大学生创新创业大赛铜奖。

2021 年《益起来公益康复——打造老年康复按摩＋公益服务一体化新模式》获辽宁省第七届"互联网＋"大学生创新创业大赛铜奖。

二、开启公益之路

十几年前，工作室的指导教师刘为国重拾起儿时的梦想，为了"手到病除"的理想，将国内外康复的书籍一本本的阅读，体会到要走中西医结合的道路，中医有按摩、正骨等康复技术，西医有整脊疗法、肌筋膜疗法、关节松动复位术，可见中西医都在研究和发展康复技术，于是，刘老师便钻研起康复技术，把中西医的康复技术进行整合，针对医院不治按摩院治不好的一些病症，开展康复服务，如使用电脑等电子产品、汽车的"职业病"，包括颈肩背部疼痛、鼠标手、汽车司机脚腕的应力性疲劳等；日常生活的相关疾病，如落枕、崴脚、以老年人和学生腰背痛为代表的"慢性病"等；与运动有关的慢性损伤，如网球、高尔夫球运动员的网球肘，体操运动员的腕、肩及腰部损伤，篮球运动员的膝部损伤，足球运动员的踝部损伤等，以及运动健身的疲劳损伤；急性腰背部、关节扭伤的后遗症，骨折后需要康复的病员。

上述目标市场人群少数到医院康复科就诊，部分到按摩院做按摩缓解部分症状，大部分人待其自然缓解，但是留下了难以言表的痛苦和难以治愈的后遗症，看到一些高水平运动员因为伤痛早早结束运动生涯及一些人因为腰背痛再也直不起腰来的现状。

该团队的治疗整合中西医康复技术，经过多年实践，对上述病症起到很好的治疗效果。良好的疗效形成了良好的口碑，聚集了一批热爱康复的志愿者，大家有共同的爱好与爱心，一起交流康复经验、康复体会，为了让更多的人学习到康复技术、让更多的人得到康复，于是2012年大连大学医学康复工作室成立了，他们每周为大学师生提供公益康复服务。

三、公益实践

技术类公益服务不同于一般的公益，不仅面临着队伍扩大的难题，还要稳定发展，尤其是高校会随着学生的升学、毕业，志愿者队伍会造成流失。公益康复需要爱心，更需要细致的技术，如何提高技术，扩大志愿者队伍，做好康复服务，通用是摆在康复工作室的一道难题。

大连大学医学康复工作室开展了系列康复技术培训，每年举行医学知识与康复技能手法大赛。让更多感兴趣的同学参与相关活动，对于有康复服务方向上的创业者和志愿者，进行专业技术培训，给予技术和业务的支持，从而实现其零成本就业，低成本创业的目标，以扩展未来康复志愿者的人员与地域，实现专业康复的目标，进而形成覆盖面广泛的网络与现实相结合的康复服务模式。同时逐渐扩大团队规模，建立一支不断发展、不会随着学生志愿者升学、毕业而受到影响的志愿者队伍。

在康复技术的培训过程中，刘老师亲自作为模特，耐心的指导每一个同学技术细节，团队成员也互相切磋，感受每一个动作的细微差别，迅速提高康复技术，同学们也逐渐领悟到参与医学康复工作室的服务，可以学习到西医整脊技术、关节松动术、关节复位术、肌筋膜疗，中医康复技术及知识，拓宽医学专业知识体系；其技术不仅可以服务同学、朋友、家人，还可以服务社会，更广泛地传播健康知识；同时学生在社校内外的康复服务，可以早期接触患者，接触临床，增强自主学习的动力，建立科学的临床思维；通过公益服务，接触社会及各种类型的人，锻炼自己沟通、组织、协调等多方面能力，增长阅历和才干，为今后的工作打下良好的基础，真可以说是一举多得。

康复的培训结出了硕果，以杨靖嫣、李晨阳、王笑迪、闫麒安、孙嘉翊、陈栎蕊等为代表的一批志愿者技术成熟起来，他们加入志愿者管理和服务的队伍，除了在校内为校园师生进行康复服务外，大连大学医学康复工作室还走向社会，为校外师生、社区、养老院进行康复。

2017 年参加金普新区雷锋月活动，为金普新区中小学生讲解脊柱保健知识，受益学生 200 人。

2018 年为大连开发区翰林社区、吉安社区、大连市普兰店双塔镇为居民服务。

2019 年在大连金普新区杏林养老院及大连开发区翰林社区、吉安社区为老人服务。

2020 年在大连普兰店区四平街道费屯村，大连开发区锦润养老院、山东莱西市院上镇丽馨养老院、吉林长春怡康国养老院、吉林通化广缘老年公寓等地为居民服务。

2018～2020 连续三年开展了团中央立项的暑期"健康扶贫青春行"实践项目，取得了满意的效果。

在公益大连 2020 年度 TOP 榜中，成功入选了其中两个 TOP10 榜单。

荣获阿里 3 小时 2020 年公益精品志愿服务项目铜奖，获得 8000 元奖励金。

公益足迹遍布大连、长春、四平、莱西等城市，受益群体遍布社区、养老院、企业等组织。

四、公益传播

在大连大学的支持下，医学康复工作室突破老年人康复按摩的禁区，开展了针对养老的公益康复服务。社会上针对老人的公益项目，一般仅仅是慰问，赠送米面油等物品，或者是剪指甲、洗头、洗脚、理发等服务，尚没有针对老人肩颈腰背疼痛的康复服务，由于老年人患有多种疾病，一般的按摩也不针对老人开展服务，怕有风险。项目有以下特色：

（1）突破老年人康复按摩的禁区，其康复能够提高老年人运动能力，节约医疗资源，减轻老人照护的成本，缓解社会和家庭负担的重要作用。

（2）将康复技术培训与公益服务相结合，不断扩展服务的志愿者人群。医学康复工作室每年都吸引了一大批学生参与学习，体验康复效果，治疗身体各部位关节、肌肉损伤，进而服务家人、朋友、老师、同学，既锻炼了康复技术，又形成了良好的社会声誉。因此公益康复养老项目具有实施的人力资源保证。

（3）社会服务培养了学生的素质与能力：参与医学康复工作室的服务，可以学习中西医康复技术及知识，拓宽医学专业知识体系；其技术不仅可以服务同学、朋友、家人，还可以服务社会，更广泛的传播健康知识；同时学生在社区服务老年人，可以早期接触患者，接触临床，增强自主学习的动力，建立科学的临床思维；通过公益服务，增长阅历和才干，为今后的工作打下良好的基础，真可以说是一举多得。

（4）促进公益事业发展：实现以问题为中心、以问题为导向，引导学生自主学习的目标。以医学康复为主题，引导学生学习基础医学、临床医学专业知识，扩展康复医学的知识，以解决康复养老的专业问题；以养老为主题，引导学生思考社会问题，将所学知识应用于社会实践；以公益养老为主题，引导学生思想，参与社会公益事业。

大连大学医学康复工作室，益起来——公益康复团队，旨在进行更大范围的技术培训与公益康复服务，践行和传播公益精神，实现公益价值传播的目标。公益养老康复项目得到了公益组织（阿里巴巴公益集团、恩派公益、中国扶贫基金会、北京农禾之家咨询服务中心、大连清水慈善、莱西市院上镇农民专业合作社联合社）的支持，在大连金普新区杏林养老院、锦润养老院、山东莱西市院上镇丽馨养老院建设了公益康复屋，同时针对照护人员及志愿者开展康复技术培训，不断满足养老院老人的康复需求，取得了公益康复的新进展。

当老年人面临关节、肌肉、筋膜疼痛时，有如下做法：

（1）默默忍受，不知道如何治疗，认为是年老体衰而导致的；没有人能说清老年人是哪一天开始弯腰驼背的，但是疼痛的滋味是一分都不会少的。

（2）到医院就诊，当疼痛超出自己的耐受范围时，就选择到医院就医，但医院烦琐的就医流程以及人满为患的现实也不断地困扰着他们。

（3）到按摩院保健，老年人所遭受的是肌肉、筋膜、关节疼痛的问题，单纯的表浅放松和简单的刮痧、拔罐，由于深度不够，无法从实质上解决深层肌肉、筋膜的疼痛、关节位置偏离的问题。

（4）滥用药物及保健品，如长期使用止痛药物，使用××药酒、××健腰丸，造成身体肝肾功能的进一步伤害，病痛也没有缓解。

在公益康复的服务中，大连大学医学康复工作室进行了有益的尝试，开拓了学生的视野，实现以问题为中心、以问题为导向，引导学生实现自主学习的目标。

以医学康复为主题，引导学生学习基础医学、临床医学专业知识，扩展康复医学的知识，以解决康复养老的专业问题；以养老为主题，引导学生思考社会问题，将所学知识应用于社会实践；以公益养老为主题，引导学生思想，参与社会公益事业，提高社会责任感和使命感。达到以下目标：

（1）将康复技术培训与公益服务相结合：公益康复服务需要康复技术，培训康复技术能够提高志愿者的服务能力；在康复服务的实践中能够不断提高康复技术。不断扩展康复服务的志愿者人群，形成"益起康复、益起健康、益起公益"的良好循环。

（2）医者仁心与公益服务思想相结合：两者结合对于培养学生的技术水平和职业道德具有重要意义，志愿者以自身专业知识服务于老年人，做有益于老年人健康生活的事业，体现其服务社会，传递爱心的愿望，更有其一生从事公益服务的理想。

（3）尊老敬老与中华传统美德相结合：将康复技术应用于老年群体是尊老敬老中华传统美德的体现，老人得到了健康，减少疾病与痛苦，家庭关系和谐，减轻了负担，社会减少了照护成本，国家减少了医疗开支。

五、公益感动

刘为国指导的大连大学医学康复工作室自 2012 年始累计为近 5000

名师生、群众提供了万余次康复服务，成为师生、群众的健康卫士和坚强后盾。通过"健康·扶贫·青春行""三下乡"暑期社会实践及"公益大连""禾趣计划""人人3小时"等活动，公益足迹遍布大连、长春、四平、莱西等城市，受益群体遍布社区、养老院、学校等组织。

在这么多年的公益活动中，给我印象最深的是两首歌曲，令人久久难忘。第一首歌曲是在大连金普新区杏林养老院，2019年7月11日，一位1950年参军的91岁的老战士，经过一次治疗后，能够顺利地举起双手，与大连大学医学康复工作室的同学们一起唱《我的祖国》。第二首歌曲是在2020年9月25~27日，在山东省青岛市莱西市院上镇丽馨居家养老服务中心举办的"禾力·大健康·康复计划技能培训班"上。我作为培训教师认真指导学员，并积极为学员进行康复，9月27日养老院照护员及志愿者接受康复治疗后，身体状态明显好转，为表达感激之情，歌唱《谁不说俺家乡好》。

两首歌曲表达了人们热爱家乡、热爱祖国的情怀，也体现了服务社会的理念，传播健康思想、公益精神的成果。公益康复，培养一个人，减轻一份痛苦，带动一个家庭，影响身边的人，奉献一个和谐社会，迎来一个健康中国！

二、青年红色筑梦之旅赛道：创意组案例

案例11 "蓝色梦想，莓好生活"

学生：安琪　指导教师：徐国辉老师

一、项目简介

（一）项目摘要

大连普世蓝农业科技有限公司，组建于2016年，正式注册于2018年4月，注册资金200万元，是一家以蓝莓等小浆果育种、品种繁育、配套种植技术服务等为主的高科技农业公司。本公司响应党的十九大的实施乡村振兴战略的号召，以承担社会责任为己任，加快偏远地区的经

济发展，为广大农户提供蓝莓等小浆果种植苗木和技术咨询服务，改变了蓝莓品种极度依赖国外的现状，通过技术创新使蓝莓品种升级，提高蓝莓果的品质，帮助欠发达地区和低产户致富致强，防止返贫富贫现象，支持和鼓励农民创业就业拓宽增收渠道，推动农业供给侧改革的进程。

公司经营范围以销售蓝莓苗木、蓝莓副产品，提供蓝莓栽培技术咨询服务为主。通过对自主培育和引进筛选的蓝莓优良品种进行品种选育、种质资源创新及果实品质评价等关键技术开发，其成果具有较强的创新性，可推广应用于不同地区。公司利用分子标记辅助蓝莓育种，建立DNA指纹图谱，保证蓝莓品种纯正。

采用"公司＋政府＋农户"的服务模式，构建蓝莓"家庭农场"和"种植大户"，公司负责技术指导，产品收购加工出售，从而避免了农户的销售风险。公司在全国推广种植蓝莓面积达15.5万亩以上，以大连为中心在34个省市地区建立了蓝莓种植实验示范园，扶贫面积共覆盖40余个县村，精准对接贫困地区农户200多户，人均年收入增收近6000多元。

（二）所获奖项

第五届中国国际"互联网＋"大学生创新创业大赛铜奖。

第五届辽宁省"互联网＋"大学生创新创业大赛金奖。

第六届辽宁省"互联网＋"大学生创新创业大赛金奖。

第七届辽宁省"互联网＋"大学生创新创业大赛金奖。

二、项目计划书

（一）项目背景

1. 产业背景

蓝莓是杜鹃花科越橘属浆果类灌木，其果实内所含有的蓝莓花青素等物质具有防治神经老化、强化视力、补肝益肾、抗衰老、防氧化、防癌、治疗心血管和泌尿系统疾病等功效，被誉为"21世纪功能性保健浆果"和"水果中的皇后"，被国际粮农组织列为人类五大健康食品之一，近年风靡欧美及日本等发达国家。

近年来，习近平总书记十分关注蓝莓产业发展情况和效益，他在伊春考察调研友好林业局万亩蓝莓产业园强调并提出"传统林业转型方向主要集中在与农产品有关的产业上，要打开思路，不要单打一，要多元化发展"的新理念。我国早期种植的蓝莓品种多为国外引进的北陆、蓝丰和北蓝等老品种，果实品质较差，不耐贮藏，2015 年的市场售价仅为一些优良新品种的 30% ~50% 左右，经济价值较差。为了提升蓝莓产业的市场占有率和竞争力，在积极引进国外优良品种、进行品种换代升级的同时，努力开发具有自主知识产权并适应各地区域环境的优良新品种，对于蓝莓产业的健康发展至关重要。

2. 市场痛点

（1）种苗混杂。

在由国外向国内引种过程中，由于人为或其他因素等造成品种间的混乱，单从外部形态特征上很难准确地将各品种区分开，使得蓝莓种苗市场上出现同物异名或者同名异物的现象，给杂交育种及苗木生产带来阻滞，出现假冒伪劣品种，不利于鉴别蓝莓种质资源的真实性，也不利于保护蓝莓育种者的知识产权。

（2）缺乏自主知识产权的品种。

近年来，我国蓝莓种植面积及其产量持续增长，已成为亚洲地区蓝莓生产的主导国。但国内所有的蓝莓生产企业均依赖于美国、日本等国家引进品种。缺乏核心技术、缺少自主产权的优异品种是制约我国蓝莓产业进一步提升的瓶颈问题，所以培育大果型、果粉好、果实硬、耐储运的优质鲜果品种将是现阶段育种工作的重中之重。

（3）缺乏极具区域特色的优良品种。

对于蓝莓种植品种的选择，需要结合蓝莓的特性和地区的特征。不同地区对于蓝莓种植的品种有不同要求。在进行蓝莓种植之前，要根据不同地区的土壤和环境以及其种植技术来选择相应的蓝莓品种，并且不断地改进蓝莓种植技术手段，以此来提高蓝莓的产量和质量。蓝莓本身具有以下几点特性：半高丛蓝莓，这一类蓝莓体型偏小，其耐寒能力较强，适于寒冷的地区种植；高丛蓝莓不耐旱，适生于潮湿的土壤上，多在沼泽、溪流、潮湿的沙地以及山麓有地下水渗漏的地方形成群落；南高丛蓝莓的低温要求量较少，较北高丛蓝莓更适宜于温暖区域，而果实品质好于南方地区的兔眼蓝莓，与北高丛蓝莓相当。南高丛蓝莓的出现，使得高丛蓝莓种类得以向南部温暖地区拓展了栽培范围。因此，在种植蓝莓之前，要正确选择适合地区的蓝莓品种，培育极具区域特色的优良品种，才能提高蓝莓的产量。

3. 解决方案

利用 SSR 分子标记毛细管电泳技术对品种进行 DNA 指纹图谱构建；利用 HPLC – DAD 技术进行化学成分指纹图谱构建，充分结合现代分子手段鉴别品种，逐渐克服市场上种苗混杂问题；采用杂交育种手段进行品种资源创新，提高蓝莓果实的品质、产量以及抗病（逆）性等性状，培育具有适合不同气候土壤环境特点且具有自主知识产权的蓝莓优良新品种，同时从引进的国外蓝莓品种中筛选出优良的新品种，筛选适宜我国不同地区的新品种；为克服现有技术中的不足而提供一种容器栽培蓝莓的方法，该技术适合蓝莓生长发育，提高蓝莓容器种植的成活率、生长发育速度和产量；构建蓝莓新品种快速繁育技术体系（组培、扦插、栽植等全套快速繁育技术体系）及示范种植，从而更好地让农民、种植大户等实验致富。

（二）产品与服务

1. 产品介绍

蓝莓苗木是主要产品，好的苗木是其副产品的坚实基础。初期经过东北地区的试种测评筛选后，苗木具有品种纯正、根系健壮，品质更好、产量更高，更加适应东北地区种植的特性。本公司引进蓝莓品种300 余个并积极展开杂交育种，从 3 万多株子代中选出 500 多个优良品种，对比改良前的进口蓝莓苗木，新品种的蓝莓果实的甜度提升 15%，亩产提高了 20%～30%，亩产效益提升 15%～20%，为培育出超值蓝莓奠定基础。

本公司主营的蓝莓副产品为"普世蓝"蓝莓酒、蓝莓酱、蓝莓果干、蓝莓饼干、蓝莓酸奶、蓝莓汁。"普世蓝"将蓝莓的清甜和酒的香醇完美融合并具有一定的保健作用。

2. 技术优势

（1）具有自主知识产权蓝莓优良品系筛选及 DUS 测试。

（2）引进国外蓝莓新品种，筛选出适宜各个地区的换代品种。

（3）蓝莓优良新品种的苗木繁育。

（4）蓝莓优良新品种的果实品质评价。

（5）蓝莓新品种 DNA 指纹图谱及化学成分指纹图谱构建。

（6）新型容器栽培技术。

（7）蓝莓新品种快速繁育技术体系构建及示范种植。

（8）蓝莓新品种综合评价及推广应用。

3. 应用成效

大连普世蓝农业科技有限公司科研团队自 2004 年以来，开始承担国家自然科学基金 2 项、辽宁省科技攻关项目等 3 项、大连市科技计划项目等 6 项和辽宁省教育厅项目 1 项进行蓝莓的开发研究。项目组重点在大连市庄河市长岭镇开展蓝莓研究方面的工作并建立了 120 亩的标准化示范园。项目组积极开展杂交育种工作，从 3 万多株子代中已经筛选出 500 多个优良品系，为项目的开展奠定了基础。

（1）先后引进全球蓝莓优良品种 300 余个。

（2）已初步开发和完善了适宜我省各地区的保护地以及露地栽培的一系列技术措施，鉴定成果 2 项。

（3）确立了适合我省露地防寒越冬的 3 种技术方法。

（4）开发了蓝莓组织培养配方和具有特色的炼苗技术，并进行了工厂化育苗，该项技术进一步完善后计划申请国家专利。

（5）开发了独特的蓝莓扦插育苗技术，该项技术进一步完善后计划申请国家专利。

（6）开发了蓝莓专用种植土，申请并获批国家专利 1 项。

（7）确立了就地取材解决土地改良的技术方法。

（8）编写了蓝莓专著 1 部和实用种植技术专著 1 部。

（9）开展杂交育种工作，从 3 万多株子代中已经筛选出 500 多个优良品系，为项目的开展奠定了基础。

（10）公司已开发具有我国自主知识产权的蓝莓苗木新品种育种权20多个，其中"森茂一号""森茂二号"和"森茂七号"新品种于2018年6月在美国权威杂志HortScience上转载刊登。

（11）申报国家植物新品种权84项，目前已获批4项，2018年申请国家植物新品种权77项。2019年授权国家植物新品种权4项。2020上半年申请国家植物新品种权13项；授权国家植物新品种权12项。

（三）市场营销

1. 商业模式

公司致力于将"高校智力、技术和项目资源辐射到广大农村地区，助力精准扶贫和乡村振兴"为宗旨，采用"公司＋政府＋农户"的服务模式，构建蓝莓"家庭农场"和"种植大户"，公司负责技术指导，产品收购加工出售，从而避免了农户的销售风险。同时，组织农户成立合作社、农民种植协会以及销售联盟等多种形式，使得分散的家庭式种植变成产品流通的整体，这样可便于统一管理，形成区域市场。并且，还引进其他企业开展蓝莓等小浆果的产品深加工，包括蓝莓烘焙产品、蓝莓酒、蓝莓果干、蓝莓酱等，即可以增加蓝莓的附加值，也带动主导加工产品企业的稳步快速发展，推动以加工原料为目的加工品种种植。逐步形成蓝莓等小浆果区域产业链，将加速推动农村基础设施建设，拉动农民朋友返乡创业，增加就业率。

公司负责对各种植基地及农户提供技术咨询服务，向购买本公司蓝莓苗木的企业及种植基地提供为期两年的免费技术咨询服务。通过互联网实时监控各基地的蓝莓苗木的生长情况，针对不同生长状态，提供不同的培育方案。本公司将供、产、销三个环节分离，在全国各适合种植蓝莓的地方成立蓝莓种植基地，每个基地都由公司统一提供蓝莓苗木，并分配专门的技术人员监管，提供技术支持，以保证种植出的蓝莓符合质量要求。

2. 盈利模式

种苗收入约占60%；回收蓝莓鲜果赚取差价约占30%；技术服务

约占 10%。

3. 营销策略

通过"大数据 + 平台",公司采用 O2O 的模式,即线上接收订单和线下直接签订购买合同两种方式进行交易。旨在培育县域农村蓝莓产业经济生态圈,使蓝莓产业连锁化,给社会提供更多就业岗位。

4. 运营成效

公司采用连锁经营模式销售蓝莓副产品,以"普世蓝"作为蓝莓副产品(如蓝莓干、蓝莓果酱、蓝莓酒和蓝莓饼干等)的品牌进行销售。加盟过程"不从零开始",即由公司为各加盟店提供选址建立店面,使用公司提供的统一的店名、统一的标志,运用统一的经营方式、统一的管理手段,共同进货、分散销售,共享规模效益。

(四)团队管理

1. 公司框架和公司介绍

大连普世蓝农业科技有限公司,组建于 2016 年,正式注册于 2018 年 4 月,注册资金 200 万元,是一家以蓝莓等小浆果育种、品种繁育、配套种植技术服务等为主的高科技农业公司。

2. 团队主要成员介绍

安琪,创新创业团队负责人,大连大学生物工程学院 2019 级研究生,生物学专业,师从全国著名蓝莓专家王贺新教授;从事蓝莓育种和种植研究,曾带队参加"三下乡"社会实践活动获得"国家级优秀服务队"称号。本科期间,连续两年获得校级优秀学生干部称号、山东省优秀毕业生、三好学生等称号。研究生期间,任研究生学院学生会执行主席,跟随导师申请植物新品种权 5 项并获得校研究生国家奖学金。

赵丽娜,公司法人代表。生物学专业研究生,从事蓝莓苗木培育和种植研究。曾获中国第十届大学生网络商务创新应用大赛全国一等奖、辽宁省"互联网 +"大学生创新创业比赛金奖、"创青春·服务业杯"辽宁省大学生创业就业大赛一等奖。

李悦,生物学专业 2017 级学生,曾获 2019 年辽宁省"互联网 +"全国大学生创新创业大赛金奖;2019 年"创青春"辽宁青年创新创业大赛农业农村初创组二等奖；2019 年大连市"互联网＋"大学生创新创业大赛市级银奖；2019 级大连大学新生辅导员助理；2019 年大连大学大学生创新创业训练计划项目校 A 级优秀结题。

（五）财务分析与预测

1. 股本结构

注册资金 200 万元，教师占股 70%，学生团队占股 30%。

2. 融资计划

预计融资 200 万元，出让 10% 的股份，融资计划见表 1。

表1   融资计划及用途

设备升级	加大科研投入	宣传推广
提升苗木质量，扩大品牌竞争力；减少浪费，降低成本，提高效率，节约资源；利于扩大再生产，节省人力、物力。 资金投入：30 万元	加大科研投入，不断改进技术，研发新品种，提升核心竞争力，为农户及消费者提供更多选择。 资金投入：100 万元	形成线上线下的品牌推广，提升品牌知名度；增强品牌的影响力，形成品牌的信任度，便于销售。 资金投入：70 万元

3. 发展规划

在未来的 5 年，在辽宁省各城市开设 30 家蓝莓连锁加盟店，拟提供就业岗位 150 个；本公司将在全国范围内打造集休闲采摘、康体疗养于一体的蓝莓小镇，针对这一发展目标，采取的主要营销策略为体验营销。

蓝莓种植园之外还设有餐饮店、酿酒体验馆、蓝莓酒长廊、专业蓝莓食品品尝室等。消费者既可以通过欣赏田园风光来放松心情，也可以在专业人士的指导下，在园内采摘蓝莓并亲自将其酿成美酒或者果酱，让消费者在行动中体验蓝莓知识与文化的乐趣。在酿酒体验馆中，消费者可体验使用的酿酒工具。随着生活节奏加快，工作压力加大，人口老龄化状况加剧，人们对中短距离的郊区旅游更加青睐，蓝莓小镇的功能可以满足广大消费者的需求，通过旅游参观让消费者感受蓝莓文化并领略其健康、自然、时尚现代气息。

三、经验体会

"互联网 +"大学生创新创业大赛为我们当代中国青年学生提供了一个经受历练、锤炼意志的舞台。为期近一年的比赛，与各高校参赛学生同台竞争，它让我明白，什么是"台上一分钟，台下十年功"，任何事业的成功都离不开背后的艰苦奋斗精神。同比赛本身相比，更重要的是在奋斗中磨炼钢铁般的意志，同时也更加坚定了我们的信仰。以去年参加比赛的几个项目为例，就有来自人工智能、虚拟现实、新材料等多个领域的高新技术项目，这些项目正是瞄准着我国科技发展中的重大战略需求和前沿发展方向的，这对于培养我们的创新意识以及把握前沿动态的思想都非常重要，这个经历就是一种宝贵的财富，比成绩和荣誉更重要的是深刻在骨子里的家国情怀。

"互联网 +"比赛正是为我们当代大学生提供了一个这样的平台。以本团队为例，我们的科研方向是在蓝莓新品种研发领域中不断地创新，一直致力于蓝莓育种工作，为开发出具有我国自主知识产权的新品种而不懈努力。在"互联网 +"大赛的舞台上，有来自全国无数个紧跟科技前沿发展步伐、瞄准国家重大战略需求的项目被孵化、被哺育、被浇灌，在广大学生心中深深地种下"求学报国、科技报国"的种子。

四、指导教师点评

"蓝色梦想，莓好生活"大学生创业团队，已经连续三年参加青年红色筑梦之旅活动，运用创新思维和创业能力服务社会。团队积极响应"国家乡村振兴战略计划"号召，将蓝莓等小浆果种苗繁育作为主营项目，帮助农户根据种植地的土壤以及气候等情况优选种苗，同时结合前沿的分子生物学技术手段，对农户进行系统专业培训，达到精准富农的目的。

安琪作为项目负责人，在学校支持下组成团队，每位成员的基本素质、业务能力、奉献意愿和价值观与项目需求相匹配。她将导师王贺新教授的蓝莓培育成果进行产业转化落地与实践应用，使蓝莓等小浆果产业发展更好的成为带动就业、推动农民致富和区域经济发展的手段和社会效益。项目采用"公司＋政府＋农户"的商业模式，其设计完整、可行，具备模式可复制性、产业可推广性、成果可示范性等优势。该项目的持续生存能力强，在创新研发、生产销售、资源整合等方面具备良性成长能力。

案例12　山海同行——中药材种植筑梦乡村振兴

学生：郑冬宁　指导教师：李东霞副教授

一、引言

2021年7月24日上午，第七届中国国际"互联网＋"大学生创新创业大赛辽宁省小组赛正在紧张地进行，山海同行——建设百草凉都项目团队继获得第五届、六届辽宁省省赛金奖，再次荣获本届大赛青年红色筑梦之旅赛道金奖。项目团队用技术支持道黔药材，以优质药材助力乡村振兴。项目团队在项目运行的过程中同时收获了国家级大学生创新创业项目1项，并获优秀结题，辽宁省第七届创新创业年会优秀大创项目一等奖1项，2020年"挑战杯"辽宁省大学生创新创业计划竞赛金奖1项，创新创业实践锻炼硕果累累。

二、点亮创造之灯

杨光灿，来自六盘水的贫困山区，现就读于大连大学医学院，本科所学的专业是中药学，他喜欢这个中华民族传统的专业，在读书期间，其在专业老师的指导下，参加大学生创新创业项目，进行中药组织培养创新研究，同时他运用所学专业知识如饥似渴的钻研中药材产业发展，希望能用自己的所学来帮助贫瘠的家乡。

党的十九大明确指出要坚决打赢脱贫攻坚战，辽宁省大连市与贵州六盘水市是对口帮扶城市，杨光灿组织了项目团队以中药材种植扶贫六盘水为目标，践行自己让家乡人民富起来的梦想。

在项目开始，杨光灿带领团队利用寒暑假进行实地考察，由于贵州省处于中国云贵高原东部，得天独厚的地理位置，特定的气候条件，十分适宜种植中药材。项目团队根据中药材市场调研分析发现：随着土地被不断开发，人们过度的采挖，导致野生中药材资源蕴藏量急剧下降，中药材价格一路飙升，因此可以进行中药材种植促进六盘水地区经济发展。调研发现近年来国内对中药半夏的市场需求呈逐年上升趋势，并且随着世界对中药材的认可，国外的需求量也越来越大，我国是半夏药材的主要出口国，因此开展半夏种植具有较好的市场前景。

如何进行种植产量高、质量好的中药材半夏是面临的主要问题之一。于是，在老师们的指导下，项目团队开展学习种植技术，种质的选育，培养、筛选优质种苗，并不断改进更新种植技术，对种植药材进行全程跟踪检测以确保药材质量，且所种植药材全部按 GAP（中药材标准化种植规范）标准进行规范化管理。在种植合作模式上以杨光灿自家开始，以共同富裕利益驱动，逐步带动周边村民加入，形成规模化的种植基地。项目团队以资金和技术入股企业，搭建网络销售平台，同时将药材批量销售给合作企业及药厂，实现线上线下多渠道销售。

通过苦心钻研，导师团队的悉心教导以及创新创业中的实践锻炼，他所带领的团队荣获第三届全国大学生生命科学创新创业大赛三等奖，获批国家级大学生创新创业项目并优秀结题，连续获得第五届、第六届、第七届辽宁省"互联网＋"大学生创新创业大赛"青年红色筑梦之旅"赛道金奖。他个人还在辽宁省动植物标本制作大赛、校中药剂型设计大赛等比赛中表现优异，取得奖项。

面对荣誉，杨光灿一心秉持着没有最好只有更好的信念。创新创业实践让他将筑梦成真，未来，他初心不变，砥砺前行，用所学知识和技能，通过创新实践回馈家乡，报答祖国，将中药材事业发扬光大。

三、打开机会之窗

2021 年 2 月 3～5 日习近平总书记再次亲临贵州视察调研并指出要坚持以高质量发展统揽全局，努力开创百姓富、生态美的多彩贵州新未来。该团队的任务是向六盘水市农户提供由专业技术团队指导选育的优质半夏种苗，全程进行种植技术指导，并搭建网络销售平台，将药材批量销售给合作企业及药厂，面向大众零售中药材制品，实现线上线下多渠道销售。

贵州六盘水优越地理气候环境适宜种植半夏等多种中药材。近年来国内外市场对于半夏的需求量稳步增长，在 2020 年全球突发的新冠肺炎疫情中，半夏作为中医药治疗组方中的重要方药起到了突出的作用，因此半夏的产销有着很广阔的市场开拓价值。

该团队为当地农户选育、培养、筛选优质种苗，并提供种植技术，对种植药材进行全程跟踪检测以确保药材质量。药材种植地本身具有的优良环境条件；所种植药材按 GAP（中药材标准化种植规范）标准进行规范化管理；从提供种苗及种植、田间管理、采收加工技术到批量回收"一条龙"服务，让药农无后顾之忧；采用独创技术，保证所选种苗的质量。该团队项目所选育的种苗质量更好、成本低、产量高、利润大。

由于项目具有极强的可复制性，吸引了很多青年学生致力加入以中药材助推致富的行列。与协作的团队在大连市普兰店地区开展了半夏等中药材种植推广项目，并且初见成效。项目具有推广性高、辐射性大、可复制性强等特点。未来还会吸引更多的团队、人才加入这个行列，中药材产业会加速发展，脱贫致富事业也会更上一层楼。

四、踏上创业之路

生于凉都，求学于连大的杨光灿没想到，当初自己的一颗小小的理想火种如今似有星星之火可以燎原之势。山里的孩子上学不易，他特别珍惜这来之不易的上学机会，希望通过在学校学习的知识和技术帮助家乡改变贫瘠的面貌，为了自家和当地村民能够过上更好的生活，创始人杨光灿从入学开始就暗下决心一定要做出一番事业。

2016 年，由于玉米产量低、利润薄，于是正在读本科的创始人杨光灿将自家的玉米全部改种半夏，一年后，所种半夏的收入达往年玉米的 8 倍，这小小的成功极大地鼓舞了这位有志青年。

2018 年，在团队指导老师李东霞等人的带领下，"半黔脱贫，夏载愿景"项目组成立，开始专项种植半夏。学校与华理创投（大连）管理有限公司总经理谭鸿志签订合作协议，与其子公司贵州连山连海生物科技有限公司合作，共同致力于中药材种植助力六盘水脱贫致富项目，项目组的成立的同时也吸引了一大批有志青年的加入，这些人在后来的发展中也逐渐成为项目的中流砥柱。

2019 年，现任项目负责人郑冬宁加入项目组，团队开始采用先进的种植技术和 GAP 式规范化管理技术，以完整的体系种植半夏。

2020 年，团队加入电商平台，进行销售，项目逐步走向正轨。2020 年不仅是项目取得巨大进展的一年，更是历经风雨的一年，即使这样，在党的带领下，他们也达成了助力六盘脱贫的目标。截至 2020 年，六盘水全市 3 个贫困县全部脱贫摘帽，615 个贫困村全部出列，62.66 万贫困人口全部脱贫。而项目组的全体成员也真正做到了"授人与渔"。

在现任项目负责人郑冬宁的带领下，已经初步实现了全程按照 GAP 规范化管理，从提供种苗、技术到批量回收"一条龙"服务，使项目具有可复制性，更便于未来的发展。

创业团队主要以资金与技术入股合作企业的半夏项目（见表 1），出资 50 万元，预计取得合作企业半夏收入的 15%。创业团队 CEO 郑冬宁出资 25.5 万元，占股 51%。项目创始人杨光灿出资 12.5 万元，占股 25%。联合创始人董岭出资 12 万元，占股 24%。

表 1 　　　　　　　　　　创业团队股本结构

股本来源	创业团队		
	郑冬宁	杨光灿	董岭
金额（万元）	25.5	12.5	12
比例（%）	51	25	24
合计（%）	100		

项目需要再融资 300 万元，以出让合作企业 10% 的股权实现。在融资计划上：120 万元用来设备升级，90 万元用于人才引入与员工工资，60 万元用于技术科学研究，30 万元用于宣传推广及品牌形象塑造（见图 1）。

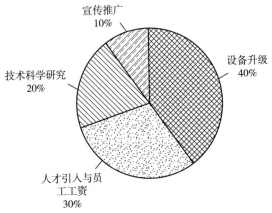

图1　2021年山海同行团队融资计划

五、用创新照亮未来

团队选育优良半夏种球应用生物学技术进行组织培养，通过半夏的无性繁殖筛选出优良性状的半夏品种，有利于提高种球的发芽率，同时对半夏种植采收加工全过程进行规范化管理，实时监测所种半夏质量。回收的半夏根据《中国药典》2020版（一部）中的半夏的质量评价方法分别进行灰分、浸出物、含水量测定，根据《中国药典》2020版（四部）通则项下规定方法进行微量元素、重金属、农药残留物等含量的测定，从而监督控制药材的质量。回收的半夏主要用于市场销售和产品开发，研发新产品主要通过提取半夏有效成分进行新产品的萃取凝练和旧产品的品质提升。除了传统的销售渠道和合作模式，还搭建了网络平台进行半夏等中药材的宣传科普及推广销售。

目前在国内种植的半夏依旧选用传统的种球种植技术，存在发芽率低、产量低，随着环境因素和土地长期喷洒农药等诸多因素，回收的半夏质量和产量逐年降低，而国内市场对半夏的需求量逐年增加，对半夏新产品的开发也越来越多，由于其药材根源质量不高，在研发时略显乏力。该团队占据得天独厚的地理环境和气候优势能够大幅度提高产品产量和品质，对半夏种植进行规范管理，不仅产量高，质量也大幅度提高。对研发的新产品质量也占据优势。

项目主要进行半夏的种植技术研发和新产品的开发，提高半夏的产量和质量。优质种苗有利于当地种植户的种植，提高当地的半夏产量，从而带动经济的发展。目前国内各地均有种植半夏，但由于其地理环境和气候因素，产量和质量与项目种植地相比略差，种植产量低，半夏质量差，而项目种植地六盘水所种的半夏果球饱满，产量高，质量好（见图2）。目前已有70户农户加入半夏基地进行半夏种植，对其回收的半夏样品，根据现行中国药典规定进行检测，将半夏通过机器筛选分档次，制成中药饮片进行销售，并进行新产品开发、销售，已形成较完整的商业模式。六盘水地区因其独特的环境和气候优势，在项目团队科学的种植技术指导下，每年回收的半夏产量大幅度提高，半夏有效成分和微量元素等均高于国家药典所规定，半夏质量上乘。现在半夏已经可进行预定，待产收后可优选销售给预定客户。利润主要来源于半夏饮片的销售、回收药材的市场销售和新产品研发，其中大部分利润由线下饮片销售所得，少部分来自线上平台销售。项目的实施推动了种植地区的产业发展，助力乡村振兴，帮助六盘水地区实现以中药材致富的目标。

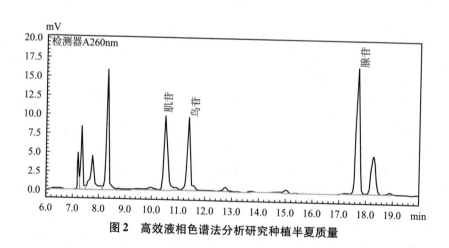

图2　高效液相色谱法分析研究种植半夏质量

六、站上产业之巅

中药材质量是未来中医药发展重中之重，质量是核心竞争力。该项目主要的竞争对手是市场上其他中药材种植研发公司，随着国家政策的支持与药材价值的提升，中药材公司的数量呈现上升的趋势，近几年会到达巅峰逐渐趋于饱和，但是项目完整的商业模式，高质量的技术指导、筛选出优质种苗进行组织培养、严格进行从种植、采收加工到研发全程规范化管理可以获得客户及各界的认可。面对现存的市场竞争，目前半夏的市场需求量大，供需不平衡，农户种植好的半夏并不能满足市场的全部需求。且筛选出的种苗中各种氨基酸含量较普通半夏种苗均有提高，在六盘水市优良种植条件的影响下，根据对土壤酸碱度、营养成分及含量的科学分析，他们所生产的半夏质量更好产量更高，其价值高于市场上其他公司的半夏种苗，有着更强的竞争力。项目组的技术人员通过线上线下两种渠道为农户提供种植技术的指导，进行种植技术培训和中药材相关知识普及，提供在线答疑，同时在药材种植期间会定期或者根据自然条件变化对农户提供药材的生长情况及有效成分、微量元素、农残等的监测，并提供相关有效证明，进而确保所得药材质量。一对一指导，精准度高，信息反馈较快，产品质量有保证。

此外，项目团队专业人员根据市场需求调查研究以及六盘水地区土壤、气候特点，可以拓展市场短缺中药材品种的种植开发。项目团队背后还有强有力的中药研发指导教师团队做后盾，有一系列拥有自主知识产权的专利，可以进行中药材产品的深度开发以适应市场对产品种类的需求。

短期营销策略（≤1年）在此期间，项目主要通过线上线下相结合的宣传方式进行推广科普并提供种植技术的指导，同时线上线下结合开拓销售渠道，形成多渠道全方面销售链，在扩展药材销售市场和提供种植技术服务的同时，初步建立品牌知名度，为中期和后期市场的拓宽和发展奠定基础。通过各种线上线下媒介平台宣传的方式增加品牌知名度，扩大市场占有率。

中期营销策略（2～4年）这一时期主要是在原有的营销方式上进一步扩大消费市场，项目与连山连海生物科技育药有限公司签订了长期合作协议，今后将力争与辽宁省各大药厂、医院和相关科研团队建立合作关系以确保药材的销售途径正常运行。目前营销队伍是以两位销售总监为主导的销售模式，后期将会招聘一系列销售精英，以确保将项目准确地传达给农户，增加惠及覆盖度。通过结合当地优良种植条件，提供全方位的技术支持，实现高质量药材的培育及种植和新产品的开发研究；通过线上线下各种渠道，对培育的优良种苗及高质量药材、饮片进行销售。

长期营销策略（≥5年）在未来的五年，在六盘水市建立8个以上药材种植基地，拟带动六盘水市农户实现致富奔小康，直接带动种植户400户，实时调研市场药材需求及价格走势，分析评判当地中药材种植情况异动，科学指导中药材种植以满足市场需求。

项目采用"科，商，农"的运营体系：科即科学技术，结合当地优良种植条件，提供全方位的技术支持；商即商业销售，农即助农致富，深化与六盘水市农户的合作，以点概面，推动六盘水市及周边地区的经济发展，实现以中药材助力乡村振兴的目标。

项目团队为种植户提供优质种苗及技术服务，合作公司回收其种植好的药材，大部分药材提供给合作企业；部分药材，饮片提供给制药厂、医院等。项目面向的用户为种植户、药厂、合作公司以及科研团队。普通种植户有土地资源却缺乏经验，因此提供优质种苗及种植技术；多数种植户无销售渠道，因此回收产出的药材；对生产药材品质实施动态检测，保证药材有效成分含量达到或超过国家标准，重金属农残低于国家标准，以高质量的药材出售给药厂及合作公司；多数药厂需要长期合作且确保质量，因此可通过线上或线下提供高质量药材以达成长期合作（包括国内、国外）。如因自然灾害造成药材的质量下降产量下滑，项目将对农户提供解决方案，以确保农户亏损最低化。

目前中药材种植已成为六盘水市致富的支柱产业，山海同行项目团队与贵州省连山连海生物科技有限公司签署协议开展长期合作，为助力六盘水市乡村振兴共同奋斗。连山连海公司在六盘水市建设种植基地和加工工厂，已有70户农户加入种植基地，加工工厂包括生产车间、包装车间、产品研发人员等，提供就业岗位总计150个，2021年预计收入 750 万元。

力求在短期内扩大企业市场占有率，使六盘水地区产品占有率达到 10%；中期计划通过扩大单个企业规模，保证整体规模的扩大，通过专业化建设，形成特色服务，完成公司的战略目标。决心用技术支持道黔药材，以优质药材实现建设百草凉都的目标！

第十五章

产业赛道

案例 13　怡康智慧系列项目

学生：闫敏　指导教师：陈丽娜老师

一、引言

2021 年是特殊的一年，更是收获的一年。怡康智慧代表大连大学参加第七届中国国际"互联网+"大学生创新创业大赛，其中《怡康智慧——日式养老应用于国内养老行业的产业链升级（以下简称"产业链项目"）》（负责人闫敏）参与高教主赛道，《智慧化养老云服务（以下简称"云服务项目"）》（负责人周子楹）、《智能二便处理器产品适老化应用（以下简称"二便项目"）》（负责人安书田）两项参与产业命题赛道，三个项目均取得省赛金奖，其中产业赛道的两项更是跻身全国 300 强被推荐进入国赛。

怡康智慧作为首次参与大赛的年轻团队，即获得三项荣誉，已经成为推动全国养老行业的发展的新力量、行业标准制订的实力者，全国日式养老的领航者。

二、创造之力

本次参赛的项目均为大连大学护理学院与大连怡康智慧有限公司共同研发、合作。指导团队共 13 人来自高校和企业的行业专家，其中有海外留学经验的博士导师、国务院特殊津贴者，留日博士、硕士和养老行业资深从业者，以及 IT 行业的高级研发人员。团队学生成员更是涉及护理、日语、建筑、信息、管理多学科，分工明确，团结协作，共创一个集"研""产""管""学"于一体的高质量团队。

怡康团队创始人为黄晶老师，大连大学教师，美国贝瀚文大学MBA，具有10余年日式养老行业实战经验，发表多篇管理学相关学术论文。黄老师自2005年涉足国内养老行业，一致秉持"一切从微笑开始"的理念进行企业管理与服务。

产业链项目联合创始人及负责人为闫敏同学。闫敏同学，大连大学护理学院硕士在读，她形容自己是一个"有爱心、乐于助人的人"，本科期间就经常以志愿者的身份利用假期时间到养老院去陪老人们唠唠家常，帮忙干点力所能及的事情，一来二去，与养老院结下了不解之缘。研究生选择方向时，义无反顾地选择了"老年护理"方向，她说："每当想起和老人们相处的点点滴滴，就总想为他们做点什么，如今有了这样的机会，希望养老能够成为自己可以一生为之奋斗的事业"。

"云服务项目"负责人周子楹同学对养老护理也一直有浓厚的兴趣。对于养老护理，她也有着自己的一番感触："虽然现在物质条件好了，大家的生活水平都提高了，但是每次去看望福利院的爷爷奶奶们，还是能感受到他们浓烈的孤独和无助，每每看到有些老人家由于失能只能坐在轮椅上，由于失智口中不断地重复一样的话语，都会感觉很心酸，特别想用自己的专业知识，帮他们做点什么……"

周子楹说："我永远也忘不了第一次去怡康之家参观时，看到那里的老人们的笑脸，每天都很快乐，真正的觉得好的养老服务的意义"。

"二便项目"负责人安书田同学虽然只是大三学生，但已经获得多项荣誉，大连大学优秀莲子、大连大学优秀班干部等都已然在他的简历上。目前正在读大三的他说："我是一个从小对各种情感变化体察很敏锐的人，身边亲朋好友的情绪波动，我都能很好地感知到"。对于选择护理学专业，书田说："一方面是自己从小就学喜欢学医，但最重要的是，一想到自己的爷爷身体不适，看向自己的那副落寞又抱歉的眼神，更坚定了选择护理这条道路。我也相信自己未来通过努力学习，可以给更多的老人带来希望。"

三位同学的话语中都不约而同地提到了对老年人生活的感知以及参与养老护理事业的决心。在学校和学院领导、老师以及行业专家的大力支持下，三位同学作为负责人也是带领团队交上了满意的答卷。怡康智慧的三个项目便同时取得了省级金奖，产业赛道两个项目更是在该赛道名列辽宁省地区前八，跻身全国前 300 强晋级全国总决赛。

怡康智慧也一直以"满足·感动·幸福"为企业理念，恒志推进日式养老在中国的模式创建与推广，为老年人更好地生活，提高我国养老服务水平，推进养老产业的长远持续发展。

三、机会之窗

随着我国老龄化进程的加快，自 2016 年开始国家陆续推出智慧养老政策，我国养老产业迎来万亿蓝海市场，越来越多的机构开始加入养老队伍！

怡康智慧团队通过敏锐触角、多年行业经验再加上初创学生团队的创业热情，最终成立于 2020 年。这一年是新冠肺炎疫情肆虐的一年，更是怡康智慧之花开始发芽的一年。

怡康智慧全称大连怡康智慧科技有限公司，公司主要该项目以智慧系统适老化融合服务解决目前养老行业面临的服务质量与经营的困境。怡康智慧以轻资产、重技术运营的"万豪"商业模式，打造一条包含"个性化"日式养老服务、适老化建筑与配套产品、养老信息共享一体化管理、养老人才"专业化"培养的日式养老产业链，面向养老机构及居家老人提供医养结合服务。

项目创立于新冠肺炎疫情期间，也成长于疫情期间，特殊情况让团队思考"养老"如何与"智慧"联动，如何更加"适老化"，更好地服务于老年人及其家属。

公司从最初的确定"养老院经营、适老化产品、养老信息产品、人才服务"四大产业方向，到逐步深入细分产业内容，完成产品的市场化，积极推动真正的"适老"，都离不开团队的合作与导师的指导。为了做好产品，团队三位项目负责人均在养老院进行长期实践、深入了解老年人"真正"的需求，以做到产品都能够真正的适合老年人。

四、创业之路

2020 年创立大连怡康智慧科技有限公司，黄晶老师全额出资，占股份 65%，学生负责人闫敏、周子楹、安书田各持股 5%，安力彬、李文涛为联合创始人各持股 10%。2021 年公司预计融资 600 万元，出让 10% 的股份。

五、创新未来

在中国经济不断增长的背景下，人民对于美好生活的向往也产生巨大变化，飞速发展的互联网高科技如何为养老所用，更好地惠及老年人，真正地做到"科技改变生活，适老惠及银龄"是需要不断思考、持续创造的原动力。

传统养老行业具有以下不足：

(1) 养老机构服务大多以"业务流程"优先忽视老年人的"个性化"需求，家属探视老人时间有限，无法实现与老人的实时沟通。机构养老护理员配比不足，无法实现实时照看。

(2) 智能辅具。人工辅助操作流程烦琐，费时、费力，功能简单，缺乏人性化、智能化，采购成本较高，产品时效性低、管理系统外接程度低，智慧互联管理系统中智能适老化应用少，现阶段无法满足老人需求。

(3) 养老信息管理系统。缺乏对机构、社区、居家养老智能养老管理的系统，居家养老子女无法时刻陪伴及独居的老人在居家安防方面有许多隐患。

(4) 养老护理人才。从业人员入职门槛低、职业认可度低，而本公司的产品能够从整个产业链进行规划以及服务，做到从"入住"到"好住"到"适老"的全方位养护，更着重养老与智慧的完美联动，目前大力推动智慧化养老云服务与二便项目的智慧适老化，做到更精确地"适老化"。

项目的几大优势：

(1) 吸收日式介护精华，本土化运营，结合最新科技产品及培训业务，提高质量，降低成本。

（2）以管理输出、产品与服务为盈利来源、无不良资产负担、迭代发展迅速。

（3）以科技改善工作条件、以培训解决人才问题、以质量保证收益、以智慧科技创造高利润，通过完整回路实现良性循环。

（4）以互联网的技术手段实现客户送达，线下机构与线上业务结合，实现更广泛的服务与收益。

（5）面向养老机构提供智慧化养老云服务，改善机构养老服务质量、工作条件，减轻护理人员工作压力。

（6）为机构、社区、居家养老提供智慧养老云平台，将"智能化"＋"物联网"技术应用于服务和运营环节，实现子女与机构同步照护。

（7）智能化辅具的普及及应用，填补我国养老辅具智能化方面的相关不足。

（8）大连大学四大学科支持：护理学科、日语学科、建筑学科、信息学科；为大连西岗区政府支持的养老研发团队；与大专院校联合办学，培养介护人才、高级养老管理人才。

怡康智慧以日式养老为依托在运营模式、科技含量、日式特色、轻资产、自带流量和产学研结合上都远超市场上传统养老企业！

六、产业领航者

怡康智慧作为养老行业的领航者，在成立短短 1 年时间内已经取得喜人的成绩。截至 2021 年 6 月 30 日，营业收入为 571.2 万元。目前公司全职工 80 人：管理人员 11 人，护理人员 62 人（其中一线养老护理人员 50 人，协助智能辅具研发及软件开发的护理人员 12 人），其他 7 人。已间接带动就业大连 400 人，厦门 100 人，重庆 100 人。高校人才通过该团队的系统培训走上了工作岗位。

案例 14　数智化物流园区

学生：姜忆玲　　指导教师：魏曦初老师

一、引言

2021 年 4 月 25 日，北京物资学院灯火通明，"中国外运杯"第七届全国大学生物流设计大赛总决赛如火如荼。作为数智化物流园区的倡议者，大连大学数智化物流园区团队在众多高校师生的见证下荣获一等奖。不仅如此，在第七届辽宁省"互联网＋"大学生创新创业大赛产业赛道中，他们也取得了金奖的优异成绩。他们的目标是成为数智化园区建设的引领者，推动物流园区从"被动型传统管理"转变为"主动型智慧管理"，以带动数字化、智能化园区的构建，从而实现整个物流行业的数字化转型。

二、点亮创造之灯

得益于在大连大学浓厚的创新氛围和机械学院卓越的导师团队，大连大学数智化物流园区团队在取得以上优异成绩的同时，还在辽宁省数字物流与创新创业挑战赛中荣获二等奖、三等奖，第七届辽宁省"互联网＋"大学生创新创业大赛主赛道铜奖。这些成果的取得离不开创新创业教育课程的培养。在创新创业教育课程过程中，老师们结合课堂教学开展创新活动、科技活动、科研活动，提高参与活动的积极性，激发创新思维，培养勇于尝试的大胆精神。通过营造浓郁的校园创新氛围，鼓励学生自主创业，感染和熏陶学生在课堂中主动参与、主动思考、愿意思考、愿意实践，从而无意识地自觉解放固有的思维模式。

在教的过程中以创新思维为中心，扩展创新思维视角，激发创新思维潜能，运用创新思维方法，打破学生思维枷锁，促使学生自觉思考、主动学习、善于创造。在课堂教学过程中，老师们以"问题、合作、探究、分享"为核心来构建高效的互动课堂，充分运用质疑思维法，让学生广开思路、寻求变革。根据教学内容采取启发式、案例式、项目式、互动式、讨论式等多种教学方法，促使学生主动反思探究、批判思维、互动探讨以及技能训练，培训他们的批判思维、发散思维、分异思维、联想思维及归纳思维等复合思维意识能力，帮助学生从课堂走向创新创业。

三、打开机会之窗

创业是创业者通过发现和识别商业机会，组织各种资源提供产品和服务，以创造价值的过程。商业机会是创业过程的核心驱动力，资源是创业成功的必要保证。企业过程是商业机会，创业者和资源三个要素匹配平衡的结果。创业过程是一个边疆不断地寻求平衡的行为组合。而创业者的核心工作是：对商机的理发分析和把握，对风险的认识和规避，对资源的最合理的利用和配置，对工作团队适应性的分析和认识。数智化物流园区团队在物流行业日新月异的今日，在学校学习专业知识的同时，还关注物流行业资讯，抓住了时机。

物流行业在互联网的作用下，不断变革，在传统智慧园区选址规划下，一些智能手段，如语音识别、人脸识别、可视化平台技术的加入，让物流行业焕发生机，物流产业规模稳步扩张，结构持续优化。但是，这些都还是起步阶段，京东、阿里等众多企业也都只是刚刚开展业务。对于数智化物流园区团队来说，提供完整的数字化物流园区服务，进行创业，面临的风险巨大，困难重重。但是在学校和导师的全力支持下，数智化物流园区团队还是毅然决定创业，开始了自己的探索之路。

刚开始研究的时候，有很多专业领域都未曾涉及，只能不断学习，不断研究，一边扩充自己的知识库，另一边艰难探索。在探索的过程中，看到了数字化的未来，和智慧园区的必然结果，坚信所走的道路是一条正确的道路。他们怀揣梦想，秉承有志者事竟成的理念，坚定不移。

一群有梦想、敢探索的年轻人，分工有序，运用所学知识在智慧化物流园区领域拨开迷雾，一步一个脚印地坚持着。从模块分析到功能应用，从理念提出到数字模拟，历经无数个昼夜，终于将一套完整的服务设计出来。

目前团队已经和大连俱进物流岛达成合作，为他们提供了整套数字化智慧园区服务，完成实体建模；在德邦辽宁总部智慧产业园项目中，参与前期讨论与策划，提供模型构建和数据测算以及数字孪生服务，将数智化物流园区这个风口牢牢抓住。

四、踏上创业之路

抓住机遇，猪都能够飞上天，历史证明，那些成功的创业者的无一不是站在了机遇的风口，抓住了机遇，才飞上了成功的天空。今天的互联网创业时代，创业致富的机遇更是数不胜数，想要在互联网中掘金，就看你能不能抓住机遇。

"大众创业，万众创业"已经成为互联网创业的一种引领方向，全世界每年都有成千上万的创业者涌向互联网创业。团队是这些创业者当中的一部分，在大学的期间互相结实，组成了一个"DTLP"工作室团队，也是因为各种竞赛让团队更加的团结和具备凝聚力，进行了更加细致的团队任务分配和团队人员的管理。

2020 年 9 月，创办了"数智园区物流"工作室。

2020 年 12 月，参加了"中国外运杯"全国大学生物流设计大赛，荣获全国一等奖。

2021 年 1 月，工作室为大连俱进物流岛设计实体三维模型。

2021 年 6 月，团队为大连德邦物流岛规划了三维模型，使其效率提升 50%，能耗降低了 40%。

2021 年 8 月，参加了"互联网 +"产业赛道，荣获辽宁省金奖。

五、用创新照亮未来

基于近 4 年国家各部委关于绿色物流系统建设的文件和指导意见，结合全球碳排放量趋势，可以看出，践行绿色物流已经势在必行。作为物流企业，以践行绿色发展的企业责任为出发点，秉承"运万物，连世界，创生态，以物流成功推动产业进步"的企业使命，实现绿色运输规划及智慧园区优化设计。

针对中国外运股份有限公司首先通过调研及相关分析，提出整体方案。其次，以欧亚全链路和西部地区为例，采用主成分分析和 P - 中值相结合的方法进行 RDC 和 FDC 的选址规划，并对其进行规模设计和成本分析，实现在兼顾成本的基础上，保障物流园区的辐射范围达到最佳的状态；结合其结果利用 Dijkstra 算法提出多式联运方案，并以成本分析、运输时效、碳排放量为指标完成方案优选。又针对疫情下的新情况，评估了原方案的现时可行性，提出了改进方案。进而完成了后疫情时期的智慧园区规划设计。

除此之外，以推进"智慧物流、绿色物流"为核心理念，致力于借助可视化的仿真模拟等服务为实体物流园区的运作管理。针对后疫情时期，企业如何提高运营能力的问题，结合物流运作对安全化、时效化和智慧化的要求，基于数字孪生技术和 Flexsim 仿真的方法，实现了智慧园区的规划设计进行了数智化升级。帮助物流企业提高物流运作效率，提升服务质量，实现全面透明化管控。深入实施智慧园区的数字化工程，使管理层明确园区构建及运作的每一步情况，将管理做到"看得见，管得着"，同时可实现园区的安全防范功能，提高物流操作的便捷性和有序性，加快应急响应速度，提高物流园区的综合管理水平。

在园区的建设规划上，从基础设施业务管理两个方面进行设计，设有一网、一中心、一平台，以实现智慧园区各硬件终端的连接，园区现有系统的集成，以及整个智慧园区的可视化管理；除此之外还设有众多丰富应用，以丰富园区的功能性。

在整体框架设计上，考虑平台云服务、WEB 端、移动端三个方面因素，结合疫情影响，同时采用红外测温、人脸识别、可控门禁等技术，进一步加强园区的安全性稳定性。在第三方业务系统对接方面，在考虑传统的 ERP 系统、财务系统等系统的同时，采用支付宝、微信公众号进行创新。

结合整体构架，将 WEB 端、移动端以及公众云平台服务三个方面与传统项目进行结合，并通过企业公众号和企业微信小程序实现云平台创新。

通过智能系统，实现了货物的实时预览，查看和回放；增加了云台控制，角度及距离的调整；多窗口播放，抓拍图片等功能。

在 GIS 配置界面，通过键入地图名称、地图路径，进行路径规划分析。

在以图搜图界面实现了人脸检索、车辆检索、上传图片、点击搜索等功能。在搜索结果中，可比较相似图片，查看检索大图，查看抓拍录像。

接着采用 Flexsim 技术对智慧园区仓库进行仿真设计。

还采用了 BIM 技术，纳入数字化、精细化的管理模式，通过三维信息模型的基础载体，实现园区规划、建筑设计、资产管理、空间管理、储位管理等功能。采用 BIM 技术可以增加各专业各阶段协同操作，提高工作效率，提升物流服务品质。数智园区有以下技术优势：

（1）使用便捷，方便创新；

（2）更全面的测量；

（3）更全面的分析和预测能力；

（4）提升效率和生产力。

六、站上产业之巅

随着全球物联网、移动互联网、云计算等新一轮信息技术的迅速发展和深入应用，智慧园区建设已成为发展趋势。近年来，国内一批优秀园区率先开展智慧园区的建设，园区建设规划问题逐渐成为建设过程中的重点。建设智慧园区，有利于加快经济转型升级，有利于提升园区政府服务能力，有利于创新园区管理方式，有利于提高资源配置效率，是各地园区抢占未来制高点、争创发展新优势、把现代化园区建设全面推向新阶段的战略举措。

数智化物流园区是在园区全面信息化基础上实现园区的智能化管理和运营，是信息化不断纵深发展的综合性表现。2020 年我国数字孪生物流园区市场规模将达到 2417 亿元，同比增长 6.5%，受整体经济下行压力加大以及新冠肺炎疫情影响，园区数字物流化建设投资有所波动，近两年数智化物流园区市场增幅略有收窄。预计未来 3~5 年内，园区原有传统基础设施与园区高质量发展需求不匹配的矛盾将显现，随着我国园区信息化发展趋向成熟，数智化物流园区建设需求将持续增大，市场规模恢复较高增长态势，到 2022 年将超过 3000 亿元，未来发展空间广阔。

在经济快速发展和政府政策的推动下，以产业聚焦为手段的园区经济发展迅速。园区规划建设整体性越来越强，更加注重各种基础配套设施，以更好的服务促进高新产业的发展。尤其是注重产业园区的信息化建设，构建互联互通、资源共享的信息资源网络，以信息化带动产业化是加快产业园区发展的重要内容。

AI 数字孪生应用正在从制造业逐步拓展至城市空间，将形成以数字技术和城市空间仿真预演为核心、突出信息技术、生态技术、仿真技术的集成应用，形成现实社会和虚拟社会融为一体的镜像孪生、虚拟互动的数字孪生城市。在未来 5～10 年，数字化物流将会产生巨大的技术变革，供应链效率将进一步提升，并带动商业模式创新。

随着人力成本不断上升和对作业效率的需求不断加大，物流行业技术革新步伐愈发加快，智慧物流发展逐渐引起企业的重视。智慧物流在具体场景中应用加快，尤其是运输、分拣、仓储、系统平台等领域的物流科技产品在具体场景中纷纷落地实现应用，基于 5G. IoT、AR、无人驾驶、数字孪生等技术应用，近几年由企业主导的物流科技亮点频现，G7、京东、顺丰、胜斐迩等国内外多家企业发布新型技术或产品，技术革新助力市场竞争进一步加剧。

目前，已完成了物流园区的实景三维模型，通过接入园区内在线传感器，根据现有园区各功能区的区位布局，基于此三维模型开展园区内生产规划、调度运行和维护管理的全过程应用，从而实现园区内人、车、物在精准运行、资源优化和配置服务中的全过程精益化管理，对园区产业、安防、通行、能效、环境、资产、招商等功能领域。通过数据可视化的方式全局管理，实时监测，并结合园区固有业务属性完成数据与业务的关联分析，做到园区业务宏观统筹、科学经营、合理调配，园区综合运营态势一屏掌握。

团队目标是成为数字园区建设的引领者，推动物流园区从"被动型传统管理"转变为"主动型智慧管理"，以带动数字化园的构建，从而实现整个物流行业的数字化转型。

第十六章

职 教 赛 道

一、职教赛道：创意组案例

案例 15 锐豪科技——打造模拟家装新体验

学生：任伟豪、卫紫琪 指导教师：刘晓燕教授

一、项目介绍

（一）项目介绍

锐豪科技致力于集家装设计可视化、BIM 技术应用及一键购买家具于一体化，以 BIM 技术为核心，对新型模拟家装新模式的整合，服务于现代室内设计的高新技术企业。项目立志打造可视化、立体化、随心搭的家装服务模式，打造模拟家装新体验。让科技成为家装的辅助，让装修满足个性化的需求。

建立了中国最大的"家装族库"。通过优化 BIM 建模精度；融合 3DMax、C4D 等建模软件，达成建材、家装一体，包括了墙面、地面、顶面装修族以及家具族，族库对接市场，当前项目族库总量已经突破 15 万件。

项目拥有多位教授、高级工程师进行技术和创业指导。聘请在校学生建立族库带动就业 80 余人。2022 年中国家装市场将拥有 4000 亿元以

上市场空间，且呈现上升趋势。同时项目对大连市的 25 个在售楼盘 2600 名的购房者开展调查，发现有装修设计意向的占 87%，可见市场空间之大。

项目自成立以来累计营业收入 273.7 万元，2021 年营收达到 400 万元，3 年后营业收入预计突破 1000 万元。成立公司后，项目股权由 5 位创始股东掌控，资金主要用于开发族库、公司宣传、设备升级等。

项目目前已经与大连市 12 家房地产商和 200 余家家具厂商展开合作。项目直接带动就业 15 人，间接带动就业超过 80 人。预计 3 年内公司产品在东三省市场占有率达到 20%，创立分公司 5 家，进驻装修市场，实现设计家装一体化的目标，成为行业的开拓者和引领者。预计 3 年后，公司直接带动就业将达到 85 人以上，间接带动就业超过 850 人。

（二）所获奖项

第七届辽宁省"互联网+"大学生创新创业大赛职教赛道金奖。

二、项目计划书

（一）项目背景

1. 产业背景

家装设计行业的市场走势为项目的建立和产品推广提供了一个非常有利的条件和宽松的环境。家居行业是历史非常悠久的行业，它伴随着人们的衣食住行基本需要，并随着人们生活水平的提高而不断发展。家居的类型、数量、功能、形式、风格和制作水平，还反映了一个国家与地区在某一历史时期的社会生活方式，社会物质文明的水平以及历史文化特征。家居，是在某一历史时期社会生产力发展水平的标志，是某种生活方式的缩影，是某种文化形态的显现，因而家居凝聚了丰富而深刻的社会性。利用政策的支持，项目抓住了机遇迅速占领大连市市场。

近年来，买房、装修已经成为市民关心的热点。房地产经济的持续走旺、装饰行业的快速发展，市场繁荣，人才需求自然旺盛。一些装修装饰公司甚至不愁没单，只愁没人。越来越多的人也看好室内装修设计良好的前景，纷纷加入室内设计的行列。所以室内设计行业发展呈现一片良好的发展趋势。

据调查分析显示，进行家装时，有约 52% 的客户表示有家装设计需要，有约 35% 的客户持观望态度，只有 12% 的客户表示不需要家装设计。而且据市场统计，我国家装市场规模已经由 2015 年的 1533.5 亿元狂涨至 2020 年的 4050.1 亿元，据当时预测，在 2021 年及 2022 年甚至还有 200 亿～400 亿元的市场规模，超过 4000 亿元的市场规模让家装市场前景明亮。

2. 痛点分析

通过上面对市场的现状以及需求分析可以看出，我国家装市场存在以下三个痛点：

（1）传统家装设计预算不精准：对于传统家装行业装修，家具报价不精准。

（2）缺少设计效果体验：装修效果呈现能力差，客户缺少自主设计体验。

（3）新型装修设计缺少自建的家装家具族库：家装公司家具族库单一，很难一家满足客户所有需求。

3. 解决方案

（1）图纸准确预算精准：得出图纸后，后台对数据进行计算连接，迅速得出计价清单，设计购入一站式，得出精准预算，免去超额支出的顾虑。

（2）可交互虚拟现实环境使用户身临其境：作为一个普通消费者，在购房或装修设计时很难理解平面化的图纸，纸质的效果图也很难体现出整个空间的关系。但虚拟技术的应用，可以让任何人感受到一栋未建起的建筑、内部装修和风格的转换、空间布置和家具的摆放，甚至可以模拟一年四季中各房间的采光情况和各种气候条件下的变化。

（3）家居族库类型丰富：15 万件家具族任客户挑选，包括墙面、顶面、地面家居族和家具族，与家具厂商合作，族库类型对接市场，随潮流迭代不断更新，已覆盖大连市 80% 的家具产品。在设计过程中给客户直观设计体验，直接消除顾客在得到图纸后挑选家具的烦心顾虑。

（二）产品与服务

1. 产品介绍

项目研究虚拟家装的设计与开发，项目现阶段通过 Illustrator 创建房屋的户型图，利用 3ds Max 创建户型以及部分家具的三维模型，并在 Photoshop CC 中对家具及户型贴图进行修饰，最后到 BIM 中实现房屋漫游以及其他交互功能。目前已实现了室内家具的移动、更换，材质替换等功能，不受时间和地点的限制，达到在最短的时间内开发和体验房产的目的，不论是消费者，还是房产商家和设计师，都能因此而受益。项目将加强后续产品的开发，用户选择户型后即可进入房间内部，通过键盘操作实现自由漫游，以参观室内设计细节。对室内家具可以利用鼠标进行移动和摆放，同时可以更换简单家具的材质，增删部分家具。

2. 技术优势

就目前而言，BIM 还远远没有顶峰，而项目的 BIM 技术已经崭露头角。项目还依靠家具厂家提供的家具样式，通过技术建模实时更新族库，扩大族库数量，为客户提供更多选择，目前族库数量已达到 15 万件。

3. 应用成效

（1）可视性：可视性即所见所得的形式，传统 CAD 在室内装饰上的设计是基于二维平面展开，基本是以点、线、面配合符号的形式展现给项目参与各方。充其量在用 3D 渲染软件（如 3ds Max）对效果进行渲染，但也仅限于展现效果。提到的可视化是一种能够同构件之间形成互动性和反馈性的可视，整个过程都是可视的，结果不仅可以展示效果图还可以自动生成造价报表。

（2）协调性：是家装中的重点，不管是施工单位，还是业主及设计单位，无不在做着协调及配合工作，一旦实施过程中遇到问题，就要将各有关人士组织起来开协调会，找各施工发生的原因及解决办法，然后做相应补救措施等。模拟家装的协调性服务就可以帮助处理这种问题，也就是说模拟家装可在家装施工完成前期对各专业的碰撞问题进行协调，生成协调数据，提供出来。

（3）虚拟性：在设计阶段，模拟家装可以对需要放置的家具类型及尺寸符合程度进行展示，将实体家具的放置效果进行百分百展现。

（4）细节关注力强：通过 BIM 的帮助与支持来实现细节的处理，例如灯光、建筑构件的材质、饰面、固定装置等都可以一一进行展现。利用 BIM 相关分析软件，与模型中这些细节表现的构件进行真实模拟，例如真实的照明状况和精确的饰面材质等，进而制定渲染图，从而在设计流程中及早做出明智的决策。

（5）精确性：传统 CAD 对于计算建筑材料、耗材和设备数量方面基本都是依靠人员的工作经验进行估算，因为数据支持力度有限，信息量匮乏。该团队的 BIM 技术建立信息模型，模型中的建筑构件的明细表和数量是建筑数据库的实时视图，保障了精确性。利用 BIM 可以支持用户轻松、可靠地计算面积和材料数量，进而编制精确的预算，避免订购多余的材料或不必要的材料，这样就降低了项目的整体成本。有了精确的面积才能精确地预算地毯、壁纸、吊顶或饰面的面积。

（三）市场营销

1. 商业模式

项目采用 B2C 的商业模式，即面向有家装设计意向的客户群体，提供家装设计方案，通过技术让家装结果可视化、立体化，以达到客户心中最优方案，而未来公司将进驻装修市场，实现设计装修一体化的目标。

2. 盈利模式

销售模式一方面要打造企业合作平台，为房地产合作商提供最优性价比装修设计解决方案；另一方面通过线下装修设计及展示，线上推广吸引个人客户。盈利点主要是装修设计服务、家具厂商商品入族库设计费、客户购买商品家具厂商返点（见图1）。

3. 销售渠道

将利用良好的品牌形象、服务质量、技术能力，从现有客户群发展，积极抓住目标市场，发挥自己的优势技术，提高自己的弱势技术，不断开发适合不同类型客户私人定制产品，提高工作效率，建立销售渠道，逐步扩大自己在模拟家装市场地位，进一步占领市场。所以项目从"产品""价格""渠道""促销方式"等几个方面进行有效的4P营销策略组合，从而迅速打开市场，满足市场需求，获取最大利润。

关键技术	核心资源	销售路径	价值主张
优化BIM建模精度；融合3ds Max、CAD等建模软件，构建建材、家装一体的数据库，实现全程、可视、预算精准的装修设计体验	已建成15000个装修族库	线下装修设计展示及体验线上推广；公众号体验；楼盘合作	客户个性化需求；便利、省时；身临其境
	重要合作伙伴 大连龙湖；大连万科；大连5家装修公司		**客户关系** 个人客户；房地产企业合作
成本构成 运营成本、推广成本、设计成本、人员工资		**收入来源** 装修设计服务；家具厂商商品入族库设计费；客户购买商品家具厂商返点	

图1　商业画布

模拟家装设计产品不但具有庞大的族库插件、大量专业技术人才以及擅长室内装饰设计等优势，而且还能打造一个沉浸式感受强的装修过程。如果初期加以宣传，便会逐渐形成品牌效应，逐步打开市场，提升品牌口碑，增加广告商的赞助以及家居销量。

4. 运营成效

锐豪科技有限公司已与12家房地产开发公司合作，服务个体客户1000余人，族库已覆盖大连市80%的家具类型。公司直接带动就业15人，间接带动就业超过80人。

（四）团队管理

1. 公司框架

锐豪科技是集家装设计可视化、BIM技术应用及一键购买家具于一体,以 BIM 技术为核心,对新型模拟家装新模式的整合,服务于现代室内设计的高新技术企业。

项目框架构成是按职能性质来构建,总经理下有负责各部分的总监及普通职员。总经理主要统筹公司的整体发展,制定公司的政策方针,负责整体发展决策。下属总监各司其职,具体负责项目的市场、技术研发、销售、人事等方面的事宜,并配合总经理管理公司和执行公司的计划。普通职员主要负责一些公司设计产品的生产、销售、宣传等事项。

2. 团队主要成员介绍

总经理任伟豪,项目创始人。建筑工程技术专业,曾参加学校"BIM"大赛,专业成绩优异,专业素质过硬,带领团队获得第七届辽宁省大学生创新创业大赛金奖。

副总经理任晓薄,房地产经营与管理专业。大一学年获得校级三等奖学金,思维敏捷,善于表达与交际,有很好的创新能力和团队协作意识。

技术总监张凯淋,工程造价专业,有过硬的实验能力和科研能力,擅长家装设计及开发,具备管理和科研能力。

市场部总监卫紫琪,辅修市场营销,参加过"BIM"立项申报。有较好的沟通能力,具备突出的创新能力。

设计部总监李祉剑,辅修数字媒体技术,对设计学知识有强烈的爱好,具有创新能力和团队协作意识。

(五) 财务分析与预测

1. 股本结构

创始人占股 60%,其他成员分别占股 20%、10% 和 10%。

2. 资金计划

项目开展以来累计营业收入为 273.7 万元,预计 2021 年营收达到 400 万元,公司股权由四位创始股东掌控,资金主要用于开发族库、公司宣传、设备升级等。

3. 发展规划

自 2019 年项目的实施到目前,产品市场已经逐渐占领大连市 80%

的模拟家装市场。预计 2024 年营收破 1000 万元，族库扩大到 30 万件，3~5 年内将产品推广至东北三省，在东北建立 5 家分公司，占领东北模拟家装市场的 30%~40%，并且创建自己的装修公司实现模拟家装、装修、购买一站式。未来 3 年预计将直接带动就业 85 人以上，间接带动就业超过 850 人。

三、经验体会

2019 年，四名建工学生与家装设计行业碰撞，发现了行业的空白，于是在学校的支持下，运用所学专业知识开展了创业规划与设计。致力于集家装设计可视化、BIM 技术应用及一键购买家具于一体化的家装服务模式。对新型模拟家装新模式的整合，建立国内最大的"家装族库"，让科技成为家装的辅助，让装修满足个性化的需求。

2021 年，项目负责人带领团队参加第七届辽宁省"互联网＋"大学生创新创业大赛职教赛道创意组的比赛，对于项目组的每个人而言，这不仅仅是参加了比赛，收获了成绩，更是对每一名成员自身综合实力的锻炼和提升。同时，也是对团队成员几年来努力的肯定，和对项目的升华，在学校的扶持和指导老师的帮助下，我们的项目逐渐壮大，这个过程让我们真实地体会到专业知识与创新创业实践有机融合的重要性，感受到团队成员知识背景、分工协作、能力互补和股权结构合理性对企业成长的重要性。我们相信只要我们秉承"诚实守信、顾客至上、科技创新"的精神，以科技为辅助，以服务为源动力，以创新为发展点，一定能够在未来开拓出一片天地。我们是太阳，是新生的曙光，虽然经验不够丰富，但是我们敢闯、敢拼、有冲劲，相信我们能够成为大学生创新创业中浓墨重彩的一笔。

四、指导教师点评

锐豪科技项目团队结合所学专业，致力于建立中国最大的"家装族库"，通过优化 BIM 建模精度；融合 3ds Max、C4D 等建模软件，达成建材、家装一体，以打造模拟家装新体验为目标，更好地服务客户。项目体现出产教融合模式创新、校企合作模式创新、工学一体模式创新。该项目具有原始创意、落地性高，且已经拥有一定市场认可度和体量，回馈社会带动就业程度高；商业模式设计完整、可行，未来营业收入可观；项目负责人和团队成员的教育和工作背景相辅，做到了专业引领就业，且各司其职分工细致。项目已与多家房地产开发商合作，利润和持续盈利能力较强，项目目标市场容量及可扩展性广阔，随着科技进步以及公司族库的丰富，有极大的可持续性和成长空间，为大学生依托专业的创新创业活动起到了积极的引领作用。

二、职教赛道：商业组案例

案例 16　辽宁锐箭网络科技有限公司

学生：张廷箭　指导教师：宋超教师

一、项目简介

（一）项目摘要

辽宁锐箭网络科技有限公司是以"循环流通平台"为核心产品的服务性企业，致力于推动废旧电子产品的循环回收、绿色流通、重复再利用，契合可持续发展和国内大循环的生态文明建设重要思想。

前瞻产业研究院数据显示，废旧电子产品存在浪费量大、循环慢；价格较高、不透明；质量无保、漏隐私；配件单调、订制少等痛点问题，市场前景非常可观。但现有平台仅支持买卖交易，缺少资料整理、隐私处理、功能检测、售后保障；外观美化；技术服务等业务流程。基于此，公司打造了废旧电子产品循环流通平台，为广大客户群体提供服务。

"循环流通平台"较大区别于现有二手平台，坚持"节约循环再利用"发展理念，定位电子产品销租修养、辅助配件设计研发、信息技术咨询服务等业务；现阶段以公众号形式运营，主要包括客服服务、业务咨询、我的订单等功能模块，同时小程序正在内测之中，短期内将会全新上线；团队通过线上多媒体矩阵和线下实体店铺吸引大量稳定客源，实现平台引流，现有抖音粉丝 1.1 万人、快手粉丝 2.8 万人、公众号关注数 2.1 万人，为平台健康发展打下坚实基础。

公司以"循环流通平台"为核心产品,以"锐箭科技"为精品品牌,以打造"优质·称心·善爱"电子产品服务站为战略目标,旨在成为废旧电子产品行业循环再利用的"领军者"和"新标杆"。

(二)所获奖项

第六届中国国际"互联网+"大学生创新创业大赛国赛银奖;

第六届辽宁省"互联网+"大学生创新创业大赛金奖。

二、项目计划书

(一)项目背景

1. 产业背景

现在手机的使用寿命,大部分是1~2年,还有的仅两三个月。就二手电子产品市场来看,国内智能手机用户规模极其庞大,新品手机消费需求正向存量替换模式转型,大量手机被闲置淘汰,二手手机市场用户规模逾千万。在快速扩张的体量面前,消费者对于二手手机质量的担心,成为影响其流转最重要的原因。简单来说,二手手机具有明显的非标属性,如何简单、快速地完成甄别,或者让买卖双方建立信任,都对二手市场的发展提出了较大的挑战。对此,锐箭致力于提供保障服务,通过规范的质检流程,将非标准化的二手手机达到标准化、可流通的状态。

电子产品行业在传统业务模式中以线下实体交易为主。在零售时代进化的冲击下,消费水平不再受限于个人收入的分配,大量消费以满足个人生活成就感成为电商时代主导的群体消费观。闲置电子产品的增加成为潜在的巨大蓝海。

随着我国逐渐进入存量经济时代,电子闲置规模越来越大,以及"80后""90后"等年轻消费者群体对二手电子产品接受度和认可度的不断提高,我国二手交易市场的消费频率和高收入消费者占比越来越高。二手交易市场的"风口"已经到来,但二手市场在我国相对电商市场还存在行业规范、用户行为规范等问题,要从二手交易市场占据绝对份额并且获得用户认可,在短期内还需要行业参与者的努力。

2. 市场机会

（1）浪费量大，循环慢：电子产品更新快，用时短，利用率低。

（2）价格较高，不透明：很多二手手机市场最大的问题是鱼龙混杂，太多人在二手手机交易中被欺诈、被坑。二手手机自带信任性差属性，消费者看重验机结果，线下传统二手交易的乱象，阻挡了二手行业的良性发展。

（3）配件单调，定制少：电子产品辅助配件样式古板单调。

（4）质量无保，漏隐私：用户多不清楚如何处理闲置手机，个体商贩和第三方商家恶意盗取、贩卖隐私便成为回收渠道。即使现有线上平台可以作为第三方回收渠道，但数据隐私的清除和粉碎还是用户在回收问题中较为担心的问题。

3. 解决方案

为解决以上痛点问题，团队打造了循环流通平台、设计研发了辅助配件并拓展了产品销售、出租、维修、保养（以下简称"销租修养"）、信息技术咨询服务等业务。

（二）产品与服务

1. 产品介绍

项目主要是为了打造"优质·称心·善爱"电子产品服务站。辽宁锐箭网络科技有限公司在充分调研的基础上于 2019 年 11 月 29 日正式注册成立。主营业务包括打造循环流通平台、电子产品销租修养、辅助配件设计研发、信息技术咨询服务等，通过"打造线上循环流通平台""打造线下实体服务店铺""建立创新创意实践体系""夯实理论知识专业技能"等手段保证公司快速运转。

2. 技术优势

（1）打造循环流通平台。通过清除信息、修复处理、产品美化等过程进行重新售卖，为解决现有废旧电子产品浪费量大，促进循环再利用，不同于以往互相买卖二手平台。秉承"互联网 +"的新型理念，未来定位为中国城市及农村电子产品销租修养第一平台。现阶段以微信公众号为主进行运行，同时采取多媒体矩阵对线上平台进行引流，吸引大量稳定客源，后期将研发制作小程序，让锐箭循环平台更专业、更高效。

（2）电子产品销租修养。通过打造线上循环流通平台和线下实体服务店铺，吸引大量客户，对于旧手机本司有相应供货渠道，合作范围涵盖全国，包括各地手机零售店、手机批发城。产品质量与售后有保障，与全国各地供应商、客户合作积累了良好的口碑与信誉。

（3）辅助配件设计研发。通过建立创新创意实践体系，促进非创新创意创造，现已设计研发多款手机壳鼠标垫等，正致力于朝着产品辨识度方面走，建设具有非常高的辨识度外观及辅助配件设计，让人一眼即可认出。

（4）信息技术咨询服务。通过夯实理论知识技能，践行学专业、爱专业、立志从事专业的理想，现可提供手机拼接同步表演，未来五年同时带动就业百余人。

（三）市场营销

1. 商业模式

项目的商业模式为 B2C 商业模式，并进一步发展为 B2B2C 商业模式。

2. 盈利模式（见图 1）

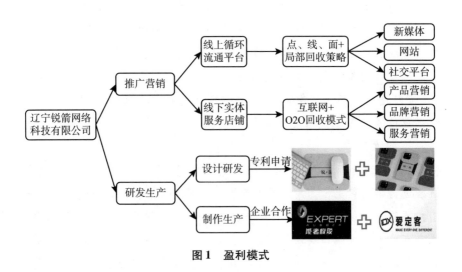

图 1　盈利模式

3. 营销策略

公司主要通过线上与线下相结合的方式推广营销产品，线上推广分为新媒体、网站和社交平台；线下推广分为产品、品牌及服务营销。同时公司还研发、生产专属定制的辅助配件。

（四）团队管理

团队成员包括行政、研发、营销、财务等核心岗位。以张廷锐、张廷箭孪生兄弟为核心，同时辅以人资专业沈雅楠、设计专业王婧彤、营销专业高逸凡等，优势互补，为共同目标不懈努力。核心成员锐箭孪生兄弟，自主创业7年，仅2019年循环流通再利用收入达450万元，计划2023年实现收入1020万元；同时移动通信专业技能扎实，曾荣获国家级专业技能大赛一等奖。现已获得学校和当地政府扶持。

团队的顾问团队，有"全国技术能手、辽宁工匠和技能大师"，也有企业CEO、优秀校友和国家创业咨询师。

（五）财务分析与预测

1. 财务情况

公司自2019年11月成立至今年6月，收入为160万元、利润为20万元、利润率为12.5%；目前带动就业12人。预计未来5年利润260万元、年均利润率15.59%；还将计划间接提供百余个工作岗位。

股本结构如下：锐箭兄弟占比77%，其他项目成员占比13%，投资人占比10%。

2. 融资计划

公司未来拟融资20万元，释放10%的股权，主要用于研发生产。

3. 发展规划

（1）短期目标（1~2年）：逐步完善循环流通平台，争取市场占有率达8%~15%。

（2）中期目标（3~4年）：市场占有率提升5个百分点。

（3）长期目标（5~6年）：市场占有率达到40%左右，居市场主导地位。

三、经验体会

2020 年夏，项目团队参加了第六届中国国际"互联网＋"大学生创新创业大赛，历时数月，经过专家团队的精心指导、团队成员们的共同努力，项目荣获了国家级银奖、省赛冠军、金奖的好名次。自高中时，我和项目另一主要成员也就是我的双胞胎弟弟就着手经营二手电子产品生意，并在 2019 年创立了自己的公司——辽宁锐箭网络科技有限公司，公司创立伊始就定位在社群精准营销和电子产品循环再生两大体系。我们针对目前二手电子产品循环利用市场信息泄漏、污染堪忧、价格混乱等几大痛点打造了一套属于我们特有的经营体系，那就是矩阵式电子产品的功能价值循环再造体系。

公司为在校生提供兼职就业岗位带动就业，也给同学们创造了锻炼自我的机会，同时也体现了我们公司的社会价值。中国国际"互联网＋"大学生创新创业大赛让我们从大学生创业蜕变为真正的创客，更让我明白，创新需要突破常规，创业需要突破自我。哪怕只有 1% 的希望，也要用上 100% 的力量去拼搏，努力成为堪当民族复兴重任的时代新人。

四、指导教师点评

作为职教赛道创业组项目，团队针对规模达万亿元的市场潜力，专注打造社群精准营销和电子产品循环再生两大体系，力求开创国内电子产品循环再生产业新局面。基于中国电器电子产品销售行业企业众多、大小规模不一、管理水平差异较大等弊端，项目创新性打造并实践验证了矩阵式电子产品的功能价值循环再造体系，未来拟将绿色回收纳入管理，建立绿色回收率指标。现阶段以独有的精准社群导流体系和高校渠道建立起购买销售的桥梁，同时辅以健全的回收网格体系，采取新媒体矩阵吸引大量稳定客源。公司的循环再造体系健全完善，美化处理方面精美巧妙，货源稳定价廉。项目已具备盈利能力，取得了一定的效益，并直接或间接带动就业达百余人。团队成员的教育和工作背景、创新能力、价值观念、分工协作和能力互补情况，兄弟二人作为持续创业者，带领团队稳定发展。

　　创始人始终怀着回馈社会的初心，在疫情期间无偿提供电子产品给当地贫困家庭的孩子以帮助他们网课学习。借力"双创"，他们将专业学习成果与创新创业实践的有机融合，在创业实践中，团队成员的社会责任感、创新精神、实践能力等得到锻炼和显著提升。

参 考 文 献

［1］曹扬．转变经济发展方式背景下高校创新创业教育问题研究——以吉林省为例［D］．长春：东北师范大学，2014．

［2］柴葳．深入推进创新创业教育改革［N］．中国教育报，2017－09－19（1）．

［3］陈艳丽．基于供给侧改革的高校创新创业教育构建路径探究［J］．现代职业教育，2021（19）：192－193．

［4］邓人杰，曾满林．如何强化应用型本科创新创业教育理念［J］．湖北开放职业学院学报，2021，34（6）：1－2．

［5］樊宁馨，王爽．乡村振兴背景下的大学生返乡创业问题及对策探讨［J］．区域治理，2019（29）：97－99．

［6］范晓男，鲍晓娜，戴明华．新文科背景下"跨界融合"经管人才培养体系研究［J］．黑龙江教育（高教研究与评估），2020（6）：88－90．

［7］封华，王爽．基于 SWOT 理论的大学生创业分析及对策研究［J］．商场现代化，2016（4）：257－258．

［8］顾文豪，齐元胜，赵世英．论学生实践创新能力与学科竞赛平台的辩证发展关系［J］．大学教育，2013，15（3）：19－20．

［9］郭志辉．大学生创新创业教育研究［M］．成都：电子科技大学出版社，2016：31－33．

［10］胡立华．高新技术企业创业团队建设——以 JNNR 通信系统创业团队为例［D］．济南：山东大学，2006．

［11］黄福广，李广，孙树智．创业者社会资本与新企业融资工具

选择 [J]. 当代财经, 2012 (3): 114 - 121.

[12] 黄华. 如何赢得创新创业大赛 [M]. 北京: 化学工业出版社, 2019: 217 - 225.

[13] 黄孙庆. 地方本科高校"一轴两翼、三维互动"创新创业人才培养模式探索与实践 [J]. 高教学刊, 2021, 7 (17): 44 - 47, 54.

[14] 黄兆信, 王志强. 论高校创业教育与专业教育的融合 [J]. 教育研究, 2013 (12): 59 - 67.

[15] 贾巧森, 王晓勇. 当前小学生托管情况调查报告——以石家庄市开发区若干小学为例 [J]. 教育现代化, 2018, 5 (6): 337 - 339.

[16] 金溢, 王彦斌, 孙初锋, 苑沛霖, 魏亚军. 高校创新创业教育的反思与模式构建研究 [J]. 创新创业理论研究与实践, 2021, 4 (15): 61 - 63.

[17] 孔越. 努力让创业项目"不差钱儿" [N]. 嘉兴日报, 2015 - 11 - 30 (14).

[18] 雷恺. 第三届"互联网+"大学生创新创业全国总决赛决出冠亚军 [N]. 央广网, 2017 - 09 - 17.

[19] 李宏军. 深化财务报表分析的探讨 [J]. 纳税, 2020 (21): 76 - 77.

[20] 李晓岩, 毕冰, 许志茹, 王晶英. 基于成果导向教育理念的生物化学多维度教学改革体系的构建 [J]. 生物工程学报, 2020, 262 (10): 2226 - 2233.

[21] 李一. 新常态下大学生创新创业政策环境与对策研究 [J]. 大学教育, 2018 (2): 155 - 156, 163.

[22] 梁化奎. 学科竞赛与创新人才培养的研究 [J]. 成才之路, 2016, 513 (29): 1 - 3

[23] 刘彤, 王雪梅. 大学生创新与创业 [M]. 成都: 西安交通大学出版社, 2017: 31.

[24] 刘伟. 高校创新创业教育人才培养体系构建的思考 [J]. 教育科学, 2011, 27 (5): 64 - 67.

[25] 罗丽君，王爽．地方高校大学生创业问题调查研究——以大连大学为样本 [J]．科技视界，2016 (24)：55，81.

[26] 聂永江．以学生为中心的创新与创业集成教育范式初探 [J]．江苏高教，2020 (7)：95 - 98.

[27] 邱佳园．高科技企业财务预警系统研究 [D]．上海：上海海事大学，2006.

[28] 邱珉．"六位一体，三创融合，开放共享"创新创业教育体系构建思考 [J]．创新创业理论研究与实践，2021，4 (7)：177 - 179.

[29] 屈峰，林雨荷，李晨阳．知识共创视域下新文科创新创业教育与实践体系建构研究 [J]．辽宁科技学院学报，2021，23 (4)：20 - 22.

[30] 孙松廷．知己知彼，让你的项目路演事半功倍 [J]．投资圈，2016 (6)：59 - 60.

[31] 孙伟，李长智，张嘉赢，李丹，张世辉，杨春鹤．创新创业教程 [M]．北京：清华大学出版社，2017：144 - 146.

[32] 谭书敏，张春和，孙建东，卢毛毛，雷冬艳，郭敏．互联网 + 大学生创新创业教育概论 [M]．成都：电子科技大学出版社，2018：101 - 102.

[33] 唐凤翔，郑允权，陈海军，黄剑东．基于成果导向教育的制药工艺学教学改革探索 [J]．药学教育，2019，165 (3)：45 - 50.

[34] 唐孜孜．第四届"互联网 +"大学生创新创业大赛闭幕——北理工"中云智车——未来商用无人车行业定义者"项目在 376 支团队角逐中夺冠 [N]．南方都市报，2018 - 10 - 16 (AA11).

[35] 童晓玲．研究型大学创新创业教育体系研究 [D]．武汉：武汉理工大学，2012.

[36] 王爽．地方院校市场营销专业实践能力培养的路径探析 [J]．亚太教育，2016 (29)：132.

[37] 王爽．对地方院校市场营销专业实践能力培养的问题分析 [J]．现代经济信息，2016 (15)：413 - 414.

[38] 王侦，吴画斌，金伟林．新时代背景下高校创新创业教育优化升级机制研究 [J]．经营与管理，2021 (5)：124 - 127.

[39] 王周伟．应用创新型金融技术人才培养的创新教育体系思考 [J]．金融教育研究，2012 (3)：81 - 84.

[40] 夏雪花．新时代高校创新创业教育与思想政治教育融合的途径探析 [J]．思想理论教育导刊，2021 (8)：136 - 140.

[41] 许宁宁．促进辽宁省高新园区二次创业的对策研究 [D]．沈阳：沈阳理工大学，2009.

[42] 阎欲晓，粟桂娇，蒋承建，金健．成果导向教育理念在《生物工程综合实验》课程中的应用 [J]．食品工业，2020，280 (1)：246 - 249.

[43] 杨京智，王猛，杨忠．大学生创新创业基础：大赛案例版 [M]．北京：人民邮电出版社，2020：175 - 180.

[44] 尹杨，韩冬阳，王文辉，高慧．基于 SEM 的高校创新创业教育影响因素分析：以 W 大学为例 [J]．武汉理工大学学报（信息与管理工程版），2021，43 (4)：378 - 382.

[45] 岳婷婷，王爽．大连高校大学生创业教育存在的问题及路径探析 [J]．科技视界，2016 (24)：55，81.

[46] 张橙．大学生创业的金融支持路径研究 [J]．中国商论，2020 (17)：188 - 189.

[47] 张桂春，张琳琳．"创业教育"思想的生成与流变 [J]．辽宁师范大学学报（社会科学版），2004 (7)：18 - 23.

[48] 张力．基于 OBE 理念的高校体育类在线课程建设研究 [J]．体育学刊，2021，172 (3)：106 - 11.

[49] 张丽惠，陈薇，郑娟．应用型本科院校创新创业教育体系的构建与实践探索——以滁州学院为例 [J]．滁州学院学报，2021，23 (3)：102 - 106，120.

[50] 张玲，李文霞．创业教育中的误区及其对策分析 [J]．中国成人教育，2008 (14)：29 - 30.

［51］张微，王爽. 大学生创业问题与对策研究［J］. 经济研究导刊，2016（10）：144－145.

［52］张云华，吴娅雄，张慧蓉，周仪. 创新创业基础［M］. 上海：上海交通大学出版社，2019：48－51.

［53］周熹，王梦楠，邓德祥. 构建中国特色大学生创新创业教育体系的思考［J］. 创新创业理论研究与实践，2021，4（5）：73－76.

［54］周治瑜，王瑞斌，胡丽华，张涛. 学科竞赛是培养大学生创新素质的重要载体［J］. 现代农业科学，2008（5）：100－101.

［55］朱峰. 美国创业教育的理念与实践——兼对我国大学创业教育的反思与建议［J］. 河北师范大学学报（教育科学版），2018（2）：43－47.

［56］朱团，朱韬运，高帆. 地方本科高校创新创业教育融入人才培养方案的探索与实践研究［J］. 产业创新研究，2021（15）：118－119，122.

［57］David A. Harper. Towards a theory of entrepreneurial teams［J］. Journal of Business Venturing, 2008（6）：613－626.

［58］Kamm, Judith B., Shuman, Jeffrey C., Seeger, John A., Nurick, Aaron J.. Entrepreneurial Teams in New Venture Creation：A Research Agenda：ET&P［J］. Entrepreneurship：Theory and Practice, 1990：7.

［59］Mitsuko Hirata. Hidden Entrepreneurship in the Organization of Japanese Firms：The Dynamics of Founder Entrepreneurship［J］. Pacific Economic Review, 2009（5）：717－729.

［60］Spady W. It's time to end the decade of confusion about OBE in South Africa［J］. Suid－Afrikaans Tydskrif vir Natuurwetenskap en Tegnologie/South African Journal of Science and Technology, 2008, 27（1）：17－29.

［61］William B. Gartner, Kelly G. Shaver, Elizabeth Gatewood, Jerome A. Katz. Finding the entrepreneur in entrepreneurship［J］. Entrepreneurship：Theory and Practice, 1994（3）：5－10.

附录1 在校大学生创业情况调查问卷

本次调研采取严格的保密原则，不会涉及您的姓名，所有问题只用于统计分析。您的回答对我们非常重要，所以烦请您认真、如实地填写此份问卷，发表您真实的看法。在此诚挚地感谢您的配合！

第一部分 个人基本信息

1. 您的性别？（   ）

A. 男   B. 女

2. 您的年级？（   ）

A. 大一   B. 大二   C. 大三

D. 大四   E. 研究生

3. 您的专业？（   ）

A. 理工类   B. 经济管理类   C. 医学类

D. 人文科学类   E. 艺术体育类   F. 其他

4. 您来自？（   ）

A. 城市   B. 县镇   C. 农村

第二部分 创业相关信息

1. 您在大学里或毕业后是否打算创业？（   ）

A. 没有，对创业不感兴趣

B. 对创业感兴趣，但觉得就业更稳妥

C. 有创业想法

2. 在大学期间，您是否已经尝试创业？（   ）

A. 是（继续答题）   B. 否（从第7题开始作答）

3. 您何时开始尝试创业?(　　)

A. 大一　　　　　　　　B. 大二

C. 大三　　　　　　　　D. 大四

4. 您创业的合作伙伴是?(　　)

A. 没有合作伙伴　　B. 家人　　　　　　C. 朋友

D. 企业人员　　　　E. 其他

5. 在创业之前,您做了哪些准备?(　　)

A. 时间紧,没来得及准备

B. 到相关领域实习

C. 朋友资源积累

D. 向成功者学习

E. 其他

6. 您创业的启动资金从何而来?(　　)

A. 家人　　　　　　　　B. 个人　　　　　　C. 朋友

D. 学校　　　　　　　　E. 其他

7. 您认为大学生为什么选择创业?(　　)

A. 赚钱　　　　　　　　B. 解决就业　　　　C. 积累经验

D. 挑战自我　　　　　　E. 其他

8. 您认为创业要求大学生具备哪些素质?(　　)(可多选)

A. 强烈的挑战精神

B. 发现与把握创业机会的能力

C. 较好的专业知识

D. 出色的沟通、交际、管理及领导能力

E. 较强的创新能力

9. 您认为影响大学生创业最主要的制约因素是?(　　)(可多选)

A. 资金不足　　　　　　B. 缺乏经验

C. 社会资源匮乏　　　　D. 家人不支持

E. 与学业冲突　　　　　F. 政策支持力度不够

G. 团队合作能力差　　　H. 其他

10. 如果创业，您会选择哪个领域？（　　　）

A. 与自身专业相结合的领域

B. 自己感兴趣的领域

C. 自己熟悉、了解的领域

D. 启动资金少、容易且风险相对较低的行业

11. 如果创业，您如何筹集创业资金？（　　　）

A. 银行贷款　　　　B. 家庭支持　　　　C. 个人存款

D. 风险投资　　　　E. 政府基金　　　　F. 合伙融资

G. 其他

12. 您获取创业相关信息的主要渠道是？（　　　）

A. 网络

B. 创业实训课程

C. 亲人/朋友之间交流

D. 学校相关部门组织的专题活动

E. 老师介绍

F. 其他

13. 您了解政府、学校对大学生创业的各种扶持政策吗？（　　　）

A. 非常了解　　　　B. 比较了解　　　　C. 一般

D. 不太了解　　　　E. 不了解

14. 您认为学校在大学生创业方面应该做哪些改进？（可多选）

A. 加大政策宣传力度

B. 提供配套资金

C. 投入场地、实验设备等环境和服务

D. 加大创业导师投入与培训

E. 免费提供创业咨询

F. 建立创业实践基地

G. 完善创业教育体系

H. 其他

15. 对于学校目前开设的创业教育课程体系，您的满意程度是？

A. 非常满意　　　　　B. 比较满意　　　　　C. 一般

D. 不太满意　　　　　E. 不满意

16. 你认为对大学生创业教育的最好方法是？（　　　）（可多选）

A. 完善创业课程　　　B. 请创业人士讲座

C. 与就业指导融合　　D. 开展创业类竞赛

E. 其他

17. 您认为学校对大学生创业的关注度是？（　　　）

A. 非常关注　　　　　B. 较多关注　　　　　C. 一般

D. 不太关注　　　　　E. 没有关注

18. 您认为您所在大学的创业氛围如何？（　　　）

A. 非常浓厚　　　　　B. 比较浓厚　　　　　C. 一般

D. 不太浓厚　　　　　E. 非常不浓厚

附录 2　应用型高校创新创业教育评价调查问卷

您好！本团队正在进行一项关于应用型高校创新创业教育评价调查研究，想了解一下您的看法和意见。非常感谢您的积极参与。本调查完全属于学术研究，无任何商业用途，保证对您的回答严格保密，衷心感谢您的合作！

第一部分　创新创业教育培养

1. 您对自身总体创新能力的满足度？

A. 满足　　　　　　　　B. 不满足

2. 新产品构思能力的重要度？

A. 重要　　　　　　　　B. 不重要

3. 新产品构思能力的满足度？

A. 满足　　　　　　　　B. 不满足

4. 积极学习能力的重要度？

A. 重要　　　　　　　　B. 不重要

5. 积极学习能力的满足度？

A. 满足　　　　　　　　B. 不满足

6. 批判性思维能力的重要度？

A. 重要　　　　　　　　B. 不重要

7. 批判性思维能力的满足度？

A. 满足　　　　　　　　B. 不满足

8. 科学分析能力的重要度？

A. 重要　　　　　　　　B. 不重要

9. 科学分析能力的满足度？

A. 满足　　　　　　　　B. 不满足

10. 您接受母校提供的创新创业教育主要有？［多选题］

A. 创新创业培训或辅导活动

B. 创新创业教学课程

C. 创新创业实践活动

D. 创新创业竞赛活动

E. 其他

11. 您认为创新创业教育最需要改进的地方？［多选题］

A. 创新创业实践类活动不足

B. 创新创业教育课程缺乏

C. 教学方法不适用于创新创业教育（缺乏启发式、讨论式、参与式教学）

D. 创新创业课程教师不具备实践经验

E. 创新创业课程不算学分

F. 不需要改进

第二部分　竞赛培养

12. 在校期间，您是否参加过竞赛？

A. 是（继续答题）　　B. 否（结束作答）

13. 您是否在竞赛中获得奖项？

A. 是　　　　　　　　B. 否

14. 您参加过竞赛的类型？［多选题］

A. 互联网 +

B. 其他创业竞赛

C. 本专业领域学科竞赛

D. 非专业领域的文体类竞赛

E. 其他

15. 参加竞赛您的总体收获度？

A. 有收获　　　　　　B. 没有收获

16. 参加竞赛提高了您哪些方面的能力？［多选题］

A. 团队合作能力

B. 实践能力

C. 发现与解决问题能力

D. 自主学习能力

E. 心理承受与抗压能力

F. 其他

第三部分　个人基本信息

17. 您的性别？（　　　）

A. 男　　　　　　　　B. 女

18. 您毕业年限？（　　　）

A. 2 年以下　　　　　B. 3 ~ 5 年　　　　　C. 6 ~ 8 年

D. 9 ~ 11 年　　　　　E. 11 年以上

19. 您的专业？（　　　）

A. 理工类　　　　　　B. 经济管理类　　　　C. 医学类

D. 人文科学类　　　　E. 艺术体育类　　　　F. 其他

20. 您来自？（　　　）

A. 城镇　　　　　　　B. 农村